宁夏高等学校一流学科建设（民族学学科）资助项目（NXYLXK2017A02）
宁夏大学引进人才科研项目（BQD2015008）
宁夏区委组织部2021年青年人才赴闽中长期访学研修项目

黑水城出土元代律令与词讼文书整理研究

张笑峰 著

中国社会科学出版社

图书在版编目（CIP）数据

黑水城出土元代律令与词讼文书整理研究／张笑峰著．—北京：中国社会科学出版社，2021.5
ISBN 978－7－5203－8152－9

Ⅰ.①黑… Ⅱ.①张… Ⅲ.①出土文物—文献—研究—额济纳旗 Ⅳ.①K877.94

中国版本图书馆 CIP 数据核字（2021）第 055249 号

出 版 人	赵剑英
责任编辑	许　琳
责任校对	鲁　明
责任印制	郝美娜

出　　版	中国社会科学出版社
社　　址	北京鼓楼西大街甲 158 号
邮　　编	100720
网　　址	http://www.csspw.cn
发 行 部	010－84083685
门 市 部	010－84029450
经　　销	新华书店及其他书店

印刷装订	北京市十月印刷有限公司
版　　次	2021 年 5 月第 1 版
印　　次	2021 年 5 月第 1 次印刷

开　　本	710×1000　1/16
印　　张	21
字　　数	312 千字
定　　价	128.00 元

凡购买中国社会科学出版社图书，如有质量问题请与本社营销中心联系调换
电话：010－84083683
版权所有　侵权必究

目　录

第一章　绪论 ··· 1
　第一节　黑水城出土元代律令与词讼文书来源 ············· 1
　第二节　黑水城出土元代律令与词讼文书概况 ············· 4
　第三节　黑水城出土元代律令与词讼文书价值 ············ 21

第二章　黑水城出土元代律令文书研究 ······················ 33
　第一节　黑水城出土元代律令文书考释 ······················ 33
　　一　《大元通制》印本 ······································· 33
　　二　《至正条格》印本 ······································· 37
　　三　律令抄本 ··· 42
　第二节　律令在元代亦集乃路基层审判中的运用 ········ 44
　　一　沿用古律 ··· 45
　　二　重视诏敕 ··· 49

第三章　黑水城出土元代词讼文书中的术语与诉讼审判 ······ 52
　第一节　黑水城出土元代词讼文书中的术语 ············· 52
　　一　公式 ·· 53
　　二　诸此 ·· 54

三　结句 …………………………………………………… 55
　　四　发端 …………………………………………………… 56
　　五　旨判 …………………………………………………… 56
　　六　推鞫 …………………………………………………… 57
　　七　署事 …………………………………………………… 58
　　八　捕亡 …………………………………………………… 58
　　九　仪制 …………………………………………………… 59
　　十　勾稽 …………………………………………………… 59
　　十一　状词 ………………………………………………… 60
　　十二　狱讼 ………………………………………………… 62
　　十三　刑罚 ………………………………………………… 63
　　十四　词讼人 ……………………………………………… 64
第二节　黑水城出土元代词讼文书中的诉讼审判 ………… 66
　　一　状告 …………………………………………………… 67
　　二　受理 …………………………………………………… 71
　　三　传唤 …………………………………………………… 71
　　四　审理 …………………………………………………… 76
　　五　判决 …………………………………………………… 80
　　六　刑罚 …………………………………………………… 85
　　七　监察 …………………………………………………… 87

第四章　黑水城出土元代词讼文书中的职官机构 …………… 91
第一节　黑水城出土元代词讼文书中的职官机构概况 …… 91
　　一　正式机构 ……………………………………………… 96
　　二　职官 …………………………………………………… 101
　　三　非正式或半正式机构 ………………………………… 110
　　四　宗王军站等 …………………………………………… 112
第二节　黑水城出土元代词讼文书所见宁肃王和圣容寺 …… 116

一　宁肃王·· 118
　　二　圣容寺·· 128

第五章　黑水城出土元代词讼文书中的罪案···················· 132
　第一节　黑水城出土元代词讼文书中的罪案背景··············· 132
　第二节　黑水城出土的一件元代出首文书························ 138
　　一　文书的内容和格式·· 140
　　二　文书中学官及出首问题····································· 143
　第三节　黑水城出土词讼文书中的也火汝足立嵬土地案········ 146
　　一　浑都海军马叛乱与也火石革立嵬迁移····················· 147
　　二　也火汝足立嵬迁移··· 152

附　录　黑水城出土元代律令与词讼文书录文·················· 156
　　一　律令印本和写本·· 156
　　二　驱口案·· 162
　　三　婚姻案·· 175
　　四　斗杀案·· 210
　　五　盗贼案·· 220
　　六　财物案·· 236
　　七　土地案·· 249
　　八　其他··· 295

第一章 绪论

黑水城位于今内蒙古自治区额济纳旗达赖呼布镇东南约 25 公里的荒漠中。西夏在此设置黑水镇燕监军司，是其北方军事要塞，也是古丝绸之路上的重要一站。元朝在此设置亦集乃路总管府，为甘肃等处行中书省所辖。黑水（古称弱水）流经此处，形成了农牧相宜的绿洲带。在元末战争中，黑水改道北流，荒漠吞噬了绿洲，黑水城也随之废弃。黑水城地区属于大陆性沙漠气候，干旱少雨，长埋地下的文物文献得以保存下来。黑水城文献的发现，与殷墟甲骨、居延汉简、敦煌遗书一起，成为我国 20 世纪最重大的文物考古发现。正如敦煌遗书的发现催生了敦煌学学科，黑水城文献的出土也催生了一门学科——西夏学。经过百年的发展，西夏学研究已经成为一门国际显学。黑水城出土文献中有西夏文、汉文、古藏文、回鹘文、蒙古文、亦思替非文（古伊朗文）等多民族文字，为宋辽夏金元时期西北地区政治、经济、文化、军事等的全方位研究提供了丰富的第一手材料。

第一节 黑水城出土元代律令与词讼文书来源

黑水城文献中，西夏文献占大多数，汉文文献次之。其中，属于元代的汉文文献约 5000 多件，种类主要有农政、钱粮、俸禄、分例、律令、词讼、军政、站赤、票据、契约、书信、礼仪、儒学、文史、医算、历学、符占秘术及堪舆地理等。律令与词讼文书占比重较大，其来源分别有俄藏、英藏及中国藏，其中中国藏为主要来源。

最早对黑水城进行发掘的是俄国人。1908年4月，由俄国皇家地理学会的科兹洛夫率领的考察队对黑水城进行挖掘，盗走了大批珍贵文物文献。这些西夏文文献在当时还无人可识，出土后立刻引起了俄国的重视。1909年5月，科兹洛夫再次率人返回黑水城，在城外西边的一座佛塔中发现了更多的文物文献①。这批文物文献很快便运到了圣彼得堡。科兹洛夫两次挖掘总计获得8000多个编号（每个编号由若干件文书构成）的文献、近千件文物。文献保存在当时的圣彼得堡亚洲民族博物馆，现为俄罗斯科学院东方文献研究所。文物则保存在艾尔米塔什博物馆，即冬宫博物馆。1996年以来，中俄两国联合整理的《俄藏黑水城文献》相继出版，目前已出版到第29册②。俄藏前6册收录汉文文献，之后是西夏文世俗、佛教文献及其他民族文字文献。其中，西夏文文献约占90%，汉文次之，古藏文、回鹘文等文献再次之。元代律令与词讼文书主要收录在《俄藏黑水城文献》第4册、第6册，部分误入《俄藏敦煌文献》。

科兹洛夫在黑水城收获颇丰的消息很快引起其他国家考察队的注意。1914年，作为斯坦因第3次中亚探险重要的一部分，他在结束敦煌沿线烽燧考察后，赶赴黑水城进行挖掘。据《亚洲腹地》载，他先是在城内发掘了几处古寺遗址，后在城东北角废塔遗址 K. K. III. 发现了大量写本，在城西河边塔基 K. K. II. 发现了一些文物，另有西夏文、汉文、古藏文文

---

① 史金波、魏同贤、克恰诺夫主编：《俄藏黑水城文献》第1册《前言》，上海古籍出版社1996年版，第3—4页；杜建录、史金波：《西夏社会文书研究》，上海古籍出版社2010年版，第8页。

② 史金波、魏同贤、克恰诺夫主编：《俄藏黑水城文献》第29册，上海古籍出版社2019年版。

献近1500件①。斯坦因这次黑水城挖掘总计得到4000多个编号的西夏文文献，汉文、古藏文等民族文字文献数千件，以及造像残件、绢画、雕版画、丝织品等文物。斯坦因根据探险资助比例将文物交送给当时的印度新德里博物馆，今已划归印度新德里国家博物馆。文献被移交给当时的大英博物馆，今移交至英国国家图书馆东方部。2005年，中、英两国联合整理出版《英藏黑水城文献》1—4册，2010年出版了第5册。至此，斯坦因所获黑水城西夏文文献已全部出版。《斯坦因第三次中亚考古所获汉文文献（非佛经部分）》②收录了全部英藏黑水城汉文文献，其中元代律令与词讼文书有20余件。另外，斯坦因在黑水城所获藏文文献也于2016年全面公布③。

1927年，中外共同组建西北科学考察团，徐旭生任中方团长，瑞典地理学家斯文赫定任外国团长。考察团对额济纳河流域进行考古、气象观测④。黄文弼在黑水城遗址采集到数百件西夏文、汉文文书，现藏中国社会科学院考古研究所。这是中国专家首次对黑水城进行考察。中华人民共和国成立后，黑水城所在的额济纳旗先后属于甘肃省和内蒙古自治区。1962年、1963年，内蒙古文物工作队两次对黑水城进行考古调查，得到部分文书，现藏内蒙古博物院。1976年、1979年，甘肃省文物工作队两次到黑水城调查，得到一些文书，现藏甘肃省博物馆。以上5次对黑水城的考察规模较小，采集到的文书数量相对较少，而且以西夏时期为主。

1983、1984年，经国家文物局批准，内蒙古自治区文物考古研究所联合阿拉善文物工作站共同对黑水城进行大规模考古发掘。经过两次发

---

① ［英］斯坦因：《额济纳河三角洲和黑水城遗址》，载谢玉杰、吴芳思主编：《英藏黑水城文献》第1册序言，上海古籍出版社2005年版，第13—17页。

② 沙知、吴芳思编著：《斯坦因第三次中亚考古所获汉文文献（非佛经部分）》，上海辞书出版社2005年版。

③ ［日］武内绍人、井内真帆：《不列颠图书馆斯坦因收集品张的黑水城藏文文献》，东京：日本东洋文库2016年版。

④ 徐旭生：《徐旭生西游日记》，宁夏人民出版社2010年版。

掘，基本将黑水城勘察清楚。发掘面积达 11000 多平方米，勘挖房屋基址 280 余处。出土文书计 4000 余件，主要为汉文文书，还有西夏文、蒙古文、古藏文等各民族文字文书，现收藏在内蒙古自治区文物考古研究所。2006 年，宁夏大学西夏学研究中心（现宁夏大学西夏学研究院）、国家图书馆、甘肃省古籍文献整理编译中心联合将这批西夏文文献整理出版①。2008 年，宁夏大学西夏学研究中心、内蒙古自治区文物考古研究所、甘肃省古籍文献整理编译中心对这批汉文文献进行整理，出版《中国藏黑水城汉文文献》②，共 10 册。元代律令与词讼文书主要收录在第 4 册中，其余数册中也有所收录。

第二节　黑水城出土元代律令与词讼文书概况

目前所见中国藏、俄藏、英藏黑水城文献中，元代律令与词讼文书总数达 307 个编号。其中，《中国藏黑水城汉文文献》收录 269 个编号，《俄藏黑水城文献》收录 10 个编号，《俄藏敦煌文献》收录 1 个编号，《斯坦因三次中亚考古所获汉文文献（非佛经部分）》收录 27 个编号。律令与词讼文书按照内容，可分为律令、驱口案、婚姻案、斗杀案、盗贼案、财物案、土地案及其他；按照用途，可分为律令、呈牒、告谕、诉状、取状、识认状、承管状、责领状等。文书用纸主要是竹纸、宣纸、麻纸、草纸。书写用字基本为汉字，字体有楷书、行楷、行书、行草、草书。部分文书上存有一些八思巴文题签、印章、签名等。文书大多存在残损现象，首缺、尾缺或首尾均缺等。

---

① 史金波、陈育宁主编：《中国藏西夏文献》第四编，甘肃人民出版社、敦煌文艺出版社 2006 年版。

② 塔拉、杜建录、高国祥主编：《中国藏黑水城汉文文献》，国家图书馆出版社 2008 年版。

第一章 绪论

一、律令印本、写本残页共 14 个编号，大多源自《大元通制》《至正条格》。见表 1-1。

表 1-1

编号	内容
M1.0530［F14：W6B］	为减私租惩违者及开禁赈饥贫的诏令。与《元典章》卷三《圣政二》"减私租"及"赈饥贫"条内容略有不同。
M1.0531［F14：W7A］	为僧道给据簪剃、简化诉讼及有关和买的诏令。与《通制条格》卷二十九"僧道·给据簪剃"条及《元典章》卷三《圣政二》"简词讼"条内容略有不同。
M1.0532［F20：W9A］	为处置扰民的奏议。见《通制条格》卷二十八"杂令·扰民"条。
M1.0533［F209：W1］	为处理仓库倒换昏钞的相关律令。见《通制条格》卷十四"仓库·倒换昏钞"条。
M1.0534［F20：W7A］	为处理地内宿藏的相关律令。见《通制条格》卷二十八"杂令·地内宿藏"条。
M1.0535［F20：W8B］	"相参住……究明白除依"为处理野火律令，见《通制条格》卷二十八"杂令·野火"条。"……八……诸色人等责"为关于问责诸色人等的律令，系"扰民"条开头。
M1.0536［F19：W16］	为整肃台官的相关律令。见《元典章》卷二《圣政一》"肃台纲"条。
M1.0537［F210：W5］	为设关防保护百姓及督差税等相关律令。见《通制条格》卷十六"田令·理民"条。
M1.0538［F20：W6］	残存"各处"。
M1.0539［F247：W2］	残存"议拟"。
M1.0540［F19：W21］	残存"已成，七十七下""罪强已成者，五十七下"。
M1.0542［F114：W1］	对造伪钞惩罚及举报者奖赏的规定。与《元典章》卷二十《户部六》"造伪钞不分首从处死"条内容略有不同。
M1.0169［Y1：W66A］	参见《通制条格》卷十四"仓库．附余短少"条。
M1.0776［F114：W3］	参见《元典章》卷九《吏部三·仓库官》"仓库官例"条。

二、驱口案存 16 个编号，其中涉及逃驱、驱口不应役、强夺驱口、拘收不兰奚等内容，文书类别主要为呈牒、诉状、告拦文书等。见表1-2。

表1-2

编号	内容
M1.0543［T9：W3］	宣光元年闰三月强夺驱口案件及审案的官员署名、签章。文书中出现官吏有司吏崔文玉、推官闫、判官、治中、同知［八思巴文名字］、总管、达鲁花赤［八思巴文名字］、达鲁花赤□脱欢。
M1.0544［F125：W72］	至顺四年甘州路录事司拘收不兰奚人口之保结文书。
M1.0545［F111：W31］	大德二年五月承管人也火着屈受命捉拿逃驱忙古歹之承管状。
M1.0546［Y1：W29］	至元三年驱口案之呈牒。存人名"李""教化的"。
M1.0547［F192：W9］	至正十六年六月，告首告人阿里巴告驱口唤合逃跑的诉状。
M1.0548［Y1：W57］	家奴案，存有在城、孔古列、昔宝赤巡检司。
M1.0549［F80：W12］	曹巴儿等告被卖案件。
M1.0550［F130：W3］	夺驱案。存"李德甫妻韦氏"。
M1.0577［HF193B 正］	皇庆元年十二月，古都不花之识认状。另存御位下昔宝赤头目哈剌帖伦、识保人曲典不花翼军人答失哈剌、逃驱妇答失。
TK239、TK239V	赵柏寿状告驱口囊家歹案。另存驱妇六月姐、火立忽孙、赵思聪及知见人陈子中。
麦足朵立只答站户案文卷，5 个编号。从M1.0631［F116：W467］到M1.0635［F116：W502］。	至正廿年，亦集乃路在城站户麦足朵立只答控告其驱口亦称布等不应役案件。麦足朵立只答之父麦足合干布买驱口李保，并立文字。李保及驱妇单赤病故以后，留下驱口亦称布、汝真布、嵬兀答合兀、答干布、也火统布兄弟五人。亦称布等称"元系良人不系你每驱口"，且不来应役。经过刑房呈状，总管府派投下官乔昝布、赵答麻对亦称布、答合兀、答干布等人进行劝和。亦称布因土地硝碱无法耕种，求投下官乔昝布向朵立答劝说。经过调解，亦称布、汝真布、嵬兀继续服站役，并为朵立答耕种土地，朵立答逐年对他们进行贴补。另存案件知见人"亦卜汝中玉（亦卜汝宋玉）""梁瓦散玉"，干连人"梁汝中玉""也火答合兀"，兴都赤存、朵立只答弟撒兰伯、火亦苦、也失哥等。

三、婚姻案存 38 个编号，内容涉及争婚、改嫁、烧毁婚书等。其中，失林婚书案文卷保存有诉状、取状、识认状、承管状、责领状、告谕、呈牒等多种文状种类。见表 1-3。

表 1-3

编号	内容
M1.0551 [F13：W301]	至正六年闰十月，答失帖木婚姻案。另存"刺罕""帖木海牙"及女"忽都歹"。
M1.0552 [HF111下层A正]	魏塔剌孩告李执杏等争婚案。另存"王兴祖"。
M1.0560 [84H.文官府：W10/2907]	存"魏塔剌孩"四字。
M1.0553 [HF111下层A背]	存"百户""骟马五匹""牛壹只""羊一十口"等字。
M1.0560 [84H.文官府：W10/2907]	存"魏塔剌孩"四字。
M1.0137 [HF126下面第二层内背]	魏塔剌孩婚姻案。存"魏塔剌孩状告""嫁娶与他人"等。
M1.0554 [F111：W73]	大德三年六月各丑昔承管状。另存"嵬妻夫二人"等。
M1.0555 [F124：W10]	至正八年正月拜忽伦婚姻案。另存"张唐兀""失列门""朵忽脱""沙立温八"等人名。
M1.0556 [F1：W65]	拜都婚姻案取状。另存"乌朝鲁""失列门"等。
M1.0557 [F14：W7]	改嫁赵外郎为妻案件的申文。另存"杨□塔""提控案牍冯""知事李"。
M1.0558 [F255：W34]	至顺三年婚姻诉状。涉及"张伯坚男小张大""令只沙""狗儿"等。
M1.1054 [84H.F117：W19/1811]	残存"黑麻争妻"等字。疑为案卷封签。

续表

编号	内容
失林婚书案文卷，26个编号。从 M1.0664［F116：W117］到 M1.0689［F116：W205］。	大都张二长女失林，由张二母春花凭媒倒剌大姐说合，嫁与回回商人脱黑尔。脱黑尔将失林过房给脱黑帖木作义女收养。脱黑帖木将失林带到亦集乃路，得到阿兀中统钞二十定后，将失林嫁给回回商人阿兀。至正二十二年三月阿兀前往岭北达达地面做买卖期间，失林与原系巩西县军户，二十一年来到亦集乃路的闫从亮相识。由于失林对婚姻不满，从亮提出将婚书偷出烧毁，并告阿兀压良为驱，官府断决分离，闫从亮娶失林为妻。至正二十二年十一月二十三日，失林偷出三张文书，闫从亮找史外郎、徐典辨认，发现一纸系失林婚书，另外为买驱口文书。二十七日，闫从亮将买驱文书还给失林，当晚和失林商量后，将婚书烧毁。二十九日，当阿兀从史外郎处得知从亮托其看过婚书，于是回家中查看，随即上告。总管府官员经过审讯，多次取状，失林与闫从亮供认不讳。于是，总管府断决笞打失林四十七下，由阿兀领回严加看管。因文字缺失，未见到总管府对闫从亮的惩处。到十二月初九日，此案审判完结。

四、斗杀案现存 23 个编号，内容涉及斗殴、谋杀案件的诉讼、审理、检验等，有诉状、取状、呈牒等。见表 1-4。

表 1-4

编号	内容
M1.0561［F116：W294］	原系冀宁路汾州孝义县民户、现亦集乃路耳卜渠罗信甫家安下王汉卿等在亦集乃路屯田期间，毁骂务官西卑禄寿并殴打栏头阿立鬼的取状。
M1.0562［F111：W74］	官府在接受耳为立等被殴打之诉状后，派医工王丗茂进行伤检，并派祗候将涉案一干人等监押赴府进行审讯。
M1.0563［F80：W9］	至治二年九月，回回包银户亦不剌兴有钱后，无端遭乔典索要钱财，并被乔典、张哈三等人殴打的案件。
M1.0564［F2：W54］	唐兀人氏在本渠种田发生的斗杀案件。存"舍赤德""耳落""合帖竹"等人名。

第一章　绪论

续表

编号	内容
M1.0565［F111：W57］	歹炳、王伯通，黄庆等人携带木棍殴打郑某的案件。
M1.0566［F146：W23］	不兰奚弟子、孩儿持棍打人案件。
M1.0567［F17：W2］	亦集乃路居民立吉阿哥兀即控诉贯布思吉、伊男赞布到敦古鲁家对耳罗进行辱骂，以及对立吉阿哥兀进行殴打的案件。
M1.0568［F166：W12］	案件汇总。一是泰定二年二月李咬作枷收处理。二是泰定二年五月郭伯通被乔德、马思恭、许五宝等九人用红柳棒打死。
M1.0569［F20：W22］	尸体检验词状。存"顺娥""谭教化""李答"等人名。
M1.0570［F21：W3］	忽都龙与奸夫杀死其丈夫错卜的案件。
ДХ1403	皇庆元年贼人令只僧吉杀死错卜的案件。与M1.0570［F21：W3］应为同一案件。
M1.0571［F135：W48a］	辱骂打斗案件。存"你昝""唐兀歹"等人名
M1.0572［F135：W48b］	残存"兀歹""状"。
M1.0573［84H.F125：W59/1909］	残存"打夺去位""当罪不词"等。
M1.0574［84H.F116：W6/1177］	残存"粪出""项上赤紫伤痕一道"。
M1.0559［84H.F111：W32/1110］	残存"毒药与他吃""奸夫"等字。
M1.0704［84H.F21：W9/0726］	涉及答海帖木、不颜歹等人的斗杀案。
M1.0705［84H.F21：W4/0721］	残存答海的年龄及身体状况。与M1.0704［84H.F21：W9/0726］应为同一案件。
M1.1051［84HF79A］	残存"等告殴打"等字。疑为案卷封签。
TK224	肃州路申奉省札为何亲身死公事，依例结案。
OR.8212/748 K.K.I.0231（d）	残存"门牙折折一齿"等。
OR.8212/1131 K.K.0118.z	残存"被死男子黄帖木""番色牛皮靴一对"等。
OR.8212/1165 K.K.0150.g	残存"体及破骨""害己""伤人"等字。

五、盗贼案存34个编号，内容涉盗窃居民、商户、官府等案件的状告、审理、判决等，有诉状、识认状、责领状、告谕、呈牒、札付等。见表1-5。

表1-5

编号	内容
M1.0575 [Y1：W86A]	至正十二年六月秃绵帖赤殴打秃忽鲁、雄某等人，涉及盗驼贼人的案件。另存"张僧二""黑巴""车立帖木"等名字。
M1.0576 [F1：W57]	至元五年二月盗窃案件。存吏赵、韩、提控案牍倪、知事袁四人签章。
M1.0578 [HF193B 背]	宣光元年四月偷盗骆驼案件。存名字"伯忽"。
M1.0579 [F111：W43]	巡检吾七耳布、河渠官忻都捉拿贼人也火耳立。另存贼人沙刺妻哈朵。
M1.0580 [Y1：W110]	纳溪县罗春丙涉嫌盗窃中统钞案件。另存人名"罗讫妙祥"。
M1.0581 [F1：W22a]	残存"心生贼徒"等字。
M1.0582 [F1：W22b]	亦集乃路居民阿思兰与阿厘、杜长寿、陈玉立、沙元等趁事主刘译店铺无人看守进行偷盗的罪案。
M1.0583 [F116：W171]	不答失里状告驴儿遭偷盗的案件。涉及驱男普失的、完者帖木、驱妇唐兀义。
M1.0584 [F207：W4]	至正廿九年六月真布等盗窃案件。另存名字"吾即都的""沙真"等。
M1.0585 [F1：W62]	至正四年三月，在本管社长高久石处责领到甘州路已断案，罚往徒役的盗马贼人。
M1.0586 [83H.F1：W26/0026]	盗窃银盏等物的案件。
M1.0587 [84H.F36：W4/0763]	存"首贼桑空""录事司"等。
M1.0588 [F131：W4]	为追捕盗贼的札付。存"贼徒""主盗"等。
M1.0589 [F116：W288a]	为司属将已断盗马贼人娄朋布等押送至亦集乃路交割的呈牒，另存"马忽鲁丁""李狗儿""鲁思不花"等。
M1.1807 [84H.F116：W149/1321]	残存"贼人娄朋布"等字。

第一章　绪论

续表

编号	内容
M1.0590［F204：W1］	为捕盗搜赃的呈牒。存"理问""巡检"等。
M1.0591［84H.F116：W305/1477］	残存"贼人兀南帖木"等字。
M1.0592	残存"亦集乃路""十七下，徒""贼"等字。
M1.1060［F125：W44］	残存"由头""总计""强盗""窃盗"等字。系盗贼案件汇总简表。
M1.1072［HF117背］	残存"见禁""人命""杂犯""窃盗"等字。系盗贼等案件汇总简表。
M1.1642［84H.F116：W308/1480］	残存"盗一起""狀招不合"等字。
M1.2167［84HF135炕内M］	残存"暗花面""毛索扎裢"等字。与M1.2168［84HF135炕内N］字迹一致。
M1.2168［84HF135炕内N］	残存"前来同贼阿立加三""元盗衣服内，都刺"等字。
ДХ.189992	亦集乃路总管府防盗贼告谕，亦怜只实监宁肃王统领各翼军马参与抓捕盗贼，省谕各家排门粉壁，大字书写所禁等。
TK231	至元二年五月，首贼阿立浑、从贼帖木儿，纠合也速答儿、杨耳班梅的等贼偷到便使忻都怗镯府署马毡等物，另存"公使人马剌麻"等。
TK231V	至元二年捕盗文背面，存"捉拿到官"等。
TK202	皇庆二年二月盗窃马、㸰羊案件。存人名"脱忽帖木儿""答义儿""张歹"等。
OR.8212/737 K.K.0150（m）	残存"盗驼贼人朵刺"等。
OR.8212/742 K.K.0117（s）	西番达达贼人伪称使臣犯隘情况的呈文。
OR.8212/743 K.K.0150（f）（i）	试笔。刑房追问贼人忽都不花的呈文。另存"阿黑班答大王位下"等。
OR.8212/745 K.K.0231（c）	刑房追问亦速等被盗驼马事的呈文。首贼为哈果歹，从贼为别乞列迷失、亦速、答立巴。
OR.8212/1122 K.K.0118.p	残存"根捉盗马贼人事"等字。疑为案卷封签。
OR.8212/1185K.K.0150.ff	残存人名"不花"，此件与OR.8212/1188KK.0150.ii书法纸质同，具言"不花"，应为同一案件。
OR.8212/1188 K.K.0150.ii	残存"不花盗"。

六、财物案存 26 个编号，内容涉及粮食、钱财、货物、牲畜等民事案件，存诉状、取状、呈牒等。见表 1-6。

表 1-6

编号	内容
M1.0593 [F73：W16]	涉及小麦、黄米、孔立麻、弓箭、铜锣锅、旧毡、羊皮被等物的案件。存刘丑僧、忙古歹、陈忠等名字。
M1.0594 [F234：W9]	僧人任义儿状告案件。存取状人罗信甫的年龄、健康状况、职业、住宿等。另存"玉带"等物。
M1.0595 [F193：W12]	陈礼状告孙直欠少伊货钱不肯归还案件。亦集乃路总管府据甘州路录事司状申，派人将孙直押到总管府审理。
M1.0596 [F4：W7]	爱的斤与贝宁普赶驴驮小麦发生的案件。另存"屯田渠朱和尚"等人。
M1.0597 [F144：W6]	王七令弟王旭赍夺客货的案件诉状。另存"徐提领"。
M1.0598 [F79：W41]	大德六年十二月，朵立赤等赶走一只驮有麦面的黑花牛的案件。取状人为杨宝。另存人名"徐□"。
M1.0599 [F111：W70]	也火却丁与吾即合到宣使乌麻儿等处买讫和籴小麦，昏赖诬告乌麻儿的案件。取状人为也火却丁。
M1.0600 [Y1：W32]	十三只丢失骆驼的体貌特征描述。有黄母驼、黑母驼、黄扇驼等的年岁、印记。
M1.0601 [F180：W4]	亦集乃路判罚钱十六定归还何保奴，并呈报甘肃行省。另存"何贤"。
M1.0703 [84H.F43：W5/0795]	残存"告状人杨""圆夺"等字。
M1.0711 [84H.F124：W3/1829]	残存"盐池站""元夺"等。
M1.0729 [84H.F205：W1/2291]	朵只昔吉等状告，涉及阿失的钱财、地土之案件。另存人名"耳足"。
M1.0746 [84HF125A]	残存"打夺"等字。
M1.0066 [Y5：W11a]	掷落状告抽分案申文。
M1.0147 [F21：W12]	至正卅年四月责领状。责领到粮食赃物"肆石柒斗"。
M1.0960 [F1：W94 背]	景朵歹吓要驼只等物案

续表

编号	内容
M1.1061 [84H.F123：W3/1821]	残存"忽都帖木儿拐驼"等字。疑为案卷封签。
M1.1135 [F234：W10]	胡文整出首收取学课钱文书。为文书前半部分。
M1.1142 [正]	胡文整出首文书。为文书后半部分。
M1.1671 [正]	胡文整出首文书。为文书落款。
M1.1855 [84H.F150：W5/2096]	胡文整出首文书残件。
M1.2056 [84H.F224：W39/2461]	残存"拐带讫伊使梁耳合""黑色骟驼"等字。
阿剌不花等口粮文卷，4个编号。从M1.0216 [F116：W594] 到 M1.0219 [F116：W99]。	延祐四年八月，总管府对甘肃行省委官及本路（亦集乃路）分拣到五十七户人口进行取问，确定阿剌不花、秃忽鲁、阿立嵬等都是迤北哄散人口。总管府对哄散人口大小口数、人户饥饿情况予以上报。行省决定对阿剌不花等人进行救济，拨给大小二麦。后因为田禾未熟，拨给散钱，让这些哄散人口自行收籴粮食。

七、土地案存 63 个编号，内容涉及民户争地、官员夺地、僧俗争地、赡站地典卖、揽夺灌溉等案件，存诉状、告拦文书、呈牒等。见表 1-7。

表 1-7

编号	内容
M1.0603 [F116：W98]	孙占住与陈伴旧、陈六月狗等人的土地告拦状。另存告拦劝和人"李文通""闵用"。
M1.0604 [F17：W1]	亦集乃路落卜克站户吾七玉至罗借他人钱债，被债主逼取，将土地抵给债主的案件。附有土地四至。另有人名"徐答失帖木儿""丁伯沙乞答""梁耳债"。
M1.0605 [Y1：W66B]	都领汝足梅、吾即驱汝中玉、亦称布、买驴、嵬如法师雇佣班的等二十人夺水灌溉的案件。另有人名"马旺""讹屈"。
M1.0606 [F9：W34]	土地案文书汇总。一件为至正十八年四月站户汝中吉赴省状告所在地尉官带人强夺其土地，省府差检校席敬前去归断。另一件为站户文炳案残文。

续表

编号	内容
M1.0607［F209∶W55］	忙哥帖木儿大王位下理问马元帅所管昔宝赤军户见在亦集乃路发生的地界案件。另有"张科文""陈大房""李洪宝"等名字。
M1.0608［F245∶W31］	吾即朵立只告地土典卖案。残存涉案人名字有：束不来、答干布、也火朵立只、阿不来、吾即沙真布、梁耳罗、麦足合真布等。
M1.0609［F14∶W14］	存诸块土地面积，本渠土地及质佃土地面积等。
M1.0610［F116∶W491］	僧人梁日立合只状告令只、古失赤马合麻在不得耕种浇溉地内割种糜子的案件。另有"朵立赤"。
M1.0611［F9∶W9］	至正五年吴子忠所告土地案。年款使用宋体大字，疑为案卷封面。
M1.0612［F116∶W10］	大德三年撒立吉思土地案。年款使用宋体大字。
M1.0613［84H.大院内a6∶W62/2851］	残存"道仲文元告见争地"等字。
M1.0614［Y1∶W37B］	曹阿立嵬告其父曹我称布存将赡站地典卖给任忍布的案件。
M1.0615［F13∶W115］	土地碱化以致无法应役的案件。存"檀椽""孙关僧""鲁孙"等名字。
M1.0616［Y1∶W64］	至元三年十一月，撒兰伯控告抵奴将已死李典的赡站地典与阔阔歹耕种的案件。
M1.0617［F123∶W6］	冯春等连名状告地土案件。
M1.0618［F245∶W16］	总管府审核石朵立只、火即合等籍田情况。另有"马黑牟""也火""罗要讫""答立麦""兀那昔""内该古忒""吾即丑"。
M1.0619［Y1∶W55］	至正二年四月，涉及争夺忽都土地、占种荒闲土地。另存人名班的、答干玉、达鲁花赤存日。
M1.0620［F114∶W9a］	李万贵的土地四至等，以及其病故后土地流转。
M1.0621［F114∶W9b］	涉及李朵立只、李束答的案件。另存"发押"等。
M1.0622［F114∶W9c］	残存"勒令"等。
M1.0623［F245∶W15］	残存"诸色人户地土从实供报""结罪文状供报"。
M1.0624［F116∶W476］	至正二年五月呈文。残存土地四至等。

续表

编号	内容
M1.0625［F178：W4］	土地案中，沙兰古结罪外逃。
M1.0626［F245：W20］	至顺三年朵立只争地案。存知事、提控案牍签章。
M1.0627［84H.F124：W5/1831］	残存土地四至。存"□要歹""镇直你""□□歹"等名字。
M1.0628［84H.大院内a6·W64/2853］	存"官地""行告"等。另有人名麻巴南、哈剌。
M1.0629［HF111（下层）B正］	涉及圣容寺土地耕种案件。存人名"合只立嵬"。
M1.0630［HF111（下层）B背］	大德三年四月，丁和尚租种土地案。
M1.0839［84H.F111：W42/1124］	察立马状告达达田地案。
OR.8212/735 K.K.I.0232（cc）	强行浇溉土地案件。存人名"不花台"。
OR.8212/780 K.K.IV.04（i）	残存"告空闲草地"等。
OR.8212/781 K.K.0118（b）	残存土地四至。存"亦卜阿巴""张召柱""戚八狗""霍二"等名字。
OR.8212/782 K.K.I.03（b）（i）	残存"状结""隐占""偷种罪犯"等。
也火汝足立嵬土地案文卷，28个编号。从M1.0636［F116：W186a］到M1.0663［84H.F116：W259/1431］。	至元二十三年设置亦集乃路总管府时，也火石革立嵬作为附籍人口签充站户。"浑都孩军马叛乱"后，抛弃庄业，逃移到永昌路西凉州孔剌儿站充当站户，"西凉州杂木口杜善善社下住坐"。至元廿四年，地亩册内记载有石革立嵬地土已按逃移站户作为绝户处置，"拨作公地人户占种"。到至正十一年（1351年），也火石革立嵬之曾孙也火汝立嵬状申甘肃行中书省要求复业。亦集乃路总管府根据行中书省之札付，查阅"架阁库"至元廿四年地亩册，证实了石革立嵬"元置地土"位置及田亩数。至正十三年正月，也火汝足立嵬获准回到亦集乃路充当站户，并免去其在西凉州之差役。此时，"革前创行未绝一件也火汝足立嵬复业"，说明该案仍未完结。案卷涉及人员较多，有阿立嵬、也火耳立、耳立、耳立布、立布、卜兀沙、蔡玉阿赛、揽都奴伦、阿玉、贺哥哥、杜善善、即耳梅、玉赤伯、许闰僧、卜玉立嵬、卜孔都、卜观音宝、卜沙、梁令当布、梁汝中布、梁令只、吾即令只、黑巴、都赤、乔酱布、孔都、沙罗、徐镇抚、嵬名能、任脱脱、文德、贺嵬赤、帖木立、秃古、马忽鲁丁等。

续表

编号	内容
M1.2066［84H.F116：W215/1387］	残存"宁息""今蒙取问""公地"等字。也火汝足立嵬土地案卷残页。
M1.2073［大院北墙下 B］	残存"签充永昌""汝足立嵬""立布祖父"等字。也火汝足立嵬土地案卷残页。

八、其他存 93 个编号，残存"取状人""告状人""干照人""状告"等词讼文书常用术语，以诉状、取状文书居多。见表 1-8。

表 1-8

编号	内容
M1.0528［F125：W71］	亦集乃路总管府呈河西陇北道肃政廉访司甘肃永昌等处分司的保结文书，涉及照刷文卷、审理罪囚。
M1.0529［84H.大院内 a6：W90/2879］	残存"检会""大元通制内一欵""交米粉"等。书写不规范，字体随意，疑为杂写。
M1.0602［F111：W65］	总府官议得将被告羁押，到收割田禾后再行审理。
M1.0690［F116：W238］	根据总管府的命令，王巴赤将案件干照人根勾到府的责领状。
M1.0691	至大四年三月词讼残状。存"牢里""令只""执结是实"等字。
M1.0692［84H.F249：W12/2545］	残存"议定罪""判官阿干普"等。
M1.0693［F114：W13］	社长将所管人户供报到官的取状。取状人为社长"厶"，疑为吏员练笔之作。
M1.0694［84H.Y1 采：W35/2705］	残存"取状人董厶""年三五岁，无病"等字。
M1.0695［84H.F249：W39/2572］	残存"取状人刘华严奴""年五十六岁"等字。
M1.0696［84H.文官府：W15/2912］	残存"取承管状人谢道英等"。
M1.0697［84H.大院内 a6：W71/2860］	案件汇总。涉案两人均"无病孕"，当为女性。残存"也火""唐兀""不花"等名字。

第一章 绪论

续表

编号	内容
M1.0698［84H.F116：W95/1267］	巡检王山驴将普失的等七人捉拿到官审理。
M1.0699［F111：W60］	撒答歹、也蜜立着在"本使"家睡卧后发生罪案。
M1.0700［84H.F111：W36/1114］	残存"不词执结是"。
M1.0701［84H.F73：W15/0928］	诉状残尾。存"所告是实,如虚当罪不词""裁旨""告状人吾即朵列秃"等。
M1.0702［84H.F43：W6/0796］	残存"仰取讫告""呈此"等字。
M1.0706［84H.F13：W117/0468］	残存"取复审状人阿立嵬""右阿立嵬年"等字。
M1.0707［84H.F8：W1/0251］	残存"罪无词"三字。
M1.0708［84H.F117：W23/1815］	存"立嵬""四日内赴""百姓生受""状告人"等字。
M1.0709［84H.F125：W24/1874］	残存"取状人拜帖""另行招责"等字。
M1.0710［84H.F125：W6/1856］	至顺元年招供残状。存"罗贯术思""温布"等人。
M1.0712［84H.大院内a6：W95/2884］	残存"总""今差人前去勾返所告"等字。
M1.0713［84H.大院内a6：W48/2837］	至元三年四月,答合儿等被"根勾到官,当厅对问口取状"。
M1.0714［84H.F51：W6/0831］	残存"使民之长法""益富豪反害贫民"等字。
M1.0715［84H.F144：W7/2040］	残存"文状""令只大王位下圣容寺"等字。
M1.0716［84H.F126：W1/1924］	存"恐伤损姓名""难以分诉""随状上告"等字。
M1.0717［84H.F197：W18/2268］	残存"年四十三岁,无""村站户"等字。

续表

编号	内容
M1.0718［84H.Y1采：W12/2682］	残存"取状人邵伯颜等"等字。
M1.0719［84H.Y1采：W53/2723］	残存"责得李教化的状供云云"等字。
M1.0720［84H.Y1采：W83/2753］	残存"告状僧人□□失监布""文卷"。
M1.0721［84H.F249：W29/2562］	残存"告状人史"等字。
M1.0722［84H.F209：W24/2322］	残存"取状人陈""王位下匠人户计""妇人也立""陈佛""勾返"等字。
M1.0723［84H.F126：W6/1929］	残存"盗""从小买你为""状告乞答""答女哉哉"等字。
M1.0724［84H.F20：W43/0692］	状告故父的词诉状。
M1.0725［84H.Y5采：W9/2972］	残存"脱黑帖木儿""昔宝赤""不花"等字。
M1.0726［F1：W24b］	至元四年四月，涉及山丹州法塔寺僧户、弓手的案件。另存"白空巴地面""黑狗"等字。
M1.0727［F1：W24a］	残存"延祐三年""阿撒""出军""都迭灭""觅衣食""忽鲁"等字。
M1.0728［84H.F209：W20/2318］	汝林状告案件呈牒。残存"亦集乃路总管府据""年三十二岁无病"等字。
M1.0730［84H.F125：W52/1902］	残存"取状妇人纽林""取勘"等字。
M1.0731［84H.F116：W490/1662］	残存"散观布 状""布"等。
M1.0732［84H.大院内a6：W56/2845］	残存"任文秀 状"等。
M1.0733［84H.F117：W24/1816］	赴官司陈告残文。存人名"侯和尚""仁杰""小云赤不花""脱黑不花"等。
M1.0734［84HF135炕内C］	残存"委巡河官捉拿到官"等字。

第一章　绪论

续表

编号	内容
M1.0735［84HF135 炕内 D］	残存"却行循情议拟""法之人不知警"等字。与 M1.0714［84H.F51：W6/0831］应为同一份文书。
M1.0736［84H.大院内 a6：W16/2805］	总管府差委本路判官倒刺沙押管犯人。另存王传官哈昝赤阿立嵬。
M1.0737［83H.F6：W79/0239］	残存"至三月终春季三个月"等，为保结文书。
M1.0738［83H.F13：W100/0451］	残存"无病，系宁夏路附籍"等字。
M1.0739［84H.Y1 采：W62/2732］	残存"曹住令""如违治罪"等字。
M1.0740［84H.F19：W20/0557］	残存"付充赏差""科断再犯"等字。
M1.0741［84H.F116：W310/1482］	残存"执结是实"。
M1.0742［84H.F192：W8/2228］	残存"至正十五年十月取状人脱""连状人帖"。
M1.0743［F145：W13］	残存"岁，无病，系亦集乃路请俸司吏"。
M1.0744［F1：W55］	残存"取状人 谈政""连状人 顾德"等字。
M1.0745［F9：W20］	残存"至正十一年三月取状人 刘"。
M1.0747［F150：W9］	残存"至正十三年 月取状人 白思伐"等字。
M1.0748［84H.大院内 a6：W41/2830］	残存"取状人王山驴""年三十岁无病"等字。
M1.0749［84H.F116：W530/1704］	残存"状人孤老李元僧"。
M1.1663［84H.F224：W32/2454］	残存"取承管人 梁素黑 状"等字。
M1.1664［84H.Y1 采：W37/2707］	残存"至元三年十月 取承管人杨天福 状"等字。
M1.1665［84H.大院内 a6：W5/2794］	残存"取承管人马令只等"。
M1.1670［F2：W49］	残存"至正八年 月 责领状人□颜哥 状"等字。

续表

编号	内容
M1.1804［83H.F6：W78］	残存"罪犯随状招伏"等字。
M1.1806［84H.F135：W70/2021］	残存"逃""承管人张才富"等字。
M1.1808［84H.文官府：W18/2915］	残存"取承管"等字。
M1.1809［84H.F197：W21/2271］	残存"状"等字。
M1.1818［F116：W102+F116：W103］	残存"诏赦节该"等字。
M1.1819［F116：W101］	残存"诏赦"等字。
M1.1820［F116：W103］	残存"诏赦节"等字。
M1.1955［84H.F124：W18/1844］	残存"责领人屠户行黄道道"等字。
M1.2057［84H.F224：W42/2464］	残存"告发到官""招伏如蒙断罪"等字。
M1.2069［84H.F224：W25/2447］	残存"拿到官""招词"等字。
M1.2072［84H.大院内a6：W42/2831］	残存"脱欢""无疾孕"等字。
M1.2088［84H.大院内a6：W80/2869］	残存"取责领"等字。
M1.2131［84H.F192：W14/2234］	残存"状供根脚元系"等字。
M1.2132［84H.F224：W35/2457］	残存"罪犯随状招""招伏是实伏""取状人"等。
M1.2206［84H.F135：W24/1975］	残存"年十月十二日""取状人麦祖朵立只答 状"
M1.2235［84HF204背］	残存"取责领状人李来""今当"等字。
TK192	残存"罪不词承管是实""至正六年六月取承管人陈"等字。

续表

编号	内容
TK302	两件。一件是大德八年三月伏乞甘肃等处行中书省定夺的诉状，告状人"亦"。另一件是至大三年四月上交甘肃等处行中书省的呈牒。
ИНВ. No. 4991	刑房呈牒。王僧吉状告征公元帅府千户事。另存"百户张成"等。
OR. 8212/736 K. K. 0150（a）	至元四年正月，刑房吏龙世英呈娥赤屋等被捉事。另有至元四年二月廿四日官员呱讹签批。
OR. 8212/739 K. K. 0150（n）	至元三年四月词讼残状。残存"其余一切轻重罪犯不合至伤"等。
OR. 8212/749 正背 K. K. I. 0232（c）	至正廿六年残状。残存"取承管人 梁撒南伯""连状人高四月狗"等。
OR. 8212/751 K. K. I. 0232（f）	残存"实羁""赴官取问"等。另存人名"赛因帖木儿""脱脱罕""脱花帖木"等。
OR. 8212/764 K. K. 0118（nn）	残存"至正三十年四月 取责领人"等字。
OR. 8212/772 K. K. I. 0232（p）	残存"总府责领到"等字。
OR. 8212/775 K. K. 0118（a）	取责领状。残存"取责领状人梁□真布""祖发鲁""撒立蛮"等。
OR. 8212/775 K. K. 0118（s）	残存"在逃前往""罪"等字。
OR. 8212/775 K. K. 0118（z）	残存"巧元告状""不致违""伏取"等。
OR. 8212/787 K. K. I. 0232（z）	残存"至正廿四年十二月 承管人□习"等。
OR. 8212/1153 K. K. 0118（a7）	残存"责领到马"等字。
OR. 8212/1169 K. K. 0150.z（i）	残存"告状人"。
OR. 8212/1251 K. K. II. 0249.j（A）	残存"今讼"等字。

第三节　黑水城出土元代律令与词讼文书价值

黑水城出土元代律令与词讼文书中，有明确纪年的上至元成宗大德二年（1298年），下至北元昭宗宣光元年（1371年）。其成书年代从元初到元末，时间跨度达70余年，几乎贯穿了整个元朝，为研究元代基层法律制度提供了重要的史料基础。

首先，运用黑水城出土元代律令与词讼文书，与史籍文献互证并推进相关问题探讨，已成为元代法制史研究的重要一部分。关于元代法制史的研究，萧启庆在《近五年来海峡两岸元史研究的回顾》（1992—1996）一文中曾说："法制向来是元史研究的薄弱环节"①。实际上，伴随着学界对《通制条格》《元典章》《至正条格》等传统法制史料以及新发现、新出土法制材料的重视②，相关研究论著显著增多。法制研究作为元史研究薄弱环节的状况已经有所改观。

最早对黑水城出土元代律令与词讼文书进行整理研究的是李逸友。1991年，他出版了《黑城出土文书（汉文文书卷）》③，刊布有部分中国藏律令与词讼文书图版及录文。同年，他还发表了《黑城出土的元代律令文书》④，对黑水城出土《大元通制》《至正条格》残页进行勘和。之后10余年间，黑水城元代律令与词讼文书研究主要集中在个案等问题，取得了很多成果。方龄贵在《读〈黑城出土文书〉》⑤ 一文中指出其中一件黑水城印本律令为《洗冤录》残页。陈志英《〈元皇庆元年（公元1312年）十二月亦集乃路刑房文书〉初探》⑥ 将俄藏与中国藏中两件杀夫案文书的缀合，考证为同一案件。还有侯爱梅《失林婚书案文卷初探》

---

① 萧启庆：《元朝史新论》，（台北）允晨文化1999年版，第428页。
② 方龄贵校注：《通制条格校注》，中华书局2001年版；陈高华等点校：《元典章》，中华书局、天津古籍出版社2011年版；《至正条格》，城南：韩国学中央研究院，2007年影印本、校注本。
③ 李逸友：《黑城出土文书（汉文文书卷）》，科学出版社1991年版。
④ 李逸友：《黑城出土的元代律令文书》，《文物》1991年第7期。
⑤ 方龄贵：《元史丛考》，民族出版社2004年版，第222—231页。
⑥ 陈志英：《〈元皇庆元年（公元1312年）十二月亦集乃路刑房文书〉初探》，《内蒙古社会科学》（汉文版）2004年第5期。

《失林婚书案文卷研究》①；刘永刚《对黑水城出土的一件婚姻文书的考释》②；王盼《由黑水城文书看亦集乃路民事纠纷的调解机制》《黑水城出土元代地土案文书所见若干问题研究》③；张重艳《也火汝足立嵬地土案文卷初探》④ 等。

2010年以来，黑水城出土律令与词讼文书研究进入全面整理研究阶段。业师杜建录教授在整理出版《中国藏黑水城汉文文献》的基础上，于2010年申请到国家社科基金重点项目"中国藏黑水城汉文文献整理研究"，对中国藏黑水城出土汉文文献进行全面的录文、校勘及注释工作。其中，律令与词讼卷由张笑峰负责。2011年，张重艳申请到国家社科青年项目《中国藏黑水城所出元代律令与词讼文书整理与研究》。这一时期的成果有：张笑峰《黑水城出土元代律令与词讼文书研究》《元代亦集乃路的诉讼与审判制度研究》《元代亦集乃路诸案成因及处理初探》《也火汝足立嵬土地案发覆》《中国藏黑水城汉文文献释录·律令与词讼文书卷》⑤；侯爱梅《黑水城所出元代词讼文书研究》《从黑水城出土文书看元代亦集乃路的司法机构》《黑水城所出元代词讼文书中的法制术语考释

---

① 侯爱梅：《失林婚书案文卷初探》，《宁夏社会科学》2007年第2期；侯爱梅：《失林婚书案文卷研究》，硕士学位论文，宁夏大学，2007年。

② 刘永刚：《对黑水城出土的一件婚姻文书的考释》，《宁夏社会科学》2008年第4期。

③ 王盼：《由黑水城文书看亦集乃路民事纠纷的调解机制》，《西夏研究》2010年第2期；王盼：《黑水城出土元代地土案所见若干问题研究》，硕士学位论文，宁夏大学，2010年。

④ 张重艳：《也火汝足立嵬地土案文卷初探》，《西夏学》第六辑，上海古籍出版社2010年版。

⑤ 张笑峰：《黑水城出土元代律令与词讼文书研究》，硕士学位论文，宁夏大学，2012年；张笑峰：《元代亦集乃路的诉讼与审判制度研究》，《元代文献与文化研究》第二辑，中华书局2013年版；张笑峰：《元代亦集乃路诸案成因及处理初探》，《西夏学》第十辑，上海古籍出版社2013年版；张笑峰：《也火汝足立嵬土地案发覆》，《元史论丛》第十四辑，天津古籍出版社2014年版；杜建录主编、张笑峰分卷主编：《中国藏黑水城汉文文献释录·律令与词讼文书卷》，中华书局2016年版。

与研究》①；张重艳《从也火汝足立嵬地土案卷看元代亦集乃路复业案件的审判程序》《中国藏黑水城所出元代律令与词讼文书整理与研究》② 等。

除上述专题研究外，黑水城出土律令与词讼文书已成为元代法律史研究的重要引证材料。如杨斌《至正条格编纂背景分析及若干条例考释》中关于黑水城出土至正条格残页的讨论③。武波《元代法律问题研究——以蒙汉二元视角的观察为中心》在对元代驱奴法律研究中引用了文书F125：W72④，该文书为甘州录事司对拘收到不兰奚人口的申解事宜。胡兴东《元代民事法律制度研究》一书中也大量引用黑水城词讼文书，有也火汝足立嵬等地土案、孛兰奚申状及财物案文书等⑤。

其次，黑水城出土律令印本、写本，大多源自《大元通制》《至正条格》，对研究元代法律典籍存在重要的版本价值。

《大元通制》成书于英宗朝，是在仁宗朝《风宪宏纲》的基础上"加损益"而成。《大元通制》有断例、条格、诏赦、令类四部分，"凡二千五百三十九条，内断例七百一十七、条格千一百五十一、诏赦九十四、令

---

① 侯爱梅：《黑水城所出元代词讼文书研究》，博士学位论文，中央民族大学，2013年；侯爱梅：《从黑水城出土文书看元代亦集乃路的司法机构》，《商丘师范学院学报》2015年第8期；侯爱梅：《黑水城所出元代词讼文书中的法制术语考释与研究》，《西夏研究》2016年第4期。

② 张重艳：《从也火汝足立嵬地土案卷看元代亦集乃路复业案件的审判程序》，《元史论丛》第十四辑，天津古籍出版社2014年版；张重艳、杨淑红：《中国藏黑水城所出元代律令与词讼文书整理与研究》，知识产权出版社2015年版。

③ 杨斌：《至正条格编纂背景分析及若干条例考释》，硕士学位论文，中央民族大学，2010年，第12页。

④ 武波：《元代法律问题研究——以蒙汉二元视角的观察为中心》，博士学位论文，南开大学，2010年，第75—76页。

⑤ 胡兴东：《元代民事法律制度研究》，中国社会科学出版社2007年版，第63—65、101、105页。

类五百七十七"①。目前可见的 1930 年北京图书馆据明代内阁墨格写本条格出版的影印本、1986 年黄时鑑点校《通制条格》、2001 年方龄贵校注《通制条格校注》。黑水城所出律令印本 M1.0530［F14：W6B］、M1.0531［F14：W7A］②可以让学界一睹元代《大元通制》原貌。

黑水城出土《大元通制》残页

李逸友《黑城出土文书》对这两件文书进行了描述："竹纸印刷，版心为粗边栏，约通高 190 毫米，宽 130 毫米，每面约刻文 10 行，加细栏，每行最多 25 字，现每面残存 10 行文字"③。实际上，在韩国庆州发现元刊《至正条格》同样也是细栏刊刻，但是刻字达 19 至 20 行。其中，《条格》每面 19 行，行 27 字；《断例》每面 20 行，行 26 字。黑水城出土《大元通制》与该元刊《至正条格》版式较为相似，每面刻文应为 19 或 20 行左右。

---

① （明）宋濂：《元史》卷二八《英宗纪二》，中华书局 1976 年版，第 629 页。
② 塔拉、杜建录、高国祥主编：《中国藏黑水城汉文文献》第 4 册，国家图书馆出版社 2008 年版，第 667、668 页。
③ 李逸友：《黑城出土文书（汉文文书卷）》，科学出版社 1991 年版，第 66 页。

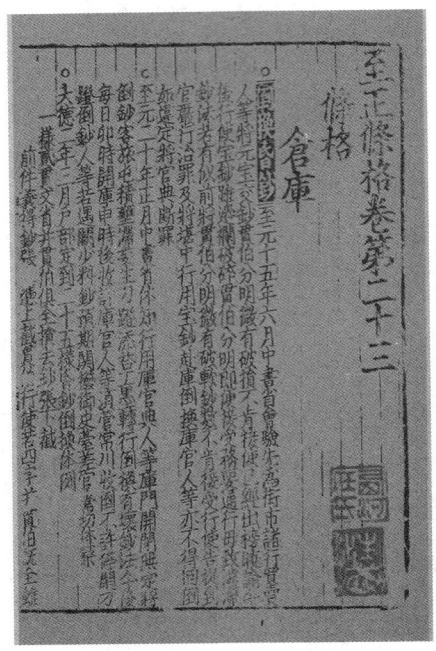

韩国庆州元刊《至正条格》

《至正条格》成书于元顺帝至正五年，是对《大元通制》的删修，对研究元代后期的社会与法制有重要价值。据欧阳玄《圭斋文集》卷七《至正条格序》："书成，为制诏百有五十，条格千有七百，断例千五十有九。……请以制诏三本，一置宣文阁，以备圣览，一留中书，一藏国史院。条格、断例，申命锓梓，示万方。上是其议。"① 可见，一是《至正条格》中制诏、条格、断例条数较之《大元通制》都有所增加，补充了新条文。二是《至正条格》制诏未刊行，只刊行了条格、断例。韩国庆州元刊《至正条格》也印证了这一点。庆州《至正条格》条格存第二十三至三十四卷，断例存目录、第一至十三卷。

黑水城出土《至正条格》印本残页共有八件，"版心约高 225 毫米，

---

① （元）欧阳玄撰：《欧阳玄全集》，汤锐校点整理，四川大学出版社 2010 年版，第 142 页。

宽140毫米,四周粗栏,一般每行宽18毫米,每行最多20字"①。
M1.0534［F20：W7A］② 版心中缝刻鱼尾,中有书名、卷次、页码。
M1.0537［F210：W5］③ 应为卷首,刻有刻工名字、刻字数量等。

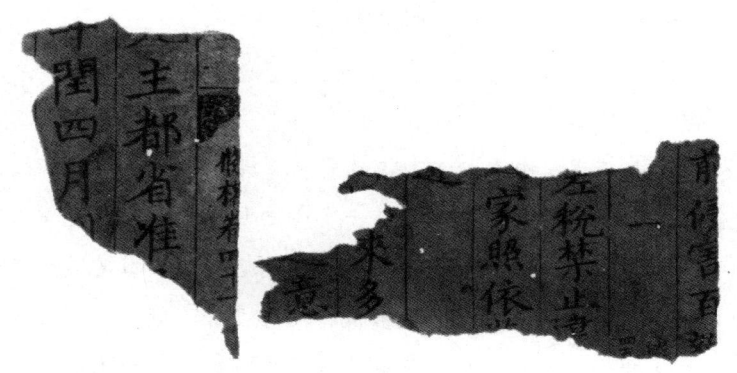

黑水城《至正条格》残页

黑水城《至正条格》印本与庆州《至正条格》区别较为明显。一是版式不同,黑水城《至正条格》为粗栏,排版疏松,庆州《至正条格》为细栏,排版紧密。二是字体有别,虽然黑水城《至正条格》与庆州《至正条格》刻文均为楷体,但前者字形宽绰,姿态朗逸,后者则字形清瘦,笔画狭长。

再次,黑水城出土词讼文书为研究元代诉讼与审判程序提供了重要的第一手材料。黑水城词讼文书中有状、帖、信牌、呈牒、告谕、申、札付等。这些文书真实反映了元代亦集乃路状告、受理、传唤、审理、判决等一系列司法程序。

诉讼与审判程序的开始是状告,即书写投递诉状。《事林广记》保存

---

① 李逸友:《黑城出土文书(汉文文书卷)》,科学出版社1991年版,第67页。
② 塔拉、杜建录、高国祥主编:《中国藏黑水城汉文文献》第4册,国家图书馆出版社2008年版,第670页。
③ 塔拉、杜建录、高国祥主编:《中国藏黑水城汉文文献》第4册,国家图书馆出版社2008年版,第671页。

有元代诉状格式 31 种①。其中,日本元禄十二年翻刻元泰定二年本《事林广记》辛集卷十载有"写状法式"17 种。至顺本《事林广记》别集卷四《公理类》载有"告状新式"14 种。这些诉状种类齐全,有田土、逃户、驱口、殴打等。如其中"应被人殴伤告状式":

告状人姓某

右某年几岁,除在身被打有伤外,余无病,系某里某都籍民,伏为状告。某年某月某日出往某处干事,回归至某处。迎见甲人带酒不醉,手持棍棒喝问某从何处去来,索要买酒请伊。当某回称正索钞未有不,谓甲恃酒发恶,用所执木棍将某身上行打数下。得乙人进前解劝,方免重伤。见有某在身并额上被伤痕可验,谨状上告。

某县伏乞　详状施行,所告如虚,甘罪不词,执结是实,伏取裁旨

年　月　日　告状人　姓　某　状

黑水城词讼文书中存有不少诉状残页。其中也有较为完整的,如至正二十二年十一月阿兀告妾妻失林烧毁婚书的诉状②。

阿兀告妾妻失林诉状

---

① 黄时鉴:《元代法律资料辑存》,浙江古籍出版社 1988 年版,第 214—237 页。
② 塔拉、杜建录、高国祥主编:《中国藏黑水城汉文文献》第 4 册,国家图书馆出版社 2008 年版,第 874—876 页。

对比《事林广记》与黑水城词讼文书中诉状，两者存在以下相似之处：一、开头都书写告状人及其姓名；二、提行书写告状人的姓名、年龄、无病、现住址及所告事宜，结尾书写"伏乞详状施行，所告如虚，甘罪不词，伏取台旨"之类术语；三、最后提行书写年款、告状人及其姓名并画押。

然而，较之《事林广记》所记诉状，黑水城诉状更能反映出实际诉讼过程中状子的特点。一、常用术语往往更为灵活多样。如"具状上诉"与"具状上告""谨状上告"，"伏取"与"伏乞"等常常通用。二、格式更为复杂。如诉状末尾旨判，《事林广记》将"伏取""裁旨"记为同一行。黑水城诉状中旨判术语"裁旨""台旨""钧旨"往往另提行书写。

宣光元年司吏强夺驱口案

黑水城文书还保存有传唤过程中的信牌、帖、承管状，审理过程中的告拦状、取状、识认状，判决过程中的呈牒、申文、札付等。这些文书的价值主要体现在两个方面：一方面，这些不同格式的文书在传世典籍中均失载，文书本身具有重要文献学价值。另一方面，文书内容可以与史籍互证，或补史籍失载之缺憾。如黑水城文书 M1.0543［T9：W3］①，是一件北元宣光元年司吏强夺驱口案件的呈牒。该驱口案呈牒较为完整的保存了亦集乃路总管府官员对案件的圆议署名。参与圆议的官员中，有 4 位是亦集乃路长官，其中 1 位是总管，3 位是达鲁花赤。还有 4 位正官，分别是同知、治中、判官、推官。史籍中关于圆议的记载并不多，圆署也仅见于《元史·刑法志一》，"诸有司，凡荐举刑名出纳等文字，非有故，并须圆署行之"②。在这件呈牒中，参与圆署的官员类别、署名先后次序等，恰可以补正史中圆议制度记载之缺。

最后，黑水城出土律令与词讼文书为研究元代基层社会生活史提供了新线索。律令与词讼文书中的驱口案、婚姻案、斗杀案、盗贼案、财物案、土地案从不同角度反映了亦集乃路居民社会生活中的诸多问题。其中，婚姻案、土地案数量较多，婚姻案存 38 个编号，土地案存 63 个编号。这也印证了元代诉讼"诸民讼之繁，婚田为甚"③的特点。而且，婚姻案、土地案都保存了一些相对完整的案卷，如"失林婚书案卷""也火汝足立嵬土地案卷"。

失林婚书案卷一

---

① 塔拉、杜建录、高国祥主编：《中国藏黑水城汉文文献》第 4 册，国家图书馆出版社 2008 年版，第 675 页。

② （明）宋濂：《元史》卷一〇二《刑法志一》，中华书局 1976 年版，第 2610 页。

③ 陈高华等点校：《元典章》卷五三《刑部十五·诉讼·听讼·至元新格》，中华书局、天津古籍出版社 2011 年版，第 1748 页。

"失林婚书案"是失林与邻人闫从亮相通,烧毁婚书,企图与丈夫阿兀断离的婚姻案。在这件长达 26 个编号的案卷中,反映了当时妇女地位、基层社会教育、亦集乃路商业交通等问题。一、妇女地位不高,尤其是在婚姻选择权上缺乏自主性。此案中的失林起初被说合给脱黑尔,后被过房给脱黑帖木作义女。脱黑帖木将失林从元大都带到了亦集乃路,迫使失林于婚书上画字讫,得到阿兀中统钞二十定后,将失林嫁给阿兀。失林在 3 位回回商人之间被数次"转手",嫁给阿兀后也时常遭到阿兀打骂,婚姻生活不幸。二、基层社会教育有限。由于失林、闫从亮都不识字,闫从亮只能将失林偷出的 3 张文书找人辨认。闫从亮曾作为军户尚不识字,且周围识字的人不多,只得求助吏员史外郎。三、纳怜道是亦集乃路商业交通的重要途径,沟通了岭北与内地经济交往。失林的丈夫阿兀经常到岭北达达地面做买卖。也正是阿兀在岭北做买卖期间,失林与闫从亮相识。

也火汝足立嵬土地案卷八

"也火汝足立嵬土地案"中,亦集乃路站户也火石革立嵬因战乱逃移到永昌路,后来其曾孙也火汝足立嵬状申甘肃行中书省要求复业。战乱对基层社会造成的影响是该土地案需要考量的重要问题之一。浑都海军马叛乱过后,也火石革立嵬抛弃原有亦集乃路土地,全家躲避到永昌路西凉州杂木口。至正十一年,也火汝足立嵬要求到亦集乃路复业,其原因同样与战乱、政局动荡有关。由于社会矛盾的加剧,永昌路在至正十三年相继爆发两次大规模起义。

纵观黑水城出土元代律令与词讼文书，其中诸色户计丰富多样。上述两案卷中，闫从亮曾是军户，阿兀是回回包银户，也火石革立嵬、也火汝足立嵬是站户。此外，涉案人员户计还有民户、僧户、儒户、驱口、商贾户、畏兀儿户等。军户、站户，和民户、僧户等一样，都是按职业划分的户计。回回包银户则和畏兀儿户一样，都是按民族划分的户计。这些诸色户计反映了元代亦集乃路汉、党项、蒙古、回回和畏兀儿等多民族聚居融合的特点。不同职业、民族的居民共同生活在亦集乃路，构成了元代西北基层社会生活史的重要缩影。

第二章　黑水城出土元代律令文书研究

第一节　黑水城出土元代律令文书考释

黑水城出土元代律令印本、写本残页共14个编号。这些律令残页大多源自《大元通制》《至正条格》。文书用纸主要是竹纸、宣纸、麻纸。印本字体为楷体。其中，最具特色的当属《至正条格》印本，所用字体为赵孟頫体，与韩国庆州发现《至正条格》的字体、版式区别较大。抄本字体主要是行书、行楷书。这些律令文书不仅可以使学界能一睹元代律令刊本、写本之原貌，同时还为进一步了解元代律令在基层审判的使用情况提供了原始材料。

一　《大元通制》印本

M1.0530［F14：W6B］[①]：

一　　　给，各……，毋致失所。借过贷粮，丰年逐旋归还。田主无
二　　　……者治罪。

[①] 塔拉、杜建录、高国祥主编：《中国藏黑水城汉文文献》第4册，国家图书馆出版社2008年版，第667页。

三　……大同山北等处外,大都周围各禁五

四　……山场河泊,依旧例并行开禁一年,

五　……得因而执把弓箭,二十人之上

六　……司提调,廉访司常加体察,违

七　……□

八　……□面两平□□随即对

九　……营余□□兼行追

一〇　……取会给降

文书第1、2行内容为承种田土减私租的诏令。可与《元典章》卷三《圣政二·减私租》① 相校:

  大德八年［正］月,钦奉诏书内一款:江南佃户承种诸人田土,私租太重,以致小民穷困。自大德八年,以十分为率,普减二分,永为定例。比及收成,佃户不给,各主接济,毋致失所。借过贷粮,丰年逐旋归还。田主无以巧计多取租数。违者治罪。

文书第3到10行内容为开禁赈饥贫的诏令。可与《元典章》卷三《圣政二·赈饥贫》② 相校:

  大德八年　月　日,钦奉诏书内一款:禁断野物地面,除上都、大同、山北等处,大都周回百里,其余禁断去处并山场、河泊,依旧例并行开禁一年,听从民便采捕。其汉儿人毋得因而执把弓箭,二十

---

① 陈高华等点校:《元典章》卷三《圣政二·减私租》,中华书局、天津古籍出版社2011年版,第86页。

② 陈高华等点校:《元典章》卷三《圣政二·赈饥贫》,中华书局、天津古籍出版社2011年版,第102页。

人之上不许聚众围猎。各处管民官司提调，廉访司常加体察，违者治罪。

《元典章》"赈饥贫"条较之《大元通制》残文有两点区别：一、《元典章》"除上都、大同、山北等处"后脱"外"字。二、《元典章》"大都周回"与"百里"之间脱"各禁五"三字。查元刻本《元典章》，"除上都、大同、山北等处"后确无"外"字，"大都周回"与"百里"之间留有三字空隙①。

M1.0531［F14：W7A］②：

一　　……苟
二　　……民。今后……外
三　　……役不阙，及有□仲侍养父
四　　……当是实，申覆各路给据，方许簪
五　　……
六　　……繁滋，除巳到官见有文案，并典质
七　　……归结。其余在元贞元年正月已前者，
八　　……
九　　……□觑敛财……征嘉与群生同跻仁寿之域，故兹诏
一〇　示想宜而……　　大德八年正月　日

文书第一到四行内容为僧道给据簪剃的诏令。可与《通制条格》卷二十九"僧道·给据簪剃"条③相校：

---

① 《大元圣政国朝典章》卷三《圣政二·赈饥贫》，中国广播电视出版社1998年版，第92页。

② 塔拉、杜建录、高国祥主编：《中国藏黑水城汉文文献》第4册，国家图书馆出版社2008年版，第668页。

③ 方龄贵校注：《通制条格校注》卷二九，中华书局2001年版，第702页。

大德八年正月，钦奉诏书内一款："军站、民匠诸色户计，近年以来，往往为僧为道，影蔽门户，苟避差徭，若不整治，久而靠损贫下人民。今后除色目人外，其愿出家，若本户丁力数多，差役不阙，及有昆仲侍养父母者，赴元借官司陈告，勘当是实，申覆各路给据，方许簪剃。违者断罪，勒令归俗"。

　　文书第6到8行内容为简化诉讼的诏令。可与《元典章》圣政卷二"简诉讼"条①相校：

　　大德八年□月，钦奉恤隐省刑诏书内一款：近年以来，田宅增价，民讼繁滋。除已到官见有文案，并典质借贷私约分明，依例归结。其余在元贞元年已前者，尽行革拨。

　　《元典章》"简诉讼"条较之《大元通制》残文有3点区别：一、《元典章》"除已到官"中"已"字，残文第6行作"巳"字当为误刻。二、《元典章》"其余在元贞元年已前者"一句，残文第7行作"其余在元贞元年正月已前者"，据此《元典章》可补"正月"二字。三、元刻本《元典章》该条诏书的颁布时间为"大德八年□月"②，中国书店版《元典章》中为"大德八年八月"③，残文第10行为"大德八年正月□日"。另据《元史》卷二一《成宗纪四》载，恤隐省刑诏书的确颁布于"大德八年正月"。可见，中国书店版《元典章》中"大德八年八月"当为误改。

---

　　①　陈高华等点校：《元典章》卷三《圣政二·简诉讼》，中华书局、天津古籍出版社2011年版，第89—90页。

　　②　《大元圣政国朝典章》卷三《圣政二·简诉讼》，中国广播电视出版社1998年版，第81页。

　　③　《元典章》卷三《圣政二·简诉讼》，中国书店1990年版，第61页。

二 《至正条格》印本

M1.0532［F20：W9A］①：

一　……营盘地土，却自九月……
二　……大厨房内止纳二……
三　……要诸物，搔扰……

文书内容为关于处置扰民的奏议。可与《通制条格》卷二十八"杂令·扰民"条②相校：

> 大德七年五月二十八日，中书省奏："属八不沙大王的一枝儿按赤每，般阳等处住着营盘，却每年自九月为始，至四月，于益都为头州城里，沿着村坊行营；更围猎时分，无上司文凭，于百姓处取粮食、草料、鸡、猪、鹅、鸭等物，好生骚扰百姓的上头，姓宫的县官题说，与文书呵，俺差人体问去来。'这按赤每叁伯柒拾捌户，占着一万一千陆伯余顷营盘地土，却自九月为始，至四月，沿着村坊行营，更大厨房内止纳贰伯只野物为名围猎，于百姓处取要诸物，骚扰百姓有。'么道，与文书来。答剌罕丞相、大都省官人每，'他每行营并围猎的合住罢了'。么道，奏将来有。俺与完泽太傅右丞相一处商量来，今后休教将引老小，沿着村坊骚扰百姓，更围猎时分，不得于百姓处取要粮食、草料诸物者。商量来。"奏呵，奉圣旨："那般者。"钦此。

黑水城出土该残文与《通制条格》"杂令·扰民"条相符，可知《至

---

① 塔拉、杜建录、高国祥主编：《中国藏黑水城汉文文献》第4册，国家图书馆出版社2008年版，第669页。
② 方龄贵校注：《通制条格校注》卷二八，中华书局2001年版，第661页。

正条格》源自《大元通制》。庆州《至正条格》残本缺"杂令"卷。

M1.0533［F209：W1］①：
一　　同，数目多者，就……
二　　钞开申。都省准拟。
三　　库藏被盗遇革……
四　　元统二年五月刑……

文书前两行是处理仓库倒换昏钞的相关律令。可与《通制条格》卷十四"仓库·倒换昏钞"条②相校：

　　至元五年二月，中书省。制国用使司呈："随路收差课程，并诸路交钞都提举司，如遇诸人赍到钞数，仔细辨认，于内若有假伪，重别辨验是实，于上使用分朗'伪钞'墨印，仍用朱笔于钞背标写几年月日某人赍到，仍置历标附了毕，退付元主。如验得料例相同，数目多者，就便追究。每季具有无辨过退讫伪钞开申。"都省准呈。

残文第 2 行"都省准拟"，《通制条格》中作"都省准呈"。可见《至正条格》虽源自《大元通制》，但在删修过程中部分条文用字有所改变。《至正条格》校注本条格第二十三卷"仓库·倒换昏钞"条③缺。第三、四行"库藏被盗遇革……元统二年五月刑"，元统为顺帝之年号，而《大元通制》为英宗至治三年二月颁行，所以可证此残页应为顺帝至正六年四月颁行的《至正条格》。《至正条格》校注本亦未见该条。

---

①　塔拉、杜建录、高国祥主编：《中国藏黑水城汉文文献》第 4 册，国家图书馆出版社 2008 年版，第 669 页。
②　方龄贵校注：《通制条格校注》卷一四，中华书局 2001 年版，第 431 页。
③　《至正条格》，城南：韩国学中央研究院，2007 年校注本，第 18—19 页。

第二章　黑水城出土元代律令文书研究

M1.0534［F20：W7A］①：

一　　条格卷四十一

二　　……［元］主。都省准［拟］

三　　……［年］闰四月［刑］……

文书内容为处理地内宿藏的相关律令，可与《通制条格》卷二十八"杂令·地内宿藏"② 相校：

至元二十九年三月，中书省。刑部呈："山东宣慰司解纳到莱芜县潘丑驴等打墙掘出银子，内一半没官，银五斤柒两。本部参详，即系本人自己地内宿藏之物，拟合回付元主。"都省准拟。元贞元年闰四月，中书省。刑部呈："大都路杨马儿，告'于梁大地内与杨黑厮跑土作耍，马儿跑出青磁罐一箇，于内不知何物，令杨黑厮坐着，罐上盖砖看守。马儿唤到母阿张，将罐跑出，觑得有银四定，银盏一箇，私下不敢隐藏'。本部议得：杨马儿于梁大地内跑出课银肆定，银盏儿一箇，拟合依例与地主梁大中分。却缘杨黑厮曾经看守，量与本人银三十两，余数杨马儿与地主两停分张。"都省准拟。

M1.0535［F20：W8B］③：

一　　……相参住

二　　……究明白，除依

三　　……八

四　　……诸色人等，责

---

① 塔拉、杜建录、高国祥主编：《中国藏黑水城汉文文献》第4册，国家图书馆出版社2008年版，第670页。

② 方龄贵校注：《通制条格校注》卷二八，中华书局2001年版，第688页。

③ 塔拉、杜建录、高国祥主编：《中国藏黑水城汉文文献》第4册，国家图书馆出版社2008年版，第670页。

"相叅住…究明白除依""诸色人等,责"为处理野火律令,见《通制条格》卷二十八"杂令·野火"① 条:

> 大德六年八月,中书省。刑部呈……都省议得:火道已裏,如灶户与诸色人等相参住坐,似难专责场官。若有胤烧灶草,检究明白,除依上赔偿当罪外,灶户罪在场官,其余诸色人等,责在管民官员。餘准部拟。

M1.0536 [F19：W16]②：
一　　此
二　　……八日钦……
三　　……史、廉访司……
四　　……邪询求……
五　　……治功今……
六　　……受赂……

文书内容为整肃台官的相关诏令,见《元典章》圣政"肃台纲"③ 条:

> 大德十年五月十八日钦奉：诏书内一欵,监察御史廉访司官,所以纠劾官邪,徇求民瘼,肃清刑政,共成治功,今后各思所戢,有徇私受赂者,炤依已降圣旨加重治罪。

---

① 方龄贵校注：《通制条格校注》卷二八,中华书局2001年版,第656页。
② 塔拉、杜建录、高国祥主编：《中国藏黑水城汉文文献》第4册,国家图书馆出版社2008年版,第670页。
③ 《元典章》卷二《圣政一·肃台纲》,中国书店1990年版,第43页。

M1.0537［F210：W5］①：

一　……前侵害百姓……
二　……一　沈□……
　　　　　　四百□……
三　……差税，禁止违……
四　……家，照依……
五　……违
六　……来，多……
七　……之意。

文书内容为设关防保护百姓及督差税等相关律令，见《通制条格》卷十六"田令·理民"②条：

至元二十八年六月，中书省奏准至元新格：诸理民之务，禁其扰民者，此为最先。凡里正、公使人等，贴书亦同。从各路总管府拟定合设人数，其令司县选留廉干无过之人，多者罢去。仍须每事设法关防，毋致似前侵害百姓。诸村主首，使佐里正催督差税，禁止违法。其坊村人户邻居之家，照依旧例，以相检察，勿造非违。诸社长本为劝农而设，近年以来，多以差科干扰，大失元立社长之意。今后凡催差（辨）[办]集，自有里正、主首。其社长使专劝课，凡农事未喻者，教之，人力不勤者，督之，必使农尽其功，地尽其利。官司有不遵守妨废劝农者，从肃政廉访司究治。

M1.0538［F20：W6］③：

---

① 塔拉、杜建录、高国祥主编：《中国藏黑水城汉文文献》第4册，国家图书馆出版社2008年版，第671页。
② 方龄贵校注：《通制条格校注》卷一六，中华书局2001年版，第451—452页。
③ 塔拉、杜建录、高国祥主编：《中国藏黑水城汉文文献》第4册，国家图书馆出版社2008年版，第671页。

残存"各处"。

M1.0539［F247：W2］①：
残存"议拟"。

三　律令抄本

M1.0542［F114：W1］②：

一　……造［伪钞］③之人［数］④内⑤，起意⑥底、雕版底⑦、抄纸……

二　……家里窝藏着印造底、收买颜色物……

三　……造皆合⑧处死［外］，知是伪钞分使底、不⑨……

四　……一百七下。捉事［人依上］⑩给赏，应捕人……

文书内容为对造伪钞的惩罚规定，以及对报官者给以奖赏的措施。与《元典章》户部"造伪钞不分首从处死"⑪条略有不同：

---

① 塔拉、杜建录、高国祥主编：《中国藏黑水城汉文文献》第4册，国家图书馆出版社2008年版，第671页。

② 塔拉、杜建录、高国祥主编：《中国藏黑水城汉文文献》第4册，国家图书馆出版社2008年版，第672页。

③ "伪钞"，李逸友《黑城出土文书（汉文文书卷）》第144页未录。

④ "数"，李逸友《黑城出土文书（汉文文书卷）》第144页漏录。

⑤ "内"，李逸友《黑城出土文书（汉文文书卷）》第144页误录为"为"。

⑥ "起意"，李逸友《黑城出土文书（汉文文书卷）》第144页误录为"修"。

⑦ "底"，李逸友《黑城出土文书（汉文文书卷）》第144页漏录。

⑧ "皆合"，李逸友《黑城出土文书（汉文文书卷）》第144页误录为"赍令"。

⑨ "不"，李逸友《黑城出土文书（汉文文书卷）》第144页误录为"工"。

⑩ "人依上"，李逸友《黑城出土文书（汉文文书卷）》第144页未录。

⑪ 《元典章》卷二〇《户部六·伪钞》，中国书店1990年版，第330页。

都省议得：今后印造伪钞之人数内，起意底、雕板底、印钞底、抄纸底、项料号底、家里安藏着印底、收买颜色物料底俱是同情伪造，皆合处死外。知是伪钞分使底、不用钱买使伪钞底，断一百七下。捉事人依上给，应捕人减半。奏奉圣旨准。钦此。

M1.0540［F19：W21］①：

一　　已成，七十七下

二　　……罪强已成者，五十七下

文书内容为对犯罪者行杖刑的数目，"参照元代断律中定罪用'已成'、'未成'词句的，这条律令属于奸污罪的断律。"②

M1.0169［Y1：W66A］③：

一　　……各异，似难相补。拟

二　　合钦依比照当年得代交割失陷

三　　月日时估追征。都省准呈。

见《通制条格》卷十四"仓库·附余短少"④条：

大德七年六月，中书省。户部呈："……议得南粮短少，北粮附余，名色各异，似难相补。拟合钦依比照当年得代交割失陷月日时估追征。"都省准拟。

---

① 塔拉、杜建录、高国祥主编：《中国藏黑水城汉文文献》第4册，国家图书馆出版社2008年版，第672页。

② 李逸友：《黑城出土文书（汉文文书卷）》，科学出版社1991年版，第70页。

③ 塔拉、杜建录、高国祥主编：《中国藏黑水城汉文文献》第2册，国家图书馆出版社2008年版，第252页。

④ 方龄贵校注：《通制条格校注》卷一四，中华书局2001年版，第420—421页。

M1.0776 ［F114：W3］①：

一　　中书省咨：照得，各处钱粮造作，责在有司管领
二　　俱有正官提调，每设有亏欠，省落追陪。其仓库
三　　官员在前俱系各路自行选充，近年以来，本省
四　　铨至，中间恐无抵业，若侵欺钱粮，追究无可折锉，
五　　有累官府，除为未便，省府仰照验。今后照依
六　　都省咨文内事理，于各处见役司吏，或曾受三品
七　　已上衙门文凭，历过钱谷官三界相应人员□
八　　从共选用有抵业无过之人充仓库官，遍谕各
九　　路，依例于路府请俸司吏，或有相应钱谷官内
一〇　抵业物力高强，通晓书算者点差，齐年随
一一　粮交代，庶革官吏贪贿之弊，亦绝废民积久
一二　之患，钦此

该抄本律令为关于选任仓库官员的规定，《元典章》《通制条格》均未见。除了上述4件律令抄本外，在黑水城文书中还有将一些敕令节录于案卷之中的情况，这涉及到了律令条文在审判中的运用。

第二节　律令在元代亦集乃路基层审判中的运用

从夏、商、周奴隶制时代法律制度开端，到战国以后的封建法制时代，习惯法转变为成文法。到隋唐时代，传统法制趋向成熟，以《唐律疏议》为代表的唐代法制体系的形成标志中国传统法制的定型，是中国古代法制的最高水平。所谓之律、令、格、式，究其来源应于唐代，以律为主，令、格、式为之辅，"唐之刑书有四，曰：律、令、格、式。令

---

①　塔拉、杜建录、高国祥主编：《中国藏黑水城汉文文献》第5册，国家图书馆出版社2008年版，第1001页。

者，尊卑贵贱之等数，国家之制度也；格者，百官有司之所常行之事也；式者，其所常守之法也。凡邦国之政，必从事于此三者。其有所违及人之为恶，而入于罪戾者，一断以律"①。宋元之际，古代法制走向极端专制之时代，国家在以律为基本统治法典的基础上，敕、条例在基本的司法实践过程中彰显出重要调节作用。黑水城出土律令文书在元代亦集乃路基层审判中即体现出了沿用古律、重视诏敕的特点。

一　沿用古律

《大元通制》及《至正条格》残件在黑水城的出土，体现了两部法典在元代亦集乃路基层审判中的重要地位。不管是《大元通制》还是《至正条格》，其主要形式为条格、断例，且多沿用前朝之律。对于元朝法律沿用古律的特点，吴澄《大元通制条例纲目后序》中认为是"暗用而明不用，名废而实不废"②。

首先，在制定法律时援引故典，完成了蒙古旧制与汉法的结合。郝经《陵川集》中即言"以国朝之成法，援唐宋之故典，参辽金之遗制"③。1219 年成吉思汗召集大会，"对（自己的）领导规则、律令和古代习惯重新作了规定"④，即大札撒。太祖六年，"颁条画五章，如出军不得妄杀，刑狱惟重罪处死，其余杂犯量情笞决，是也"⑤。太宗窝阔台六年，"大会

---

① （宋）欧阳修、宋祁：《新唐书》卷五六《刑法志》，中华书局 1975 年版，第 1407 页。

② （元）吴澄：《大元通制条例纲目后序》，李修生主编：《全元文》卷四八四，凤凰出版社 2004 年版，第 333 页。

③ （元）郝经著：《陵川集》卷三二《立政议》，秦雪清校，山西人民出版社、山西古籍出版社 2006 年版，第 446 页。

④ ［波斯］拉施特主编：《史集》第一卷第二册，余大均、周建奇译，商务印书馆 1983 年版，第 297 页。

⑤ （清）柯劭忞：《新元史》卷一〇二《刑法志》，上海：开明书店 1935 年版，第 234 页。

诸王百僚，谕条令"①。世祖中统三年，"命大司农姚枢讲定条格"②，至元元年八月，"诏新立条格"③，内容涉及官制、赋役、军纪、诉讼刑狱等方面。至元八年十一月，世祖建国号曰大元，"禁行金泰和律"④。自此，蒙古汗国在中原断狱参照泰和律，并行减半之法废止。

　　世祖至元二十八年五月，中书右丞何容祖"以公规、治民、御盗、理财等十事缉为一书，名曰至元新格，命刻板颁行，使百司遵守。"⑤ 仁宗延祐二年，"命李孟等类集累朝条格，俟成书，闻奏颁行"⑥，"以格例条画有关于风纪者，类集成书，号曰风宪宏纲。"英宗时，"复命宰执儒臣取前书而加损益焉，书成，号曰大元通制"⑦。至治三年二月，"格例成定，凡二千五百三十九条，内断例七百一十七、条格千一百五十一、诏赦九十四、令类五百七十七，名曰《大元通制》，颁行天下。"⑧ 其书之大纲有三："一曰诏制，二曰条格，三曰断例。"⑨ 今之《通制条格》即"大元通制之条格一纲"⑩，存22卷。

　　《大元通制》在元代法律史上占据重要地位，《至正条格》即来源于此。顺帝至元四年三月，"命中书平章政事阿吉剌监修至正条格"⑪，六年七月，"命翰林学士承旨㬎哈、奎章阁学士巙巙等删修《大元通制》。"⑫

---

① （明）宋濂：《元史》卷二《太宗纪》，中华书局1976年版，33页。
② （明）宋濂：《元史》卷五《世祖纪二》，第82页。
③ （明）宋濂：《元史》卷五《世祖纪二》，第98页。
④ （明）宋濂：《元史》卷七《世祖纪四》，第138页。
⑤ （明）宋濂：《元史》卷一六《世祖纪十三》，第348页。
⑥ （明）宋濂：《元史》卷二五《仁宗纪二》，第569页。
⑦ （明）宋濂：《元史》卷一〇二《刑法志一》，第2603页。
⑧ （明）宋濂：《元史》卷二八《英宗纪二》，第629页。
⑨ （明）宋濂：《元史》卷一〇二《刑法志一》，第2603页。
⑩ 方龄贵校注：《通制条格校注》，中华书局2001年版，第9页。
⑪ （明）宋濂：《元史》卷三九《顺帝纪二》，第843页。
⑫ （明）宋濂：《元史》卷四〇《顺帝纪三》，第858页。

至正五年十一月,"《至正条格》成"。六年四月,"颁《至正条格》于天下。"① 据欧阳玄《至正条格序》:"书成,为制诏百有五十,条格千有七百,断例千五十有九。……请以制诏三本,一置宣文阁以备圣览,一留中书藏国史院。条格断例申命锓梓,示万方。上是其议。"② 可见,《至正条格》制诏并无印本,只对条格、断例进行了刊行。这也可作为判断黑水城出土元代律令文书中制诏印本并非《至正条格》的重要原因。此即元代最后一部法典。今之《至正条格校注本》③,存其条格第二十三卷至三十四卷,断例第一卷至三十卷,其中第十三、三十卷不全。

《元典章》,即《大元圣政国朝典章》,是元代地方抄集法律文书之汇编。大德七年,"中书省剳节文准江西奉使宣抚呈乞照中统以至今日所定格例编集成书,颁行天下,照得先据御史台比及"④,"编自元世宗起至英宗止,分圣政一门,吏户礼兵刑工六门而一门之中又分若干条以类编次,多元史所未备者。"⑤ 沈家本《历代刑法考》中言"《元典章》各门皆载有断例,当为《通制》之原文,惟其法往往与《志》不合,则后来又有改定者矣"⑥。《元典章》断例即源自《大元通制》。

其次,在审刑判案时承袭传统,参考《洗冤录》等进行尸检、伤检。文书 M1.0541[F207:W1]⑦ 在《中国藏黑水城汉文文献》中被归类为律令文书,其内容如下:

---

① (明)宋濂:《元史》卷四一《顺帝纪四》,中华书局1976年版,第874页。
② (元)欧阳玄撰:《欧阳玄集》卷七,陈书良、刘娟校点,岳麓书社2010年版,第77页。
③ 《至正条格》,城南:韩国学中央研究院2007年校注本。
④ 《元典章》,目录,中国书店1990年版,第1页。
⑤ 《元典章》,序,中国书店1990年版,第1页。
⑥ (清)沈家本:《历代刑法考》第二册,邓经元、骈宇骞点校,中华书局1985年版,第1080页。
⑦ 塔拉、杜建录、高国祥主编:《中国藏黑水城汉文文献》第4册,国家图书馆出版社2008年版,第672页。

一　……所伤透过者，须看内外……
二　……首烂，须看其元衣服……
三　……物及竹头之类……

该文书内容为对尸伤进行检验、区分的条款。李逸友先生判断，"现今流传的《通制条格》及《元典章》中均未载此条款。该书版式及刻文不同于上述'诏制'残页，应是不同的版本。为《大元通制》中'条格'部分的残页。"① 但是，据《洗冤录》卷一"疑难杂说上"② 云：

凡检验疑难尸首，如刃物所伤透过者，须看内外疮口，大处为行刃处，小处为透过处，如尸首烂，须看其元衣服，比伤着去处。尸或覆卧，其右手有短刃物及竹头之类。自喉至脐下者，恐是酒醉撑倒，自压自伤。如近有登高处或泥，须看身上有无钱物，有无损动处，恐因取物失脚自伤之类。

由此可断定文书 M1.0541［F207：W1］系宋慈《洗冤录》残页。方龄贵先生进一步判断此《洗冤录》残页所属文本应为岱南阁本，"特版面行数不同，而每行字数则似无异"③。

《洗冤录》印本残件的发现，亦可说明元代基层审判中沿用古律的特征。这也恰印证了《元典章》中"刑名之重，莫严于杀人；狱情之初，必先于检验"④ 的记载，尸检、伤检是刑事案件审判过程中首要环节。在黑水城出土元代词讼文书中，有关死、伤检验的记载主要在斗杀类案卷

---

① 李逸友：《黑城出土文书（汉文文书卷）》，科学出版社1991年版，第67页。
② （南宋）宋慈著：《洗冤集录校译》，杨奉琨校译，群众出版社1980年版，第18页。
③ 方龄贵：《元史丛考》，民族出版社2004年版，第226页。
④ 《元典章》卷四三《刑部五·尸帐不先标写正犯名色》，中国书店1990年版，第634页。

中。其中，文书 M1.0569［F20：W22］①，主要内容为顺娥与夫谭教化于案发地发现男尸及尸检情况，残存"虚指男粪堆身""咽喉等处俱有青赤伤痕外，咽喉""探得银色青赤"等。文书 M1.0574［84H.F116：W6/1177］②残存"粪出，项上赤紫伤痕一道"。文书 OR.8212/1131 K.K.0118.z③，残存"被死男子黃帖木赍夯伊所穿""番色牛皮靴一对"。文书 OR.8212/1165 KK0150g④，残存"体及破骨"，应为尸伤检验、区分之相关描述。文书 M1.0562［F111：W74］⑤，残存"速将被系人耳为立等浑身有无伤损、是何地，将殴打围固长阔指定明白，保结呈来"等，即对被打人员进行伤检，查其有无伤损之处及在何地被打等信息，并呈报上级。

二 重视诏敕

诏敕在审案判罚过程中起着至关重要的作用。多件黑水城词讼文书中所出现的"诏书莭该"等字，并节录了部分诏敕内容，恰说明了审判对诏敕的重视。如《俄藏黑水城文献》所收文书ДX1403⑥，便是节录了皇庆元年十二月初十日所颁诏敕，并依次进行判罚。

---

① 塔拉、杜建录、高国祥主编：《中国藏黑水城汉文文献》第 4 册，国家图书馆出版社 2008 年版，第 705 页。

② 塔拉、杜建录、高国祥主编：《中国藏黑水城汉文文献》第 4 册，第 710 页。

③ 沙知、吴芳思编著：《斯坦因第三次中亚考古所获汉文文献（非佛经部分）》第 2 册，上海辞书出版社 2005 年版，第 56 页。

④ 沙知、吴芳思编著：《斯坦因第三次中亚考古所获汉文文献（非佛经部分）》第 2 册，第 83 页。

⑤ 塔拉、杜建录、高国祥主编：《中国藏黑水城汉文文献》第 4 册，第 698 页。

⑥ 史金波、魏同贤、克恰诺夫主编：《俄藏黑水城文献》第 6 册，上海古籍出版社 2000 年版，第 134 页。

一　　刑房

二　　见行追勘①贼人令只僧吉杀死错卜公事

三　　施行间，皇庆元年十二月初十日②钦奉

四　　诏书节该：自皇庆元年十月廿九日昧爽以前，除

五　　谋反大逆，谋杀祖父母、父母，妻妾杀夫，奴婢

六　　杀主及故杀致命，但犯强盗伪造宝钞不

七　　赦外，其余罪犯已发觉未发觉，咸赦除

八　　之，敢以赦前事相告言者，以其罪罪之。钦

《元典章》卷三收录有该诏敕③：

皇庆元年十月　日钦奉诸王入觐诏书节文自皇庆元年十一月二十九日楣爽以前，除谋反大逆，谋杀祖父母、父母，妻妾杀夫，奴婢杀主及故杀致命，但犯强盗伪造宝钞不赦外，其余罪犯已未发觉，咸赦除之，敢以赦前事相告言者，以其罪罪之。

文书ДХ1403中节录内容与《元典章》记载基本一致。同时，也印证了仁宗皇庆元年十月大赦天下的记载，"辛卯，赦天下"④。

巧合的是，《中国藏黑水城汉文文献》中所收录的文书M1.0570[F21：W3]⑤中也记载了"(令)只僧吉""错卜"，还出现了"错卜"

---

①　"追勘"，陈志英《元皇庆元年（公元1312年）十二月亦集乃路刑房文书初探》，《内蒙古社会科学》2004年第5期误录为"近获"。

②　"初十日"，陈志英《元皇庆元年（公元1312年）十二月亦集乃路刑房文书初探》，《内蒙古社会科学》2004年第5期文中录为"初一日"。

③　《元典章》卷三《圣政二·霈恩宥》，中国书店1990年版，第70—71页。

④　（明）宋濂：《元史》卷二四《仁宗纪一》，中华书局1976年版，第554页。

⑤　塔拉、杜建录、高国祥主编：《中国藏黑水城汉文文献》第4册，国家图书馆出版社2008年版，第706页。

的妻子"忽都龙"。

M1.0570 [F21：W3]：

一　睡着不醒，约至三更以来，有奸夫……
二　向忽都龙说：先曾说将你夫……
三　龙□从不令夫错卜知觉，穿衣……
四　睡□□，纳定咽喉上，用右手擒搭……
五　忽都龙是曾出门外解……
六　一条递与……
七　只僧吉……

文书 M1.0570 [F21：W3] 与的《俄藏黑水城文献》所收文书 ДX1403 所载为同一案件，是对谋杀案件发生经过详细的描述。通过这两件文书可知：某夜晚三更时，妇人忽都龙趁丈夫错卜睡着，出门将作案工具交给奸夫令只僧吉，由奸夫下手杀害其夫错卜。刑房在皇庆元年十二月处理该案时，依照皇庆元年十月廿九日所颁之诏敕进行处理。由于文书的残损，案件的具体判罚结果现已无从得知。但是，根据皇庆元年十月廿九日所颁之诏书内容，"故杀致命"不在赦免之列，奸夫令只僧吉将面临被处死的命运，忽都龙很大可能是会被赦免的。

此外，文书 M1.1818 [F116：W102+ F116：W103]①残存"诏赦节该"等字。文书 M1.1819 [F116：W101]②残存"诏赦"等字。文书 M1.1820 [F116：W103]③残存"诏赦节"等字。通过这些文书可以看出，在案件审理过程中，时下颁布的诏敕往往成为案件判署的依据。

---

① 塔拉、杜建录、高国祥主编：《中国藏黑水城汉文文献》第 9 册，国家图书馆出版社 2008 年版，第 2051—2052 页。
② 塔拉、杜建录、高国祥主编：《中国藏黑水城汉文文献》第 10 册，第 2079 页。
③ 塔拉、杜建录、高国祥主编：《中国藏黑水城汉文文献》第 10 册，第 2080 页。

第三章 黑水城出土元代词讼文书中的术语与诉讼审判[①]

第一节 黑水城出土元代词讼文书中的术语

黑水城出土元代词讼文书中保留了大量的常用术语,包括公文格式常用语及法律术语。对这些常用术语的研究有利于进一步考察元代词讼文书的格式及诉讼审判程序。见下列表格。

---

① 本章原刊于《中国藏黑水城汉文文献整理研究》(人民出版社2016年版)第177—216页,标题为《中国藏黑水城汉文文献中的诉讼审判与常用术语》,系与导师杜建录教授合撰。本书对其中部分内容进行了改写。

一 公式

表 3-1

术语	文书编号	注释
申	M1.0543［T9：W3］、M1.0544［F125：W72］、M1.0557［F14：W7］、M1.0568［F166：W12］、（呈申、申）M1.0589［F116：W288a］、（状申）M1.0595［F193：W12］、M1.0607［F209：W55］、M1.0636［F116：W186a］、M1.0724［84H.F20：W43/0692］、TK224、（申覆）TK225	"申也，明也。谓所告谆切"。① 申覆，上报也。
呈	（牒呈）M1.0528［F125：W71］、（牒呈）M1.0546［Y1：W29］、M1.0557［F14：W7］、（状呈）M1.0561［F116：W294］、M1.0601［F180：W4］、M1.0602［F111：W65］、M1.0608［F245：W31］、M1.0614［Y1：W37B］、（呈府）M1.0617［F123：W6］、M1.0624［F116：W476］、M1.0625［F178：W4］、M1.0632［F116：W242］、M1.0634［F116：W501］、（案呈）M1.0650［F116：W27］、（呈、呈乞）M1.0654［F116：W24］、M1.0655［F116：W25］、M1.0666［F116：W71A］、M1.0671［F116：W78］、M1.0674［F116：W45］、（呈见）M1.0680［F116：W176］、（呈见）M1.0682［F116：W602］、（谨呈）M1.0687［F116：W148］、（呈乞）M1.0690［F116：W238］、TK239、ДX.189992、ИНВ.No.4991、OR.8212/736 K.K.0150（a）、（呈见）OR.8212/743 K.K.0150（f）（i）、（呈见）OR.8212/745 K.K.0231（c）	"谓布意达于尊者，又陈示其状也"。②
劄付	M1.0588［F131：W4］、（省劄、劄付）TK224、OR.8212/736 K.K.0150（a）	"刺著为书曰劄，以文相与曰付，犹界赐也"。③
拨付	M1.0639［F116：W186d］、M1.0640［F116：W186e］、M1.0649［F116：W104］	
指挥	M1.0575［Y1：W86A］、M1.0645［F116：W479］	"示意曰指，戒勅曰挥，犹以指披斥事务也。"④

---

① （元）徐元瑞撰：《吏学指南》，杨讷点校，浙江古籍出版社 1988 年版，第 36 页。
② （元）徐元瑞撰：《吏学指南》，杨讷点校，浙江古籍出版社 1988 年版，第 36 页。
③ （元）徐元瑞撰：《吏学指南》，杨讷点校，第 35 页。
④ （元）徐元瑞撰：《吏学指南》，杨讷点校，第 36 页。

二 诸此

表 3-2

奉	M1.0575［Y1：W86A］、（奉此）M1.0602［F111：W65］、M1.0607［F209：W55］、（奉、奉此）M1.0616［Y1：W64］、M1.0623［F245：W15］、（奉、奉此）M1.0645［F116：W479］、M1.0671［F116：W78］、（依奉）M1.0682［F116：W602］、M1.0687［F116：W148］、M1.0724［84H.F20：W43/0692］、M1.0729［84H.F205：W1/2291］、TK224、（钦奉）ДХ1403、（奉、奉此）OR.8212/736 K.K.0150（a）	"遵依上命也"。①
承	M1.0671［F116：W78］	"受纳其事也"。②
蒙	（今蒙）M1.0528［F125：W71］、（甘蒙）M1.0638［F116：W186c］、M1.0642［F116：W541］、M1.0649［F116：W104］、M1.0655［F116：W25］、M1.0659［F116：W231］、M1.0667、M1.0669［F116：W37］、M1.0672［F116：W144］、M1.0678［F116：W106］、（覆蒙）M1.0680［F116：W176］、M1.0682［F116：W602］、M1.0689［F116：W205］	"仰戴上意也"。③
准	（准仰）M1.0640［F116：W186e］、（准此、依准）M1.0649［F116：W104］、（准此）M1.0698［84H.F116：W95/1267］	"法则也，均平也"。④
据	M1.0583［F116：W171］、M1.0682［F116：W602］、（依据）M1.0698［84H.F116：W95/1267］、ИНВ.No.4991	"谓依凭也"。⑤
仰	M1.0557［F14：W7］、M1.0575［Y1：W86A］、M1.0654［F116：W24］、M1.0680［F116：W176］、M1.0702［84H.F43：W6/0796］、ДХ.189992	

---

① （元）徐元瑞撰：《吏学指南》，杨讷点校，浙江古籍出版社1988年版，第34页。
② （元）徐元瑞撰：《吏学指南》，杨讷点校，第34页。
③ （元）徐元瑞撰：《吏学指南》，杨讷点校，第34页。
④ （元）徐元瑞撰：《吏学指南》，杨讷点校，第35页。
⑤ （元）徐元瑞撰：《吏学指南》，杨讷点校，第35页。

续表

得	（责得）M1.0649［F116：W104］、（责得）M1.0651［F116：W93］、（得此、照得）M1.0654［F116：W24］、（招得）M1.0680［F116：W176］	"事有所获也"。①
钦	（钦奉）ДХ1403	"谓致恭也"。②

三　结句

表3-3

照验	M1.0528［F125：W71］、M1.0544［F125：W72］、M1.0562［F111：W74］、（照收）M1.0561［F116：W294］、（照过）M1.0567［F17：W2］、M1.0588［F131：W4］、M1.0607［F209：W55］、M1.0617［F123：W6］、M1.0624［F116：W476］、M1.0633［F116：W237］、M1.0654［F116：W24］、（照得）M1.0654［F116：W24］、ДХ.189992	"谓证明其事也"。③
照详	M1.0557［F14：W7］、TK302	"谓义明于前，乞加裁决也"。④
施行	M1.0528［F125：W71］、M1.0548［Y1：W57］、M1.0557［F14：W7］、M1.0562［F111：W74］、（详状施行）M1.0567［F17：W2］、M1.0587［84H.F36：W4/0763］、M1.0595［F193：W12］、M1.0602［F111：W65］、M1.0617［F123：W6］、M1.0624［F116：W476］、（照验施行）M1.0633［F116：W237］、M1.0640［F116：W186e］、M1.0645［F116：W479］、M1.0655［F116：W25］、（详状施行）M1.0665［F116：W58］、ДХ.189992、TK302	依法之惩处。
照讫	M1.0623［F245：W15］、（尾讫）M1.0646［F116：W474］、（讫认）M1.0651［F116：W93］	讫，完结，照讫即查看完毕之意。

---

① （元）徐元瑞撰：《吏学指南》，杨讷点校，浙江古籍出版社1988年版，第35页。
② （元）徐元瑞撰：《吏学指南》，杨讷点校，第34页。
③ （元）徐元瑞撰：《吏学指南》，杨讷点校，第38页。
④ （元）徐元瑞撰：《吏学指南》，杨讷点校，第38页。

四 发端

表 3-4

照勘	M1.0544［F125：W72］、M1.0615［F13：W115］、M1.0617［F123：W6］、M1.0649［F116：W104］	"核查、验证也"。①
取勘	M1.0637［84H.F116：W366/1538］、M1.0638［F116：W186c］、M1.0640［F116：W186e］、M1.0643［F116：W116a］、M1.0656［F116：W97］、M1.0659［F116：W231］、M1.0730［84H.F125：W52/1902］	审理，犹查核。
揭照	M1.0639［F116：W186d］、M1.0642［F116：W541］、M1.0645［F116：W479］	照、查阅、查看
体勘	M1.0649［F116：W104］	探查。
踏验	M1.0649［F116：W104］、M1.0651［F116：W93］、M1.0660［84H.F116：W231/1403］	谓实地之勘查。
勘验	M1.0655［F116：W25］、（验）M1.0740［84H.F19：W20/0557］	实地之勘查，检验。
对款	（对款、照刷）M1.0528［F125：W71］	对款，即核对签章，照刷，核查之意，为肃政廉访司或提刑按察司之职，覆核案卷中有无奸私违错。

五 旨判

表 3-5

圣旨	（皇帝圣旨里）M1.0528［F125：W71］、M1.0544［F125：W72］、M1.0595［F193：W12］、M1.0633［F116：W237］、M1.0650［F116：W27］、M1.0728［84H.F209：W20/2318］、ДХ.189992	皇帝命令，文书中为正式公文之开头格式。

---

① 方龄贵校注：《通制条格校注》，中华书局 2001 年版，第 60 页。

续表

钧旨	TK302	"行中书省丞相等首领官命令。同驸马、元帅之命令"。①
台旨	M1.0545［F111：W31］、M1.0554［F111：W73］、M1.0616［Y1：W64］、M1.0634［F116：W501］、M1.0664［F116：W117］、M1.0665［F116：W58］、M1.0668［F116：W71B］、M1.0672［F116：W144］、M1.0673［F116：W32］、M1.0675［F116：W202］、M1.0677［F116：W185］、M1.0678［F116：W106］、M1.0679［F116：W206］、M1.0684［F116：W143］、M1.0687［F116：W148］、M1.0688［F116：W162］、M1.0690［F116：W238］、M1.0744［F1：W55］、M1.0747［F150：W9］、TK192、OR.8212/787 K.K.I.0232（z）	路总管府达鲁花赤、总管等官员命令。呈路之文状末尾署"伏取（伏乞），台旨",呈行省则为"伏取（伏乞），钧旨"。

六　推鞫

表3-6

取问	M1.0550［F130：W3］、M1.0565［F111：W57］、M1.0667、M1.0669［F116：W37］、M1.0678［F116：W106］、TK224、M1.0687［F116：W148］	"谓采彼事情理也"。②
研穷	TK224	"深究，尽情也"。③
磨问	TK224	谓事应研穷而问者。
追问	OR.8212/745 K.K.0231（c）	追究而问者。
审问	（审理）M1.0528［F125：W71］	"详考是非曰审，谓结成文案，再须详情而问者"。④

---

① 方龄贵校注：《通制条格校注》，中华书局2001年版，第362页。
② （元）徐元瑞撰：《吏学指南》，杨讷点校，浙江古籍出版社1988年版，第101页。
③ （元）徐元瑞撰：《吏学指南》，杨讷点校，第102页。
④ （元）徐元瑞撰：《吏学指南》，杨讷点校，第100页。

七　署事

表3-7

行	M1.0583［F116：W171］、（合行）M1.0602［F111：W65］、M1.0608［F245：W31］、（右行、发行）M1.0616［Y1：W64］、（合行）M1.0625［F178：W4］、M1.0649［F116：W104］、M1.0654［F116：W24］、M1.0670［F116：W79］、（合行）M1.0671［F116：W78］、（合行）OR.8212/736 K.K.0150（a）、OR.8212/745 K.K.0231（c）	"谓事必为理也"。①
判	ДХ.189067、M1.0692［84H.F249：W12/2545］	
谕	ДХ.189992	示教之意。
议	（议得）M1.0618［F245：W16］、（议得）M1.0632［F116：W242］、（议得）M1.0650［F116：W27］、（议得）M1.0654［F116：W24］、（议得）M1.0666［F116：W71A］、M1.0671［F116：W78］、（议得）M1.0680［F116：W176］、（议得）M1.0683［F116：W48］、（议定）M1.0692［84H.F249：W12/2545］、（议拟）M1.0735［84HF135炕内D］、TK224	"谋之于众曰议"。②
拟	（议拟）M1.0735［84HF135炕内D］	"揣度已定"。③
定夺	TK302	"谓取决事务之意"。④

八　捕亡

表3-8

根捉	M1.0579［F111：W43］、OR.8212/1122 K.K.0118.p	"寻、擒捕也"。⑤
捉拿	M1.0588［F131：W4］、M1.0590［F204：W1］、M1.0632［F116：W242］、M1.0698［84H.F116：W95/1267］、M1.0734［84HF135炕内C］、ДХ.189992	

---

① （元）徐元瑞撰：《吏学指南》，杨讷点校，浙江古籍出版社1988年版，第43页。
② （元）徐元瑞撰：《吏学指南》，杨讷点校，第43页。
③ （元）徐元瑞撰：《吏学指南》，杨讷点校，第43页。
④ （元）徐元瑞撰：《吏学指南》，杨讷点校，第44页。
⑤ （元）徐元瑞撰：《吏学指南》，杨讷点校，第109页。

第三章　黑水城出土元代词讼文书中的术语与诉讼审判

续表

根勾	M1.0562［F111∶W74］、M1.0682［F116∶W602］、M1.0687［F116∶W148］、M1.0688［F116∶W162］、M1.0690［F116∶W238］、M1.0713［84H. 大院内 a6∶W48/2837］	拘拿、勾捕，犹缉拿也。
捕	（捕盗）TK225	
勾返	M1.0633［F116∶W237］	意同勾捕。
检	TK224	巡查

九　仪制

表3-9

赦	Дх1403	"天子宽恕之，命与民更始也"。①

十　勾稽

表3-10

违限	M1.0545［F111∶W31］、（疏、违）M1.0675［F116∶W202］、（违）M1.0679［F116∶W206］、（违）M1.0739［84H. Y1 采∶W62/2732］、M1.0688［F116∶W162］、TK192	"谓事有程限，过期不至者"。②
虚诳	（如虚甘罪）M1.0634［F116∶W501］、M1.0665［F116∶W58］、（别无虚冒）M1.0667、（诳）M1.0669［F116∶W37］、M1.0677［F116∶W185］、（虚诳）M1.0678［F116∶W106］、M1.0682［F116∶W602］、M1.0737［83H. F6∶W79/0239］、TK231	不实，欺蒙。

---

① （元）徐元瑞撰：《吏学指南》，杨讷点校，浙江古籍出版社1988年版，第33页。
② （元）徐元瑞撰：《吏学指南》，杨讷点校，第107页。

十一　状词

表 3-11

状	M1.0561［F116：W294］、M1.0572［F135：W48b］、M1.0573［84H.F125：W59/1909］、（状告、状）M1.0583［F116：W171］、M1.0584［F207：W4］、M1.0634［F116：W501］、M1.0649［F116：W104］、M1.0673［F116：W32］、M1.0689［F116：W205］、M1.0704［84H.F21：W9/0726］、M1.0729［84H.F205：W1/2291］、M1.0730［84H.F125：W52/1902］、M1.0731［84H.F116：W490/1662］、M1.0732［84H.大院内a6：W56/2845］、M1.0747［F150：W9］、M1.0744［F1：W55］	"以貌写情于纸墨也"。①
状告	（伏为状告）M1.0558［F255：W34］、（伏为状告）M1.0563［F80：W9］、（伏为状告）M1.0596［F4：W7］、（伏为状告）M1.0604［F17：W1］、（伏为状告）M1.0607［F209：W55］、（伏为状告）M1.0650［F116：W27］、（伏为状告）M1.0656［F116：W97］、（伏为状告）M1.0661［F116：W23］、（告）M1.0549［F80：W12］、（告）M1.0552［HF111下层A正］、（状告、状）M1.0583［F116：W171］、（状告）M1.0590［F204：W1］、（状告）M1.0594［F234：W9］、（状告）M1.0595［F193：W12］、M1.0598［F79：W41］、（状告）M1.0606［F9：W34］、（告）M1.0610［F116：W491］、（告）M1.0611［F9：W9］、（告）M1.0613［84H.大院内a6：W62/2851］、（告）M1.0614［Y1：W37B］、（告）M1.0615［F13：W115］、（告）M1.0616［Y1：W64］、（状告）M1.0617［F123：W6］、（状告）M1.0632［F116：W242］、（状告）M1.0632［F116：W242］、（状告）M1.0633［F116：W237］、（告）M1.0635［F116：W502］、（告）M1.0645［F116：W479］、（告）M1.0646［F116：W474］、（状告）M1.0654［F116：W24］、（告）M1.0658、（状告、状招）M1.0666［F116：W71A］、（告）M1.0668［F116：W71B］、（告）M1.0671［F116：W78］、（状告）M1.0677［F116：W185］、（告）M1.0680［F116：W176］、（状告）M1.0681［F116：W38］、（告）M1.0682［F116：W602］、（状告）M1.0685［F116：W246］、（状告）M1.0711［84H.F124：W3/1829］、（告）M1.0712［84H.大院内a6：W95/2884］、（告）M1.0716［84H.F126：W1/1924］、（状告）M1.0723［84H.F126：W6/1929］、（状告）M1.0724［84H.F20：W43/0692］、（状告）M1.0728［84H.F209：W20/2318］、（状告）ИНВ.No.4991、（告状）OR.8212/775 K.K.0118（z）、（状告）TK239	"谓述其情而诉于上也"。② 元代之诉状，状首格式为：告状人某/右某年——岁无病系——居民/伏为状告——谨状上告。元代不许妇女告状，"若果寡无依，及虽有子男，别因他故妨碍，事须论诉者，不拘此例。"③ 在黑水城出土的诉状中未见有妇女之诉状，故在诉状中也未见"无孕系"。若是妇女取状，则状首为：取状妇人某/右某年——岁无孕系——居民。

---

① （元）徐元瑞撰：《吏学指南》，杨讷点校，浙江古籍出版社1988年版，第38页。
② （元）徐元瑞撰：《吏学指南》，杨讷点校，第39页。
③ 《元典章》卷五三《刑部十五》，中国书店1990年版，第756页。

第三章 黑水城出土元代词讼文书中的术语与诉讼审判

续表

状招	（招词）M1.0546［Y1：W29］、（状招）M1.0580［Y1：W110］、（状告、状）M1.0583［F116：W171］、（状招）M1.0599［F111：W70］、（状告、状招）M1.0666［F116：W71A］、（招词）M1.0670［F116：W79］、（状招）M1.0672［F116：W144］、（状招）M1.0683［F116：W48］、M1.0698［84H.F116：W95/1267］、（状招）M1.0710［84H.F125：W6/1856］、（招状）M1.0586［83H.F1：W26/0026］、（招词）M1.0528［F125：W71］、（招）TK231	
状结	（状结）M1.0649［F116：W104］、（状结）M1.0654［F116：W24］、（状结）M1.0667、M1.0704［84H.F21：W9/0726］	
招伏	M1.0555［F124：W10］、M1.0561［F116：W294］、M1.0564［F2：W54］、M1.0580［Y1：W110］、M1.0584［F207：W4］、M1.0590［F204：W1］、M1.0667、M1.0668［F116：W71B］、M1.0672［F116：W144］、M1.0673［F116：W32］、M1.0685［F116：W246］、M1.0689［F116：W205］	"招，犹昭也，伏，隐也。盖彰明其罪也"。①
取状	M1.0668［F116：W71B］、M1.0672［F116：W144］、M1.0673［F116：W32］、M1.0677［F116：W185］、M1.0713［84H.大院内a6：W48/2837］、M1.0719［84H.Y1采：W53/2723］	"谓采彼事情理也"。②
招责	M1.0564［F2：W54］、M1.0668［F116：W71B］、M1.0670［F116：W79］、M1.0689［F116：W205］、M1.0709［84H.F125：W24/1874］	即招认。
执照	M1.0681［F116：W38］	官府所发凭证。

---

① （元）徐元瑞撰：《吏学指南》，杨讷点校，浙江古籍出版社1988年版，第39页。
② （元）徐元瑞撰：《吏学指南》，杨讷点校，第39页。

续表

伏取（伏乞）	M1.0544［F125：W72］、M1.0545［F111：W31］、M1.0557［F14：W7］、M1.0565［F111：W57］、M1.0567［F17：W2］、M1.0589［F116：W288a］、M1.0598［F79：W41］、M1.0610［F116：W491］、M1.0625［F178：W4］、M1.0634［F116：W501］、M1.0645［F116：W479］、M1.0664［F116：W117］、M1.0665［F116：W58］、M1.0667、M1.0668［F116：W71B］、M1.0672［F116：W144］、M1.0673［F116：W32］、M1.0675［F116：W202］、M1.0677［F116：W185］、M1.0678［F116：W106］、M1.0679［F116：W206］、M1.0690［F116：W238］、TK192、TK302、OR.8212/775 K.K.0118（z）	呈状末尾常用语。呈路之文状末尾署"伏取（伏乞），台旨"，呈行省则为"伏取（伏乞），钧旨"。
右谨具	M1.0624［F116：W476］、M1.0644［F116：W116b］、M1.0674［F116：W45］、M1.0680［F116：W176］、M1.0682［F116：W602］、OR.8212/736 K.K.0150（a）	
今当	M1.0668［F116：W71B］、M1.0670［F116：W79］、M1.0675［F116：W202］、M1.0679［F116：W206］、M1.0688［F116：W162］	
偹细	（除偹细词）M1.0668［F116：W71B］	详述陈词之意。

十二 狱讼

表3-12

结案	（结罪）M1.0623［F245：W15］、（结罪）M1.0625［F178：W4］、（结案）TK224	结竟其罪。
归断	M1.0606［F9：W34］、（断放）M1.0528［F125：W71］、（断罪）M1.0672［F116：W144］、（断罪）M1.0689［F116：W205］、（断）M1.0740［84H.F19：W20/0557］	"谓事应究竟致罪者"。①
保结	M1.0528［F125：W71］、M1.0544［F125：W72］、M1.0617［F123：W6］、M1.0737［83H.F6：W79/0239］	"申保举荐也"。② 文状中应为担保之意。

---

① （元）徐元瑞撰：《吏学指南》，杨讷点校，浙江古籍出版社1988年版，第98页。
② 方龄贵：《通制条格校注》，中华书局2001年版，第265页。

第三章 黑水城出土元代词讼文书中的术语与诉讼审判

续表

执结	（不词承管执结事实伏取）M1.0545［F111：W31］、（不词执结）M1.0554［F111：W73］、M1.0603［F116：W98］、M1.0649［F116：W104］、M1.0659［F116：W231］、M1.0669［F116：W37］、M1.0677［F116：W185］、M1.0678［F116：W106］、M1.0691、M1.0700［84H.F111：W36/1114］、M1.0741［84H.F116：W310/1482］、TK302	对官署负责，犹证实。

十三 刑罚

表3-13

收押	（拘收）M1.0544［F125：W72］、（监押）M1.0548［Y1：W57］、（监押）M1.0562［F111：W74］、（管押）M1.0589［F116：W288a］、（押）M1.0595［F193：W12］、（押）M1.0621［F114：W9b］、（押）M1.0633［F116：W237］、（锁收、散收）M1.0666［F116：W71A］、M1.0673［F116：W32］、（监收、锁收）M1.0675［F116：W202］、（收管）M1.0683［F116：W48］、（押）M1.0687［F116：W148］、（锁收）M1.0689［F116：W205］、（押）M1.0736［84H.大院内a6：W16/2805］	
枷办	M1.0568［F166：W12］	施枷于项。
徒役	（迤管徒役）M1.0585［F1：W62］、（□十七下徒）M1.0592、（四十七下）M1.0683［F116：W48］、（发到配役）Дх.189992	
佥充	M1.0639［F116：W186d］	

十四　词讼人

表 3-14

取状人	M1.0556［F1：W65］、M1.0561［F116：W294］、M1.0598［F79：W41］、M1.0599［F111：W70］、M1.0664［F116：W117］、M1.0673［F116：W32］、M1.0675［F116：W202］、M1.0677［F116：W185］、M1.0678［F116：W106］、（取状妇人）M1.0686［F116：W37］、（取状妇人）M1.0689［F116：W205］、M1.0693［F114：W13］、M1.0694［84H.Y1采：W35/2705］、M1.0695［84H.F249：W39/2572］、（取复审状人）M1.0706［84H.F13：W117/0468］、M1.0709［84H.F125：W24/1874］、M1.0718［84H.Y1采：W12/2682］、M1.0722［84H.F209：W24/2322］、（取状妇人）M1.0730［84H.F125：W52/1902］、M1.0742［84H.F192：W8/2228］、M1.0744［F1：W55］、M1.0747［F150：W9］、M1.0748［84H.大院内a6：W41/2830］、M1.0749［84H.F116：W530/1704］	取状人为被告或干连人，取状格式与诉状略同，结尾往往"如有虚诳，甘罪不词""伏乞台旨"等术语。
告状人	M1.0563［F80：W9］、M1.0597［F144：W6］、（告首告人）M1.0547［F192：W9］、M1.0604［F17：W1］、M1.0665［F116：W58］、（上告人）M1.0669［F116：W37］、（元告人）M1.0682［F116：W602］、M1.0703［84H.F43：W5/0795］、（状告人）M1.0708［84H.F117：W23/1815］、（告状僧人）M1.0720［84H.Y1采：W83/2753］、M1.0721［84H.F249：W29/2562］、TK302、（告人）M1.0649［F116：W104］	向官府提交诉状，状首为姓名、年龄、无病、住址，文尾书"伏乞详状施行，所告如虚，甘罪不词（所告执结是实），伏取台旨"等语句。
被告人	（被词人）M1.0632［F116：W242］M1.0681［F116：W38］、（被词人）M1.0682［F116：W602］、TK239	

第三章 黑水城出土元代词讼文书中的术语与诉讼审判

续表

取识认状人	（识认状、取识认状人）M1.0668［F116：W71B］、（认状人）M1.0577［HF193B 正］、（识认状）M1.0670［F116：W79］	识认状指被告经审理后之状，格式同取状，无状首。
取责领状人	（取责领、取状人）M1.0675［F116：W202］、（取责领人）M1.0684［F116：W143］、（责领人）M1.0690［F116：W238］、（责领）M1.0585［F1：W62］、（责领）M1.0719［84H.Y1 采：W53/2723］。	责领状格式与承管状同。"责领"，应为奉命领取，负有权责。元代官府在审结案件以后，有司狱官吏对犯人领取，执行审判结果，签署责领状领取犯人。
取承管状人	（取承管元告人）M1.0679［F116：W206］、（承管委得）M1.0688［F116：W162］、（取承管状人）M1.0696［84H.文官府：W15/2912］、（取承管人、承管）TK192、（承管人）M1.0545［F111：W31］、（承管人）M1.0554［F111：W73］、（承管、承管人）OR.8212/787 K.K.I.0232（z）。	状首为承管人职务、姓名，另行"今当/总府官委得"，结尾书"如违当罪不词。承领是实""伏取台旨"等。取承管状人，一般指捉拿案犯、传唤案件相关人员的吏目差役，文书中常将此类差役称为"祗候"。
干照人	M1.0666［F116：W71A］、M1.0681［F116：W38］、M1.0682［F116：W602］、M1.0688［F116：W162］、M1.0690［F116：W238］、（干连人）M1.0633［F116：W237］	皆无罪被案者，应同"干证人""证佐"，即案件知情者。
连状人	M1.0635［F116：W502］、M1.0742［84H.F192：W8/2228］、M1.0744［F1：W55］	F116：W502 中即案件原告与被告人员。
告拦状人	M1.0603［F116：W98］、（告拦人）M1.0632［F116：W242］	
告拦劝和人	M1.0603［F116：W98］、（劝和人）M1.0632［F116：W242］	
合干人等	M1.0562［F111：W74］	指原告、被告、干连人
干连人	M1.0633［F116：W237］	无罪被案者。

黑水城出土元代词讼文书的常用术语基本上包括上述公式、诸此、结句、发端、旨判、推鞫、署事、捕亡、仪制、勾稽、状词、狱讼、刑罚、词讼人共14种。这些术语是各类词讼文书的重要组成部分。词讼文书中状、呈牒、申文、札付等格式的公文基本上是由以上类别的常用术语构成的相对稳定的文书结构，但是也存在一些常用词汇在文书中替换现象。

第二节　黑水城出土元代词讼文书中的诉讼审判

黑水城出土元代词讼文书按照案件类别主要分为驱口案、婚姻案、斗杀案、盗贼案、财物案、土地案及其他7类。其中驱口案16个编号，其中涉及逃驱、驱口不应役、强夺驱口、拘收不兰奚等内容，文书类别主要为呈牒、诉状、告拦文书等；婚姻案38个编号，内容涉及争婚、改嫁、烧毁婚书等，其中失林婚书案文卷保存有诉状、取状、识认状、承管状、责领状、告谕、呈牒等多种文状形式；斗杀案23个编号，内容涉及斗殴、谋杀案件的诉讼、审理、检验等，存诉状、取状、呈牒等文书格式；盗贼案34个编号，内容涉及对盗窃居民、商户、官府等案件的状告、审理、判决，存诉状、识认状、责领状、告谕、呈牒、札付等文书格式；财物案26个编号，内容涉及粮食、钱财、货物、牲畜、租赁房屋等民事争端案件，存诉状、取状、呈牒等文书格式；土地案63个编号，内容涉及民户争地、官员夺地、僧俗争地、赡站地典卖、揽夺灌溉等案件的诉讼、审理，存诉状、告拦文书、呈牒等文书格式；其他93个编号，是律令与词讼文书中未能判断案件种类的文书，只能凭其残存"取状人""告状人""干照人""状告"等词讼文书常用术语判断其性质，以诉状、取状文书居多。这些弥足珍贵的诉讼文书，是研究元代的诉讼审判制度的重要一手资料。

目前对黑水城出土元代词讼文书格式的研究成果主要集中于保存较为完整的案卷，比如侯爱梅《失林婚书案文卷研究》[①] 中对失林婚书案文卷

[①] 侯爱梅：《失林婚书案文卷研究》，硕士学位论文，宁夏大学，2007年。

第三章　黑水城出土元代词讼文书中的术语与诉讼审判

中所涉及之诉状、取状、识认状、承管状及责领状的书写格式进行了总结。王盼《黑水城出土元代地土案所见若干问题研究》① 中对黑水城出土元代地土案文书中所保存的公文：告拦文状、诉状、告谕、传唤帖、呈与保结文书、申的书写法式进行了分析。李逸友《元代文书档案制度举隅——记内蒙古额济纳旗黑城出土元代文书》② 对黑水城出土公文所进行的研究较为全面，也涉及词讼文书。首先，以上研究主要集中于保存较为完整的案卷，且均为对民事诉讼案件审理程序的相关论述。其次，在这些研究中存在一些错讹之处，如《元代文书档案制度举隅》一文认为"拘捕犯人用责领状"，而在失林婚书案中，狱吏看管案犯时方才使用"责领状"。最后，关于告谕等文书格式及司法程序也存在值得进一步研究。黑水城出土词讼文书中状、帖、信牌、呈牒、告谕、申、札付等种类的文书也恰可以为研究状告、受理、传唤、审理、判决、刑罚、监察等一系列司法程序提供方便。

一　状告

状告即告状人向官府呈递诉状，是诉讼的开始。元朝承袭宋代，由书铺"书写有理词状"，从而"革泛滥陈词之弊，亦使官府词讼静简"。同时"于籍记吏员内，遴选行止谨慎吏事熟练者，轮差一名，专管书状，年终轮换，果无过差，即便收补。""若词状到铺，妄行刁蹬，取受钱物，故作停难，不即与写；及不仔细询问事之争端，有无明白证验，是否应告词讼，以直作曲，以后为先，朦胧书写，调弄作弊，许令告人经赴所属官司陈告。取问是实，当该书状人等黜罢。若所属官司看询不行，廉访司到

---

① 王盼：《黑水城出土元代地土案所见若干问题研究》，硕士学位论文，宁夏大学，2010年。
② 李逸友：《元代文书档案制度举隅——记内蒙古额济纳旗黑城出土元代文书》，《档案学研究》1991年第4期。

官，体察究问。"① 黑水城出土的词讼文书虽然案件不同，但书写状格式基本相同：

告状人某

　　右某，年某岁，无病，系某地人，（在某地住坐，系某所管某户计，）伏为状告，为某事（若不状告，此情理难容，今不无）具状上诉（具状上告/谨状上告）某官府　伏乞详状施行，所告执结是实（所告如虚，甘罪不词）伏取台（裁）旨
　　年　　月　　日告状人　　某　　状

其格式，"开头低两三字书写告状人及其姓名，提行书写告状人姓名、年龄、无病、现住址，接着书写诉状内容，结尾书写'伏乞详状施行，所告如虚，甘罪不词，伏取台旨'之类的祈求语句，最后另提行书写年款、告状人及其姓名并画押"②。

黑水城元代诉状的常用术语比较灵活，如"具状上诉"与"具状上告（谨状上告）"，"所告执结是实"与"所告如虚甘罪不词"，"伏取"与"伏乞"皆可通用。"系某地人"后"在某地住坐"或"系某所管某户计"，"具状上诉"前"若不状告，此情理难容"，在诉状中时有时无，并无定制。

黑水城出土元代词讼文书中的旨判有台旨、钧旨、裁旨等，台旨为路总管府达鲁花赤、总管等官员之命令，占大多数。钧旨为行中书省丞相等首领官之命令，仅编号 TK302《大德八年呈甘肃等处行中书省状》出现

---

① 《元典章》卷五三《刑部十五·诉讼·书状·籍记吏书状》，中国书店1990年版，第744页。
② 李逸友：《元代文书档案制度举隅——记内蒙古额济纳旗黑城出土元代文书》，《档案学研究》1991年第4期。

一次①。不明确诉状呈送官府性质，一般使用"裁旨"，编号 M1.0598 [F79：W41]《朵立赤赶去黑花牛案》②在"伏取"后跟"裁"，应为"裁旨"。

在元代，妇女不许告状，"若果寡居无依，及虽有子男，别因他故妨碍，事须论诉者，不拘此例"③遍览黑水城出土元代诉状，告状者均为男性当事人。因此，黑水城出土元代诉状中，"无病"后均未有"孕"字。但在取状中，情况则不同，若当事人为女性，往往出现"无病孕"。

元代诉讼一般由司、县始，所谓司，即录事司，"秩正八品。凡路府所治，置一司，以掌城中户民之事。中统二年，诏验民户，定为员数。二千户以上，设录事、司候、判官各一员；二千户以下，省判官不置。至元二十年，置达鲁花赤一员，省司候，以判官兼捕盗之事，典史一员。若城市民少，则不置司，归之倚郭县。"④ 在录事司中，达鲁花赤、录事、判官主持审讯。黑水城出土词讼文书中除了明显可断定为"甘州路录事司"，见 M1.0544 [F125：W72]《不兰奚人口案》、M1.0595 [F193：W12]《陈礼状告孙直欠少伊货钱不肯归案》⑤，还有 3 处"录事司"，见 M1.0583 [F116：W171]《偷盗案》、M1.0587 [84H.F36：W4/0763]《盗贼案》、M1.0698 [84H.F116：W95/1267]《词讼状残件》⑥，未能判断其所属路府。李逸友先生在其《黑城出土文书（汉文文书卷）》一书

---

① 史金波、魏同贤、克恰诺夫主编：《俄藏黑水城文献》第 5 册，上海古籍出版社 1998 年版，第 2 页。
② 塔拉、杜建录、高国祥主编：《中国藏黑水城汉文文献》第 4 册，国家图书馆出版社 2008 年版，第 738 页。
③ 《元典章》卷五三《刑部十五·诉讼·代诉·不许妇人诉》，中国书店 1990 年版，第 756 页。
④ （明）宋濂：《元史》卷九一《百官志七》，中华书局 1976 年版，第 2317 页。
⑤ 塔拉、杜建录、高国祥主编：《中国藏黑水城汉文文献》第四册，第 676、735 页。
⑥ 塔拉、杜建录、高国祥主编：《中国藏黑水城汉文文献》第四册，第 720、723、928 页。

中所列亦集乃路总管府司属建制中并无录事司①。此三处"录事司"是否属于亦集乃路还有待进一步考证。

一般情况下,"诉讼人,先从本管官司,自下而上,依理陈告"②,"不得越诉"③,"越诉者笞五十七"④。但是,编号 M1.0606［F9：W34］《强夺站户汝中吉土地案》⑤是一件越诉案件：

一　……前去归断回……
二　……本人所赍排年纳粮……
三　……拟……鲁……结缴……
四　文炳已断站户依旧为主相应
五　一次至正十八年四月十九日又据站户汝中吉等赴省状告将
六　前项地土有小的□尉□□领人众强行夺
七　占布种除已差检校席敬前去归断
八　回据委官呈上项地土幺争二年虽
九　二次拟断文繁逗……杜绝将站
一〇　户汝中吉等地土照依元统二年元租岁
一一　结执照内靠西石川枣忽鲁汉语沙
一二　枣树□□五百余石依旧佃种纳税外

该文书内容为多份站户土地案汇总,其中有至正十八年站户汝中吉赴省状告所在地尉官领人强夺其土地,省府差检校席敬前去归断的案件。可

---

① 李逸友：《黑城出土文书（汉文文书卷）》,科学出版社1991年版,第14—16页。
② 《元典章》卷四《朝纲一·政纪·省部减繁格例》,中国书店1990年版,第74页。
③ 《元典章》卷五三《刑部十五·诉讼·越诉·告罪不得越诉》,中国书店1990年版,第754页。
④ （明）宋濂：《元史》卷一〇五《刑法志四》,中华书局1976年版,第2670页。
⑤ 塔拉、杜建录、高国祥主编：《中国藏黑水城汉文文献》第4册,国家图书馆出版社2008年版,第750页。

第三章 黑水城出土元代词讼文书中的术语与诉讼审判

见，当时对于越诉案件的审理，在一定情况下可以变通，使得"不得越诉"的案件得到了有效处理。

二 受理

诉状呈递官府以后，由官员决定受状或不受状。《至元新格》规定："诸狱讼，元告明白，易为穷治。其当该官司，凡受词状，即须仔细详审。若指陈不明，及无证验者，省会别具的实文状，以凭勾问。其所告事重，急应掩捕者，不拘此例。"① 可见，若状词不清楚、证据不明，均在不受理之列。另外，一些案件被认为是"诬告""妄告"，也会不被受理。文书 M1.0569 ［F20：W22］《斗杀案》② 中，即出现"如此虚词"，因为文书残损严重，现只能大致判断其中出现了虚妄之词。还有一些案件本属于应受理范围，一些官员却"徇私妄生枝节，不为受理"③。如文书 M1.0602 ［F111：W65］《财物案残件》④ 中"总府官议得即目正是农忙""之际，田禾将熟时月，比及仰将玉的解⑤到来，仰将被论""人员责羁管省会，运割收刈田禾"，官员以"田禾将熟"为借口，拖延审理。案件受理以后，就要将案件的被告勾唤到官，进行讯问。

三 传唤

元代，"诸人告状，受理官司披详审问。所靠之事有理而实，先将被告人勾唤到官，取问对证。若已承服，不须别勾证佐。若被告人不伏，必须证佐指说，然后将紧关干连人指名勾摄，无得信从司吏，一概呼唤。违

---

① 《元典章》卷五三《刑部十五·诉讼·听讼·至元新格》，中国书店1990年版，第745页。

② 塔拉、杜建录、高国祥主编：《中国藏黑水城汉文文献》第4册，国家图书馆出版社2008年版，第705页。

③ 《元典章》卷四《朝纲一·政纪·省部灭繁格例》，中国书店1990年版，第75页。

④ 塔拉、杜建录、高国祥主编：《中国藏黑水城汉文文献》第4册，第742页。

⑤ "解"，李逸友《黑城出土文书（汉文文书卷）》第150页误录为"拜"。

者痛断。"① 在黑水城出土元代词讼文书中，往往采取"一概呼唤"的办法，派遣祗候等将"合干人等"全部勾唤到官。在传唤过程中，一般由官府"给信牌，令执里役者呼之"②。拘捕犯人、传唤干练人，须签署承管状。被告勾唤到官，承差人员须呈报官府。

黑水城出土元代词讼文书中，有一件"忙不及印"的信牌：

M1.0616［Y1：W64］《赡站地典与阔阔歹耕种案》③：

一　奉
二　总府官台旨，据撒兰伯告李典病故，伊……抵奴将
三　赡站地典与阔阔歹耕种，将站……应当事，凭
四　今发信牌壹面，仰……抵奴，限十一月初九日早赴
五　……奉此
六　右行
七　忙不及印
八　至元三年十一月初七日发行

信牌开头顶格署"奉"字，提行书写发信牌官府及相关旨判，如"路总管府"，则后跟"台旨"。其后正文，为"据某人所告某事"。另提行书写"今发信牌一面，仰将某人，限某月某日赴某官府……奉此"。再提行低两、三字署"右行"。最后一行为"某年某月某日发行"。由文书中"忙不及印"可知正式的信牌应为印版。

除信牌以外，亦集乃路还使用"帖"的形式传唤"合干人等"。如文

---

① 《元典章》卷五三《刑部十五·诉讼·折证·不须使勾证佐》，中国书店 1990 年版，第 757 页。
② （明）宋濂：《元史》卷一八二《许有壬传》，中华书局 1976 年版，第 4199 页。
③ 塔拉、杜建录、高国祥主编：《中国藏黑水城汉文文献》第 4 册，国家图书馆出版社 2008 年版，第 759 页。

书 M1.0633［F116：W237］《麦足朵立只答站户案卷》①：

一　（皇帝）圣旨里亦集乃路总管府据麦足

二　朵立只答状告云云，为此，总府今

三　差人前去勾返状内一干人等

四　押来赴府，照验施行

五　亦称布　　汝真布

六　干连人

七　梁汝中玉　　也火答合儿

八　廿六日（八思巴文印章）

传唤帖开头顶格书写"皇帝圣旨里"，紧接着书写发帖单位，提行低两字书写正文，"据某人状告某事，为此，某官府今差人前去勾返状内一干人等押来赴府照验施行"，提行书写"被告人"、再提行书写"干连人"等，最后一行署日期，并盖章。

黑水城出土文书 M1.0545［F111：W31］②，是一件捉拿逃驱所使用的承管状：

一　承管人也火着屈

二　今当

三　官承管，限今月初十日将本家

四　逃驱忙古歹捉拿到官。如违

五　甘当违限罪犯不词，承管执结

六　是实。伏取

---

① 塔拉、杜建录、高国祥主编：《中国藏黑水城汉文文献》第 4 册，第 788—789 页。

② 塔拉、杜建录、高国祥主编：《中国藏黑水城汉文文献》第 4 册，国家图书馆出版社 2008 年版，第 677 页。

七　　台旨

八　　大德二年五月　日承管人也火着屈□状

"失林婚书案"文卷中文书 M1.0688［F116：W162］① 是传唤案件相关人员时所使用的承管状：

一　　取承管人李哈剌章

二　　今当

三　　总府官承管委得限　日……

四　　妾妻失林并小闫，干照人史……

五　　□□根勾前……不致违……

六　　（八思巴印章）

七　　台旨

八　　□□日

据此可知承管状的格式为：开头顶格书写"承管人某"或"取承管人某"，提行低两字书写正文，书"今当"二字，另提行书写"某官承管（委得）限某日将某人捉拿（根勾到官）"或其他承管事项，结尾书写"如违甘当违限罪犯不词，承管执结是实，伏取台旨"等惯用语，最后一行署年款、承管人姓名并画押。

祗候、承管人将涉案人员根勾到官后，需要向审判结构书写呈牒报告。文书 M1.0687［F116：W148］② 就是这样一件呈牒：

---

① 塔拉、杜建录、高国祥主编：《中国藏黑水城汉文文献》第 4 册，国家图书馆出版社 2008 年版，第 914 页。

② 塔拉、杜建录、高国祥主编：《中国藏黑水城汉文文献》第 4 册，第 913 页。

第三章　黑水城出土元代词讼文书中的术语与诉讼审判

一　　承差祗候①李哈剌章
二　　谨呈：近蒙
三　　总府差哈剌章前去根勾阿兀所告妾妻失林并……
四　　婚书人小闫等各正身，押来赴府取问施……
五　　依奉根勾到阿兀妾妻失林并小闫，干……
六　　典各正身……
七　　台旨
八　　至正二十二年十二月……

祗候呈牒开头顶格书写"承差祗候某人"，另提行书写"谨呈近蒙"，再提行书写"某官府差某人前去根勾某某等各正身押来赴府取问"，另提行书写"依奉根勾到某某等典各正身"，后跟"伏取台旨"等惯用语，最后一行书写年款等。

罪案嫌疑人根勾到官后，往往先行监押。宋元时代，"狱并非行刑的场所，而是拘置的场所"②。监押时，司狱官吏须签署责领状。"失林婚书案"文卷中保留了一份较为完整的责领状：

M1.0675 [F116：W202]③：

一　　取责……
二　　今当
三　　总府官④责领到锁收男子……
四　　从亮，妇人一名失林，委得……

---

① "候"，李逸友《黑城出土文书（汉文文书卷）》第164页误录为"侯"。
② ［日］宫崎市定：《宋元时代的法制和审判机构》，载刘俊文主编：《日本学者研究中国史论著选译》（卷八法律制度），姚荣涛、徐世虹译，中华书局1992年版，第306页。
③ 塔拉、杜建录、高国祥主编：《中国藏黑水城汉文文献》第4册，国家图书馆出版社2008年版，第893页。
④ "官"，李逸友《黑城出土文书（汉文文书卷）》第170页漏录。

五　　去在牢，如法监收，毋致疏……

　　六　　违，当罪不词。责领是实，伏……

　　七　　台旨

　　八　　至正廿二年十二月　取责领……

　　九　　初九日（八思巴文印章）

责领状与承管状格式相近，开头顶格书写"取责领人（官职）某"，另提行书写"今当"，在承管状中，"今当"则提行低两字书写（或者低几字书写，在具体写状过程中并不规范），再提行书写"某官责领到某某等"，后面为"委得……去在牢，如法监收，毋致疏……违，当罪不词。责领是实，伏取台旨"等惯用语，另提行书写年款、取责领人姓名等，最后一行署日期并盖章。

四　审理

在民事案件进入正式审讯之前，"凡告婚姻、田宅、家财、债负，若有愿告拦，详审别无违枉，准告"。一般由原、被告及干证人"连名状告"，撤回原状。拦告以后，"不许妄生词讼，违者治罪"[①]。王恽《弹右巡院准拦王得进事状》所载"拦状为此追到元行文卷"[②]，即要求撤回原诉状的词状被称为拦状。文书 M1.0603［F116∶W98］[③] 就是一件告拦状：

　　一　　甘肃等处管军万（户府）……，

[①] 《元典章》卷五三《刑部十五·诉讼·告拦·田土告拦》，中国书店 1990 年版，第 762 页。

[②] （元）王恽：《秋涧先生大全集》卷八八《弹右巡院准拦王得进事状》，台湾元人文集珍本丛刊本，台北：新文丰出版公司 1985 年版，第 443 页。

[③] 塔拉、杜建录、高国祥主编：《中国藏黑水城汉文文献》第 4 册，国家图书馆出版社 2008 年版，第 745 页。

第三章 黑水城出土元代词讼文书中的术语与诉讼审判

二　　万户府委差镇……

三　　旧处，将各人劝说休……

四　　扰乱官司，李文通众人等商量告拦文状，以……情愿当官告拦休和，将上项

五　　元争地土壹石均分叁分，内分与孙占住贰分，陈伴旧分与壹分，意愿将孙占住元种地小麦叁斗，陈伴旧收持碾

六　　到市斗小麦壹石陆斗，就交付与孙占住了当，如蒙准，告于民相□□，告拦休和之后，占住永无再行经官陈

七　　告争竞，如后不依告拦，却有二人争竞之日①，占住情愿当官罚骟马叁匹，白米壹拾石，充本管官司公

八　　用，更甘当重罪，不词，执结是实得此，

九　　告拦状人陈伴旧等

一○　一名被告人陈伴旧，年四十三岁，无病

一一　一名被人陈六月②狗，年三十八岁，无病

一二　一名孙占住，年三十一岁，无病

一三　告拦劝和人

一四　一名李文③通，年五十五岁，无病

一五　一名闵用，年六十三岁，无病

一六　……年三月　　日

一七　廿七日（八思巴文印章）

拦状开头顶格书写主持拦告的官府名称，提行书写某官府委差官吏某前往某处对某某等所讼劝说，然后书"某某等人商量告拦文状，以……情愿当官告拦休和"，其后跟休和内容，最后书写拦告以后，不许妄生词

---

① "之日"，李逸友《黑城出土文书（汉文文书卷）》第151页误录为"者"。
② "六月"，李逸友《黑城出土文书（汉文文书卷）》第151页误录为"育"。
③ "文"，李逸友《黑城出土文书（汉文文书卷）》第151页误录为"久"。

讼的相关保证，"告拦休和之后，告状人某永无再行经官陈告争竞，如后不依告拦，却有争竞之日，某情愿当官罚某物充本管官司公用，更甘当重罪，不词，执结是实得此"等惯用语。另提行书写"告拦状人""告拦劝和人"姓名、年龄、无病等内容，再提行书写年款，最后一行书写告拦结束日期并盖官印。

文书 M1.0632［F116：W242］《麦足朵立只答站户案卷》① 是一件刑房初审案件的呈牒。

一　　刑房

二　　呈据朵立只答状告，年六十八岁

三　　无病，系本路所管在城站户，见在

四　　额迷渠住坐，自朵立只答省事

五　　以来，有故父兴都赤存日常向朵立

六　　只答学说，有你父麦足合干布根脚

七　　……甘或……

八　　……有你故父麦足合□……

九　　……间用……

一〇　……哥财礼钱□……

一一　……壹拾伍亩……

一二　……嫁……

该刑房初审呈牒开头低两字书写"刑房"，另提行书写"呈据某状告年某岁，无病，系某地人，在某地住坐"，其后跟诉讼内容。可知亦集乃路受理该诉讼后，由刑房进行初步审理。通常刑房负责审理除地土纠纷以外的所有民事及刑事案件，户房则负责管理该路户籍地土，审理地土纠纷

---

① 塔拉、杜建录、高国祥主编：《中国藏黑水城汉文文献》第4册，国家图书馆出版社2008年版，第779页。

案件。刑房将案情呈递总管府首领，由首领官决定派遣投下官进行民事调解，行拦告，撤回原诉。由此可见，这些民事案件在告拦之前，经过了一定程度的审理。

案件进入正式审讯阶段以后，书写取状，"被告人、干连人在官府审讯时的供词，由司吏整理抄写后，被告人或干连人画押认供，其格式略同于诉状"①。取状格式如下：

取状（妇）人（官职）某

右某，年某岁，无病（孕），系某地人，（在某地住坐，系任何职／系某所管某户计）

今短状招伏（依实供说）某事

蒙取问所供前词是的实并无虚妄所供（如有虚诳，甘罪不词）执结是实伏取

台旨

某年某月　　取状人某

某日

取状与诉状相比，有两点不同：一、诉状当事人仅限于男性，取状当事人可为女性。若取状人为女性，状首为"取状妇人某"，"无病"后跟"孕"；二是取状人画押后往往盖有官印。

由于案件的复杂或其他原因，在审判过程中需要多次取状。"失林婚书案"审判中就经历了多次取状。另外，还有一些案件经过初次审判以后，种种原因之下，还出现了案件的重审、复审。如文书 M1.0706

---

① 李逸友：《元代文书档案制度举隅——记内蒙古额济纳旗黑城出土元代文书》，《档案学研究》1991 年第 4 期。

[84H. F13：W117/0468]①，就是一件取复审状，内容残存"取复审状人阿立嵬""右阿立嵬年"等文字，其书写格式应与取状同。

案件审理以后，案情最终整理成识认状，并由被告人在识认状上画押认供。失林婚书案文卷中，文书 M1.0668［F116：W71B］②、M1.0670［F116：W79］③ 就是被告闫从亮、失林的识认状。其书写格式如下：

取识认状人某

今当

总府官识认得见某事

并无诈冒识认是实伏取

台旨

某年某月取识认状人某

某日（印章）

识认状与取状等相比，已略去正文开头对被告年龄、无病及住址等的描述，其带有对案件总结的性质。

五 判决

元代案件一般由"推官先行穷问"，决案则须呈报总管府，"与其余府官再行审责，完签案牍文字"④。同样，在亦集乃路的案件审判中，通常由首领官在刑房、户房对案件"先行穷问"，决案呈报总管府。黑水城

---

① 塔拉、杜建录、高国祥主编：《中国藏黑水城汉文文献》第 4 册，国家图书馆出版社 2008 年版，第 934 页。

② 塔拉、杜建录、高国祥主编：《中国藏黑水城汉文文献》第 4 册，国家图书馆出版社 2008 年版，第 882 页。

③ 塔拉、杜建录、高国祥主编：《中国藏黑水城汉文文献》第 4 册，第 884 页。

④ 《元典章》卷四〇《刑部二·刑狱·鞫狱·推官专管刑狱》，中国书店 1990 年版，第 586 页。

第三章 黑水城出土元代词讼文书中的术语与诉讼审判

出土词讼文书中，刑房、户房呈报总管府的文牒有10余件，其中《失林婚书案卷》中有4件刑房呈牒保存较为完整。这4件呈牒中，文书M1.0682［F116：W602］① 是祗候根勾犯人到案后刑房向总管府首领的请示报告，文书 M1.0680 ［F116：W176］②、M1.0666 ［F116：W71A］③、M1.0671［F116：W78］④ 这3件均为刑房将案件内容向总管府首领请示，呈请判决意见。其格式如下：

刑房
呈（承奉）见行某事
总府官议得某事承此合行具呈者
右谨具（呈）
某年某月　　吏某
某人告某　　官某
某日（印章）

文书 M1.0614［Y1：W37B］《赡站地典押案》⑤ 是一件户房呈牒，文书末尾官员署名部分残缺。另一件文书 M1.0626［F245：W20］《争地案残件》⑥，存"至顺三年""提控""朵立只争地""知事"等文字，文书格式与刑房呈牒相同，由于呈报案件内容涉及土地纠纷，可断定该文书为户房呈牒。这件争地案文书末尾签署官员为提控案牍，也是首领官。

刑房结案呈牒与户房结案呈牒格式基本相同，顶格书写承办房名（刑

---

① 塔拉、杜建录、高国祥主编：《中国藏黑水城汉文文献》第4册，第905页。
② 塔拉、杜建录、高国祥主编：《中国藏黑水城汉文文献》第4册，国家图书馆出版社2008年版，第900页。
③ 塔拉、杜建录、高国祥主编：《中国藏黑水城汉文文献》第4册，第877页。
④ 塔拉、杜建录、高国祥主编：《中国藏黑水城汉文文献》第4册，第886页。
⑤ 塔拉、杜建录、高国祥主编：《中国藏黑水城汉文文献》第4册，第757页。
⑥ 塔拉、杜建录、高国祥主编：《中国藏黑水城汉文文献》第4册，第769页。

房、户房），提行书写正文，一般以"呈见行""呈见得"或"谨呈"开头，正文末尾常跟"重甘保结""当罪不词"等保证性词语，另署"伏乞照验施行，须至呈者""合行具呈，须至呈者，右谨具呈"等惯用词汇。提行书写年款，下跟经办司吏姓名，提行书写案件由头（事由），与司吏并列书写案件审理首领官职务、姓名等，最后一行书写日期并盖官印。

  关于结案呈牒有两点值得注意：一是"给执照"，前面提到失林婚书案卷中刑房呈牒 M1.0680［F116∶W176］①中有"给执照"三字。"执照"，是总管府令其审理案件的文扎，刑房、户房根据文扎办案。二是"总府官议得""总府官议将"，即总管府官员的合议圆签。《元典章》规定："诸官府凡有保明官吏，推问刑狱，科征差税，应支钱谷，必须圆签文字"②。呈牒中案件处理意见是经过官员合议圆签的。

  除呈牒外，申、剳付在案件的判决过程中较为常见。申文一般指路府、司县向上级（行省、总管府）请示报告承办事务情况和问题的公文。如文书 M1.0544［F125∶W72］《不兰奚人口案》③，就是甘州路录事司关于拘收不兰奚人口的申文：

一 皇帝圣旨里，甘州路录事司照得：至顺四年

二 正月至六月终，上半年不兰奚人口头疋

三 已行具申。

四 摠府照验外，据七月至十二月终

五 下半年照勘得本司并无拘收到不兰奚

六 人口头疋。如申已后，却④有隐漏拘收到

---

  ① 塔拉、杜建录、高国祥主编：《中国藏黑水城汉文文献》第 4 册，国家图书馆出版社 2008 年版，第 901 页。

  ② 《元典章》卷一三《吏部七·公规一·署押·圆坐署事》，中国书店 1990 年版，第 232 页。

  ③ 塔拉、杜建录、高国祥主编：《中国藏黑水城汉文文献》第 4 册，第 676 页。

  ④ "却"，李逸友《黑城出土文书（汉文文书卷）》第 145 页漏录。

第三章 黑水城出土元代词讼文书中的术语与诉讼审判

七　　不兰奚人口头目，依例当罪无词，卑司官

八　　吏保结。合行具申，伏乞，

九　　照验者

文书 M1.0557［F14∶W7］《改嫁赵外郎为妻案》①，为请示甘肃行书省的申文：

一　　妇改嫁赵外郎为妻……

二　　还屯园聚。伏乞，此②合行具呈，仰

三　　照详。□杨□塔赵外郎将

四　　四十九③发施行。

五　　……申（八思巴印章）

六　　……（甘）肃等处④行中书省

七　　……提控案牍　　冯

八　　……知事　　李

九　　……经历瓘

一〇　廿六日（八思巴印章）

结合这两份文书可知申文开头顶格书写"皇帝圣旨里"，紧接着书写发文单位、正文，第二行低两字书写，如所申事项需要保证，在正文后书写"如有隐漏，当罪无词，官司保结"等保证性词句，再写"合行具申""伏乞照验""仰照详""早赐明降、付下施行"等惯用语，提行书写"右申"，提行书写受文单位"甘肃等处行中书省"。提行书写年款，下跟

---

① 塔拉、杜建录、高国祥主编：《中国藏黑水城汉文文献》第 4 册，国家图书馆出版社 2008 年版，第 691 页。
② "此"，李逸友《黑城出土文书（汉文文书卷）》第 146 页漏录。
③ "九"，李逸友《黑城出土文书（汉文文书卷）》第 146 页误录为"七"。
④ "等处"，李逸友《黑城出土文书（汉文文书卷）》第 146 页漏录。

经办司吏姓名画押，再提行书写申文由头，与司吏并列书写提控案牍、知事、经历首领官职务、姓名并画押，最后一行书写日期并盖印章。

申文与呈牒相较，最大的区别在于申文后署"右申"，"呈牒"后则是"右呈"。申文中常出现"合行具申"，呈牒中则使用"合行具呈"。申文 M1.0557［F14∶W7］第二行出现的"合行具呈"则说明了元代公文书写中存在灵活用词的现象。

札付为上行下的公文。在黑水城出土文书中，一般是甘肃行中书省下达给亦集乃路总管府的公文，作为对其申文的答复。黑水城出土词讼文书中的札付，如文书 M1.0588［F131∶W4］①，仅残存"贼徒不能得获主盗""指出窝主捉拿下狱""请照验依上""右劄付亦集乃路总管府准"等文字。

黑水城出土提调站赤类文书中保存了一份较为完整的札付公文。

M1.0861［F131∶W8］②：

一　皇帝圣旨里甘肃等处行中书省来申本路所辖站赤沿路沙漠石川相难远弯其余站

二　赤俱设驼五只，唯在城并马兀木南子、山口、普筑四站未曾添设驼只，若蒙补

三　买走递不致靠损站马，乞明降事。得此，省府照得上项站赤驼马设置

四　已定，合下仰照验施行，须议劄付者

五　右劄付亦集乃路……

由此可知，札付的书写格式：开头顶格书写"皇帝圣旨里"，紧接着

---

①　塔拉、杜建录、高国祥主编：《中国藏黑水城汉文文献》第 4 册，国家图书馆出版社 2008 年版，第 724—725 页。

②　塔拉、杜建录、高国祥主编：《中国藏黑水城汉文文献》第 5 册，第 1084 页。

书写发文单位、正文，第二行低三、四字书写，末尾使用"仰照验施行须议劄付者"等惯用语，另提行书写受文单位"右劄付亦集乃路总管府准"或"右劄付亦集乃路总管府准此"。另外，"有的再提行低一字书写由头（事由），有的省去这一行汉文，而用畏兀儿体蒙古文和亦思替非字书写由头，或用八思巴字书写由头。最后一行为年款，一种用仿宋体汉文，另一种用八思巴字译写的汉文"①。

TK224《督肃州路为何亲身死公事结案牒》②是经申文请示，札付答复后结案的文书：

一　　据肃州路申：奉省劄为何亲身死公事，已经
二　　劄付本路，从公子细研穷，磨问明白，依例结案
三　　去讫。到今八个月余，迁筵亦不取问议，拟申省
四　　……□督勒本路取当该首领官吏

文书中肃州路向甘肃等处行中书省呈递关于为何亲身死公事的申文，甘肃行省札付肃州路，认为案件已"磨问明白"，可以"依例结案"。作为对申文的答复，札付在案件判结过程中起着重要的作用。

六　刑罚

案件断决后，需要根据量刑执行刑罚。元代的刑制基本沿用宋金以来之五刑，"其五刑之目：凡七下至五十七，谓之笞刑；凡六十七至一百七，谓之杖刑；其徒法，年数杖数，相附丽为加减，盐徒盗贼既决而又镣之；流则南人迁于辽阳迤北之地，北人迁于南方湖广之乡；死刑，则有斩

---

① 李逸友：《元代文书档案制度举隅——记内蒙古额济纳旗黑城出土元代文书》，《档案学研究》1991年第4期。

② 史金波、魏同贤、克恰诺夫主编：《俄藏黑水城文献》第4册，上海古籍出版社1997年版，第227页。

而无绞，恶逆之极者，又有陵迟处死之法焉"①。司县、府州、总管府等不同级别的机构所能断决的量刑也不同，"诸杖罪五十七以下司县断决；八十七以下散府州军断决；一百七以下宣慰司总管府断决；配流死罪，依例勘审完备，申关刑部待报。申札鲁火赤者，亦同"②。

黑水城出土元代律令与词讼文书中，共有三件文书中涉及对案犯之刑罚。

第一件文书 M1.0540［F19：W21］《文书残件》③，残存"已成七十七下""罪强已成者五十七下"，为写本律令，"参照元代断律中定罪用'已成'、'未成'词句的，这条律令属于奸污罪的断律"④。

第二件文书 M1.0592《文书残件》⑤ 中，残存"□十七下徒"，内容为亦集乃路所发生盗贼案件。据《元典章》载，"诸犯徒者，徒一年，杖六十七；一年半，杖七十七；二年，杖八十七；二年半，杖九十七；三年，杖一百七"⑥。因此，残文"□十七下徒"中"□十七下"应为杖刑。

第三件文书 M1.0683［F116：W48］《失林婚书案》⑦ 卷中，出现有对失林的量刑：

一　合……

二　与闫从亮……

---

① （明）宋濂：《元史》卷一〇二《刑法志一》，中华书局1976年版，第2604页。

② 《元典章》卷三九《刑部一·刑制·刑法·罪名府县断隶》，中国书店1990年版，第571页。

③ 塔拉、杜建录、高国祥主编：《中国藏黑水城汉文文献》第4册，国家图书馆出版社2008年版，第672页。

④ 李逸友：《黑城出土文书（汉文文书卷）》，科学出版社1991年版，第70页。

⑤ 塔拉、杜建录、高国祥主编：《中国藏黑水城汉文文献》第4册，第729页。

⑥ 《元典章》卷四九《刑部十一·诸盗一·强窃盗·强窃盗贼通例》，中国书店1990年版，第698页。

⑦ 塔拉、杜建录、高国祥主编：《中国藏黑水城汉文文献》第4册，第908页。

三　　阿兀红小木……

四　　字三纸偷递……

五　　令人看读……

六　　人文契二纸，却……

七　　外有失林合同妾妻婚……

八　　纸，失林与闫从亮一同……

九　　夜从亮家灶窠内……

一〇　毁了当，以致夫阿兀告……

一一　官罪犯止以不应量……

一二　四十七下单……

一三　兀收管省，气……

一四　一名闫从亮状招……

一五　前件议得……

文书第十二行"四十七下"属"笞刑"。若失林、闫从亮以和奸罪论，"诸和奸者，杖七十七；有夫者，杖八十七。诱奸妇逃者，加一等，男女罪同，妇人去衣受刑。未成者，减四等"①。恰如文书第十一行"罪犯止以不应量"所载，失林、闫从亮烧毁婚书后，犯罪中止，不应量以重刑。因此，"杖八十七"减四等，正是"笞四十七下"。

七　监察

《元典章》规定，诸路总管府在审理流罪以上之案件时，"须牒廉访司官审复无冤，方得结案，依例待报"②。"今后重刑各路追勘一切完备，

---

①　（明）宋濂：《元史》卷一〇四《刑法志三》，中华书局1976年版，第2653页。
②　《元典章》卷四九《刑部十一·诸盗一·强窃盗·强窃盗贼通例》，中国书店1990年版，第698页。

牒呈廉访司仔细参详始末，文案尽情疏驳"①。包括亦集乃路在内的甘肃等处行中书省内诸路所在重刑均受河西陇北道肃政廉访司监察。文书M1.0528［F125：W71］《审理罪囚文卷》② 清楚地反映了这一点：

一　　皇帝圣旨里，亦集乃路总管府：今蒙

二　　河西陇北道肃政廉访司甘肃永昌等处分司按临到路，照刷文卷、审理罪囚，仰将审理过见禁已、未断放，罪

三　　囚起数，元发事由、犯人招词，略节情犯，前件议拟开坐，保结牒司。承此，府司今将审理过……

四　　……事由、犯人招词，略节情犯，逐一对款，议拟已、未断放起数开坐前去，保结牒呈，伏乞

五　　照验施行，须至牒呈者

六　　一总□……

该文书为亦集乃路总管府按照规定开坐审理罪囚文卷，牒呈河西陇北道肃政廉访司永昌等处分司照验。第二行提到河西陇北道肃政廉访司甘肃永昌等处分司要到亦集乃路"照刷文卷"，监察内容即"审理过见禁已、未断放罪囚起数，元发事由、犯人招词，略节情犯"等。其中"已、未断"即已断决和未断决的案件，黑水城词讼文书中又有"已绝""未绝"等记载。也火汝足立嵬地土案卷中，文书 M1.0646［F116：W474］③ 应为该案卷最后一件文书：

一　　革前创行未绝壹件，也火汝足立嵬告复业……

---

① 《元典章》卷四〇《刑部二·刑狱·断狱·重刑结案》，第588页。
② 塔拉、杜建录、高国祥主编：《中国藏黑水城汉文文献》第4册，国家图书馆出版社2008年版，第665页。
③ 塔拉、杜建录、高国祥主编：《中国藏黑水城汉文文献》第4册，第809页。

二　　至当日行检为尾,讫……

三　　至正十三年正月　日司吏张世雄等

其中,"刱行未绝"指直到至正十三年正月该土地案仍尚未办理完毕。

一般情况下,廉访司要照刷的文卷均存于架阁库。同一案件文卷通常是按日期顺序粘贴相连为一长卷,同一类别则是在每类文卷上贴一长条形纸签,便于查阅。文书 OR.8212/1122 正背 K.K.0118.p①,两面都是相同文字"根捉盗马贼人事",中间折痕一致,属于案卷纸签。

文书 M1.0528 [F125：W71] 这类呈牒又称保结文书,其格式与刑房、户房呈牒有所不同,略同申文,与"故牒"则较为相似。文书 M1.1133 [F9：W101]② 就是这样一件"故牒":

一　　皇帝圣旨里河西陇北道肃政廉访亦集乃分司付使哈剌哈孙朝夕常谓

二　　崇儒重道固古昔之良规,举善荐良尤当今之急务。照得亦集乃路学黉已

三　　摧毁,教养无法与所,委任非人,以至学校废弛。今体察得权教授邢守善并

四　　非教养之才,冒膺师儒之职,耽误后进,玷污儒风,拟将本人截日革去,若

五　　不作急选委才德兼备学问擅长之人俾充教授,有妨后进。切见前教

六　　授易和敬其人行止端方,操履笃实,如将斯人承权于儒学教授

---

① 沙知、吴芳思编著:《斯坦因第三次中亚考古所获汉文文献(非佛经部分)》第 2 册,上海辞书出版社 2005 年版,第 53 页。

② 塔拉、杜建录、高国祥主编:《中国藏黑水城汉文文献》第 7 册,国家图书馆出版社 2008 年版,第 1411 页。

　　　　　所掌管

七　　一应事务，诚为相应累职，合行故牒，可

八　　以照验，告该路任总管施行，须至牒者

九　　牒件　今牒（八思巴文印章）

一〇　亦集乃路总管府（八思巴文印章）

一一　照验故牒

一二　宣光元年十月　日牒书吏李遵承行（八思巴文印章）

一三　医学教授权□

一四　朝列大夫河西陇北道肃政廉访亦集乃分司付使哈剌哈孙（押）

　　该文书为河西陇北道肃政廉访亦集乃分司付事哈剌哈孙交付亦集乃路总管府的文牒，内容涉及更换儒学教授。

　　以上两件文书的书写格式均为开头顶格书写"皇帝圣旨里"，紧接着书写发文单位、正文，第二行低两到四字书写。但二者有明显的不同，前者是亦集乃路总管府就有关案件审判向河西陇北道肃政廉访司甘肃永昌等处分司开坐的"保结牒呈"，用了"伏""呈"等恭词；后者是河西陇北道肃政廉访亦集乃分司付使哈剌哈孙给亦集乃路总管府文牒，要求更换儒学教授，属监察机构官员给被监察机构的牒文，自然不会有"伏""呈"等恭词，而是在牒尾用了"告该路任总管施行，须至牒者""今牒亦集乃路总管府"等文字。

第四章 黑水城出土元代词讼文书中的职官机构

第一节 黑水城出土元代词讼文书中的职官机构概况

黑水城出土元代律令与词讼文书中有大量的官职机构名称。这些职官机构有的仅出现过一次，有的则出现了20余次。按照其性质可以分为4类：一是正式机构；二是职官；三是非正式或半正式机构；四是宗王军站等。这些职官机构对于研究元代亦集乃路的管理制度、司法审判等都有着重要的意义。黑水城出土元代律令与词讼文书中的官职机构如表4-1：

表4-1

正式机构	甘肃等处行中书省	甘肃行中书省 M1.0557 [F14：W7]、省 M1.0606 [F9：W34]、甘肃行省 M1.0601 [F180：W4]、甘肃等处行中书省、甘肃行省 TK302、甘肃等处行中书省 OR.8212/736 K.K.0150（a）、甘肃行省 M1.0216 [F116：W594]、甘肃等 M1.1819 [F116：W101]
	河西陇北道肃政廉访司甘肃永昌等处分司	M1.0528 [F125：W71]

续表

正式机构	亦集乃路总管府	总府 M1.0544［F125：W72］、总府 M1.0562［F111：W74］、亦集乃路总管府 M1.0567［F17：W2］、亦集乃路总管府 M1.0588［F131：W4］、亦集乃路总管府 M1.0595［F193：W12］、亦集乃路总管府 M1.0597［F144：W6］、总府 M1.0607［F209：W55］、府 M1.0610［F116：W491］、总府 M1.0617［F123：W6］、本府 M1.0621［F114：W9b］、亦集乃路总管府 M1.0624［F116：W476］、亦集乃路总管府 M1.0728［84H.F209：W20/2318］、府 TK192、亦集乃路总管府 ДХ.189992、本府 OR.8212/1121 K.K.I.0118m、亦集乃路总管府、总府 M1.0633［F116：W237］、亦集乃路总管府 M1.0645［F116：W479］、亦集乃路总管府 M1.0665［F116：W58］、总府 M1.0679［F116：W206］、总府 M1.0681［F116：W38］、总府 M1.0687［F116：W148］
	刑房	TK239、ДХ1403、ИНВ.No.4991、OR.8212/736 K.K.0150（a）、OR.8212/743 K.K.0150（f）(i)、OR.8212/745 K.K.0231（c）、M1.0632［F116：W242］、M1.0666［F116：W71A］、M1.0671［F116：W78］、M1.0680［F116：W176］、M1.0682［F116：W602］
	户房	M1.0614［Y1：W37B］
	架阁库	M1.0576［F1：W57］、M1.0655［F116：W25］
	河渠司	M1.0654［F116：W24］、M1.0655［F116：W25］
	司狱司	M1.0575［Y1：W86A］
	录事司	甘州路录事司 M1.0544［F125：W72］、录事司 M1.0583［F116：W171］、录事司 M1.0587［84H.F36：W4/0763］、甘州路录事司 M1.0595［F193：W12］、录事司 M1.0698［84H.F116：W95/1267］
	巡检司	在城巡检司、孔古列巡检司、昔宝赤巡检司 M1.0548［Y1：W57］

续表

职官	达鲁花赤	奏议大夫亦集乃路总管府达鲁花赤 M1.0543［T9：W3］、M1.0610［F116：W491］、M1.0619［Y1：W55］、M1.0649［F116：W104］
	总管	M1.0543［T9：W3］、M1.0659［F116：W231］
	同知	M1.0543［T9：W3］、M1.0708［84H.F117：W23/1815］、M1.0733［84H.F117：W24/1816］
	治中	M1.0543［T9：W3］
	判官	M1.0543［T9：W3］、本路判官 M1.0736［84H.大院内 a6：W16/2805］、院判 M1.0643［F116：W116a］
	推官	M1.0543［T9：W3］
	经历	M1.0618［F245：W16］、M1.0671［F116：W78］、M1.0681［F116：W38］
	知事	M1.0557［F14：W7］、M1.0576［F1：W57］、M1.0626［F245：W20］、M1.0733［84H.F117：W24/1816］、M1.0671［F116：W78］、M1.0674［F116：W45］、M1.0680［F116：W176］、M1.0681［F116：W38］
	提控案牍	M1.0557［F14：W7］、提控案牍兼照磨承发架阁 M1.0576［F1：W57］、提控 M1.0626［F245：W20］、M1.0671［F116：W78］、M1.0681［F116：W38］、提控案 M1.0682［F116：W602］
	理问	M1.0590［F204：W1］、M1.0607［F209：W55］
	检校	M1.0606［F9：W34］
	巡检	M1.0558［F255：W34］、M1.0579［F111：W43］、M1.0590［F204：W1］、M1.0698［84H.F116：W95/1267］
	提领	落不尅站提领 M1.0584［F207：W4］、M1.0597［F144：W6］
	河渠官	河渠司大使 M1.0655［F116：W25］、河渠官 M1.0579［F111：W43］、巡河官 M1.0734［84HF135 炕内 C］

续表

职官	外郎	M1.0557［F14：W7］、M1.0664［F116：W117］、M1.0668［F116：W71B］、M1.0669［F116：W37］、M1.0673［F116：W32］、M1.0678［F116：W106］、M1.0681［F116：W38］、M1.0682［F116：W602］
	祗候	M1.0562［F111：W74］、安西路刘万户所管祗候M1.0594［F234：W9］、M1.0681［F116：W38］、M1.0682［F116：W602］、承差祗候M1.0687［F116：W148］
	典	M1.0708［84H.F117：W23/1815］、M1.0668［F116：W71B］、M1.0677［F116：W185］、M1.0681［F116：W38］、M1.0682［F116：W602］
	司吏	司吏M1.0543［T9：W3］、M1.0576［F1：W57］、请俸司吏M1.0743［F145：W13］、司吏M1.0646［F116：W474］、司吏M1.0649［F116：W104］、M1.0671［F116：W78］、M1.0680［F116：W176］、M1.0681［F116：W38］、M1.0682［F116：W602］、OR.8212/736 K.K.0150（a）
	提调官	M1.0645［F116：W479］、M1.0655［F116：W25］
	投下官	M1.0631［F116：W467］、M1.0632［F116：W242］
	宣使	行省宣使M1.0599［F111：W70］
	总府官	M1.0616［Y1：W64］、M1.0618［F245：W16］、本府官M1.0736［84H.大院内a6：W16/2805］、M1.0632［F116：W242］、M1.0666［F116：W71A］、M1.0668［F116：W71B］、M1.0670［F116：W79］、M1.0671［F116：W78］、M1.0675［F116：W202］、M1.0680［F116：W176］、M1.0682［F116：W602］、M1.0685［F116：W246］、M1.0688［F116：W162］、首领官吏TK224

续表

非正式或半正式机构	哈的	M1.0665〔F116：W58〕
	社	M1.0585〔F1：W62〕、杜善善社下 M1.0642〔F116：W541〕、杂木口杜善善社下 M1.0661〔F116：W23〕、杜善社下 M1.0650〔F116：W27〕
	渠	本渠 M1.0564〔F2：W54〕、M1.0609〔F14：W14〕、M1.0649〔F116：W104〕、M1.0651〔F116：W93〕；小渠 M1.0615〔F13：W115〕、M1.0649〔F116：W104〕、M1.0655〔F116：W25〕；沙立渠 M1.0604〔F17：W1〕、M1.0654〔F116：W24〕、M1.0655〔F116：W25〕、M1.0660〔84H.F116：W231/1403〕、沙刺渠 M1.0654〔F116：W24〕；吾即渠 M1.0584〔F207：W4〕、M1.0637〔84H.F116：W366/1538〕、M1.0643〔F116：W116a〕、M1.0649〔F116：W104〕、M1.0651〔F116：W93〕、M1.0654〔F116：W24〕、M1.0655〔F116：W25〕、M1.0660〔84H.F116：W231/1403〕；耳卜渠 M1.0561〔F116：W294〕；额迷渠 M1.0632〔F116：W242〕；合即渠 M1.0650〔F116：W27〕、M1.0649〔F116：W104〕、M1.0651〔F116：W93〕、M1.0655〔F116：W25〕；屯田渠 M1.0596〔F4：W7〕；除渠 M1.0654〔F116：W24〕
	坊	永平坊 M1.0582〔F1：W22b〕、坊正 M1.0668〔F116：W71B〕、坊正 M1.0689〔F116：W205〕甘州豊乐坊 M1.0583〔F116：W171〕
宗王军站等	干答儿大王	M1.0556〔F1：W65〕
	亦怜只实监宁肃王	ДХ.189992、实监宁肃王 M1.0705〔84H.F21：W4/0721〕、令只大王位下圣容寺 M1.0715〔84H.F144：W7/2040〕
	忙哥帖木儿大王	M1.0607〔F209：W55〕
	阿黑班答大王	OR.8212/743 K.K.0150（f）（i）
	怯薛丹	M1.0556〔F1：W65〕、M1.0705〔84H.F21：W4/0721〕、OR.8212/743 K.K.0150（f）（i）

续表

宗王军站等	昔宝赤	昔宝赤巡检司 M1.0548［Y1：W57］、御位下昔宝赤头目 M1.0577［HF193B 正］、昔宝赤军户 M1.0607［F209：W55］、M1.0725［84H. Y5采：W9/2972］
	王傅官	M1.0736［84H. 大院内 a6：W16/2805］
	征西元帅府	ИНВ. No. 4991
	万户	甘肃等处管军万户 M1.0603［F116：W98］、御位下安西路刘万户 M1.0594［F234：W9］
	千户	ИНВ. No. 4991
	百户	本管百户 M1.0599［F111：W70］、百户 M1.0639［F116：W186d］
	落卜尅站	M1.0604［F17：W1］、落不尅 M1.0584［F207：W4］
	盐池站	M1.0711［84H. F124：W3/1829］
	即的站	TK231

一　正式机构

甘肃等处行中书省，"中统二年，立行省于中兴。至元十年，罢之。十八年复立，二十二年复罢，改立宣慰司。二十三年，徙置中兴省于甘州，立甘肃行省。三十一年，分省按治宁夏，寻并归之"。甘肃行省治所在甘州，共统有 7 路、2 州、5 属州，分别是甘州路、永昌路、西凉州、肃州路、沙州路、瓜州、亦集乃路、宁夏府路、灵州、鸣沙州、应理州、山丹州、西宁州、兀剌海路。行省作为中央中书省的派出机构，是地方最高行政机构，同时又兼具司法职能。"掌国庶务，统郡县，镇边鄙，与都省为表里。……凡钱粮、兵甲、屯种、漕运、军国重事，无不领之"。行中书省设理问所掌刑狱，"理问所，理问二员，正四品；副理问二员，从五品；知事一员，提控案牍一员。"① 省府与路之间审判权的体现在案件

---

① （明）宋濂：《元史》卷九一《百官志七》，中华书局 1976 年版，第 2307、2305、2308 页。

的断拟上,"今后重刑各路追勘一切完备,牒呈廉访司仔细参详始末,文案尽情疏驳。如无不尽、不实者,再三复审无冤,开写备细审状。回牒本路。抄连元牒,依式结案。行省专委文咨省官,并首领官、吏,用心参照,须要驳问,一切完备,别无可疑情节,拟罪咨省。其余轻罪,依例处决。果无例者,本省先须详议定罪名,咨省可否。首领官、吏各于咨文后标写姓名,不许脱。"① 可见,各路重罪,行省先行拟判,再上报中书省,对于无例者,先行拟罪,再行上报。如此以来,行省主要之职责即对申报至行省之重案进行拟判,并报送中央。

河西陇北道肃政廉访司甘肃永昌等处分司,肃政廉访司前身是提刑按察司,掌监察地方官吏,照刷文卷,劝课农桑等事。至元二十八年始改。至元三十年定为二十二道,"每道廉访使二员,正三品;副使二员,正四品;佥事四员,两广、海南止二员,正五品;经历一员,从七品;知事一员,正八品;照磨兼管勾一员,正九品;书吏十六人,译史、通事各一人,奏差五人,典吏二人"②。河西陇北道肃政廉访司,甘州路置司,是陕西四道之一,隶属陕西行台。史籍中未见甘肃永昌等处分司的记载。《吏学指南·政事》巡按:"古者天子四季巡狩郡国,后自汉高帝游云梦之后,渐废巡狩述职之制,故遣使以代之。今肃政廉访司每岁分司各路巡按,即循此义也"③。肃政廉访司分司每年赴各路巡按,至于其详细的出巡时间、内容,《元史·刑法志》有载,"诸廉访分司官,每季孟夏初旬,出录囚,仲秋中旬,出按治,明年孟夏中旬还。其惮远违期,托故避事者,从监察御史劾之。诸廉访司分巡各路军民,官吏有过,得罪状明白者,六品以下牒总司论罪,五品以上申台闻奏"④。"台"指的是"御史台","总司"则是"各道廉访司"。

---

① 《元典章》卷四〇《刑部二·断狱·重刑结案》,中国书店1990年版,第588页。
② (明)宋濂:《元史》卷八六《百官志二》,中华书局1976年版,第2180—2181页。
③ (元)徐元瑞撰:《吏学指南》,杨讷点校,浙江古籍出版社1988年版,第30页。
④ (明)宋濂:《元史》卷一〇二《刑法志一》,第2617—2618页。

亦集乃路总管府，"在甘州北一千五百里，城东北有大泽，西北俱接沙碛，乃汉之西海郡居延故城，夏国尝立威福军。元太祖二十一年内附。至元二十三年，立总管府"①。诸路总管府，"至元初置。二十年，定十万户之上者为上路，十万户之下者为下路，当冲要者，虽不及十万户亦为上路。上路秩正三品，达鲁花赤一员，总管一员，并正三品，兼管劝农事，江北则兼诸军奥鲁，同知、治中、判官各一员。下路秩从三品，不置治中员，而同知如治中之秩，余悉同上。至元二十三年，置推官二员，专治刑狱，下路一员。经历一员，知事一员或二员，照磨兼承发架阁一员，司吏无定制，随事繁简以为多寡之额；译史、通事各一人。"② 亦集乃路是下路，按照元朝官制规定，应是达鲁花赤、总管、同知、判官、推官、经历、照磨兼承发架阁各一员，知事一员或二员，不设治中。然而，"亦集乃路总管府治中"一职恰又出现在黑水城出土律令与词讼文书 M1.0543［T9∶W3］③ 中：

一　宣光元年闰三月二十④一日申，司吏崔文玉等

二　坐觇……强夺驱口等事

三　［印章］

四　亦集乃路总管府推官闫

五　亦集乃路总管府判官

六　亦集乃路总管府治中

七　同知亦集乃路总管府事［八思巴文名字］

八　亦集乃路总管府总管

九　亦集乃路总管府达鲁花赤［八思巴文名字］

---

① （明）宋濂：《元史》卷六〇《地理志三》，中华书局1976年版，第1451页。

② （明）宋濂：《元史》卷九一《百官志七》，第2316页。

③ 塔拉、杜建录、高国祥主编：《中国藏黑水城汉文文献》第4册，国家图书馆出版社2008年版，第675页。

④ "二十"，李逸友《黑城出土文书（汉文文书卷）》第145页录为"廿"。

一〇　亦集乃路总管府达□□赤
一一　奏议大夫、亦集乃路总管府达鲁花赤……脱欢

这件北元宣光元年的"驱口案"文书末尾署名的官员包括了亦集乃路长官：总管、达鲁花赤，正官：同知、治中、判官、推官。文书保存了较为完整的总管府官员"圆署"格式，正官中地位最低的推官先签，其后按照级别由低到高的顺序，先是判官、治中、同知，后是总管、达鲁花赤，依次完签文字。文书中"亦集乃路总管府治中"后未署人名，而是"同知亦集乃路总管府事"后署有一蒙文名字。可见至少在北元初，亦集乃路总管府设置有"治中"一职，且很有可能与同知为同一人担任。此外，在《俄藏黑水城文献》文书 TK226①《肃州路官员名录》中记载有："一名锁南朵立只前行参事院都事今筚肃州路治中"。说明这种下路设"治中"的现象不止发生在亦集乃路，也发生在同为下路的肃州路。

刑房，元代中书省右司设刑房，其职能有六，"一曰法令，二曰弭盗，三曰功赏，四曰禁治，五曰枉勘，六曰斗讼"②。尽管据宋濂言，云南行省提控掾吏"掌六房之政"③，但并未有行省"刑房"的直接记载，而是由行省"理问所"掌管刑狱。基层路总管府六房中则有设刑房的记载。亦集乃路总管府下所设六房即：吏礼房、户房、钱粮房、刑房、兵工房和司吏房。其中，刑房负责审理除地土纠纷以外的所有民事及刑事案件。

户房，元代中书省左司设户杂房，其职能有七，"一曰定俸，二曰衣装，三曰羊马，四曰置计，五曰田土，六曰太府监，七曰会总"④。行省

---

① 史金波、魏同贤、克恰诺夫主编：《俄藏黑水城文献》第 4 册，上海古籍出版社 1997 年版，第 228 页。
② （明）宋濂：《元史》卷八五《百官志一》，中华书局 1976 年版，第 2123 页。
③ （明）宋濂：《宋文宪公全集》卷一一一《原故文林郎同知重庆路泸州事罗君墓志铭》，四部备要本，第 161 页。
④ （明）宋濂：《元史》卷八五《百官志一》，第 2123 页。

"六曹"或"户曹"对应部分"户杂房"功能。路总管府中,户房负责管理本路户籍地土,审理地土纠纷案件。

架阁库,元代中书省设架阁库,"管勾二员,正八品。掌庋藏省府籍帐案牍,凡备稽考之文,即掌故之任"①。另还设有蒙古架阁库、回回架阁库。六部设左右部架阁库,"掌六部文卷簿籍架阁之事"②。此外,枢密院、御史台、大宗正府、大司农司、翰林院、集贤苑、宣徽院等机构均置。行省属官中,"架阁库,管勾一员,正八品"③。路总管府也设置有架阁库,如黑水城文书M1.0655[F116:W25]④中,黑水城地区的土地档案就收藏于亦集乃路总管府架阁库中。

河渠司,元代中央设都水监,"秩从三品。掌治河渠并堤防水利桥梁闸堰之事"⑤。地方则设置河渠司,"元有天下,内立都水监,外设各处河渠司,以兴举水利、修理河堤为务"⑥。"也火汝足嵬地土案"卷中两次出现"河渠司",均是和也火石革立嵬原在亦集乃路田土相关,从侧面也说明了亦集乃路设置有河渠司。

司狱司,元代刑部下设置有司狱司,"司狱一员,正八品;狱丞一员,正九品。狱典一人。初以右三部照磨兼刑部系狱之任,大德七年始置专官。部医一人,掌调视病囚"⑦。大都路总管府下设三个司狱司,"掌囚系狱具之事"⑧。诸路总管府下均设置有司狱司,"司狱一员,丞一员"⑨。

录事司,元代诸路总管府下均设置录事司,"秩正八品。凡路府所

---

① (明)宋濂:《元史》卷八五《百官志一》,中华书局1976年版,第2125页。
② (明)宋濂:《元史》卷八五《百官志一》,第2144页。
③ (明)宋濂:《元史》卷九一《百官志七》,第2308页。
④ 塔拉、杜建录、高国祥主编:《中国藏黑水城汉文文献》第4册,国家图书馆出版社2008年版,第850页。
⑤ (明)宋濂:《元史》卷九〇《百官志六》,第2295页。
⑥ (明)宋濂:《元史》卷六四《河渠志一》,第1588页。
⑦ (明)宋濂:《元史》卷八五《百官志一》,第2143页。
⑧ (明)宋濂:《元史》卷九〇《百官志六》,第2301页。
⑨ (明)宋濂:《元史》卷九一《百官志七》,第2316页。

治，置一司，以掌城中户民之事。中统二年，诏验民户，定为员数。二千户以上，设录事、司候、判官各一员；二千户以下，省判官不置。至元二十年，置达鲁花赤一员，省司候，以判官兼捕盗之事，典史一员。若城市民少，则不置司，归之倚郭县"①。黑水城出土词讼文书中除了出现两次"甘州路录事司"（M1.0544［F125：W72］、M1.0595［F193：W12］②），还有三处"录事司"（M1.0583［F116：W171］、M1.0587［84H.F36：W4/0763］、M1.0698［84H.F116：W95/1267］③）。

巡检司，元代诸县设置巡检司，"秩九品。巡检一员"④。黄溍《松阳县惠洽巡检司记》载，"夫尉、巡检，均以求盗为职。而尉得与令长连署，常治其邑中；巡检所治率在乎荒郊林莽、山区海聚、幽昧旷绝之境，其为力视尉难矣"⑤。巡检设在"荒郊林莽、山区海聚、幽昧旷绝"之类偏僻的地方，负责捕盗。黑水城文书 M1.0548［Y1：W57］⑥ 中载有在城巡检司、孔古列巡检司、昔宝赤巡检司。其中"在城巡检司"应设置在黑水城，而孔古列巡检司、昔宝赤巡检司应该是设置在偏僻的地方。

二 职官

达鲁花赤，蒙语 darugaci 音译，意为"镇守者"。蒙元时期置于路、府、州、县及南方少数民族地区最高行政长官，"元路州县各立长官曰达鲁花赤，掌印信，以总一府一县之治。判署则用正官，在府则总管，在县

---

① （明）宋濂：《元史》卷九一《百官志七》，中华书局 1976 年版，第 2317 页。
② 塔拉、杜建录、高国祥主编：《中国藏黑水城汉文文献》第 4 册，国家图书馆出版社 2008 年版，第 676、735 页。
③ 塔拉、杜建录、高国祥主编：《中国藏黑水城汉文文献》第 4 册，第 720、723、928 页。
④ （明）宋濂：《元史》卷九一《百官志七》，第 2318 页。
⑤ （元）黄溍：《松阳县惠洽巡检司记》，《全元文》卷九五〇，江苏古籍出版社 1998 年版，第 250 页。
⑥ 塔拉、杜建录、高国祥主编：《中国藏黑水城汉文文献》第 4 册，第 680 页。

则县尹。达鲁花赤犹华言荷包上压口捺子也，亦由古言总辖之比"①。世祖至元二年二月甲子，"以蒙古人充各路达鲁花赤，汉人充总管，回回人充同知，永为定制"②。达鲁花赤是元代地方路州县的最高权力者，又具有监督官的职能，"位在守贰之上，所以总裁政务，表率僚采，监临一郡者也"③。袁枚《随园随笔》称："所谓达鲁花赤者，国言荷包压口，取管辖之意。称州达鲁花赤曰监州，县达鲁花赤曰监县"④。

总管，元代地方行政长官，地位低于达鲁花赤。元代诸路总管府设"达鲁花赤一员，总管一员，并正三品，兼管劝农事，江北则兼诸军奥鲁"⑤。总管作为"管民长官"，主持总管府庶政，《元典章》载，"一应京府州县官员，凡行文字，与本处达鲁花赤一同署押，仍令管民长官掌判。其行用印信，达鲁花赤封记，长官收掌"⑥。

同知，元代从中央枢密各院到地方路、府、州均设，如同知枢密院事、同知总管府事等。元代上路"同知、治中、判官各一员"，下路"不置治中员，而同知如治中之秩，余悉同上"⑦。同知作为总管府中级别较高的正官，"上监守长焉，下通倅季焉"，与总管相较，则"势权劣訾"，总管空缺时，可以"独署府事"⑧。

治中，元代路总管府正官，地位低于同知。元代上路"同知、治中、

---

① （明）叶子奇：《草木子》卷三下《杂制篇》，中华书局1959年版，第64页。
② （明）宋濂：《元史》卷六《世祖纪三》，中华书局1976年版，第106页。
③ （元）郑玉：《师山文集》卷六《徽州路达鲁花赤合剌不花公去思碑》，影印文渊阁《四库全书》第1217册，台北：商务印书馆1983年版，第50页。
④ （清）袁枚：《随园随笔》卷七《官职类·元知府或有或无》，《袁枚全集》第五册，江苏古籍出版社1993年版，第107页。
⑤ （明）宋濂：《元史》卷九一《百官志七》，第2316页。
⑥ 陈高华等点校：《元典章》卷一三《吏部七·公规一·掌印·印信长官收掌》，中华书局、天津古籍出版社2011年版，第505页。
⑦ （明）宋濂：《元史》卷九一《百官志七》，第2316页。
⑧ （元）杨维桢：《东维子集》卷四《送王茂实慈利州同知序》，影印文渊阁《四库全书》第1221册，台北：商务印书馆1983年版，第409页。

第四章　黑水城出土元代词讼文书中的职官机构

判官各一员"，下路"不置治中员，而同知如治中之秩"①。事实上，作为下路的亦集乃路设有治中一职，见黑水城文书 M1.0543［T9：W3］《宣光元年强夺驱口案》②。同为下路的肃州路亦设有治中一职详见文书 TK226《肃州路官员名录》③。治中主文书档案之职，据《文献通考》载，治中"居中治事，主众曹文书，汉制也，历代皆有，隋为郡官，唐改为司马，说在佐后"④。

判官，元代从中央到地方路府州均设有该职，协助长官处理政务、分判刑案，通检推排簿书。判官虽为正官，但其地位低于治中，在历代职官体系中地位也一直不高，"叙其职于州佐之后，而不并之于户曹理掾之流"⑤。

推官，专理刑狱，在总管府正官中级别最低。世祖二十三年，"设诸路推官，以审刑狱，上路二员，下路一员"⑥。推官"专管刑狱，其余一切府事并不签押，亦无余事差占。凡遇刑名词讼，推官先行穷问，须要狱成，与其余府官再行审责。完签案牍文字"⑦。《元史·刑法志》亦载："诸各路推官专掌推鞫刑狱，平反冤滞，董理州县刑名之事，其余庶务，毋有所与，按治官岁录其殿最，秩满则上其事而黜陟之。凡推官若受差不闻上司，辄离职者，亦坐罪"⑧。在黑水城词讼文书中，尤其是刑房审案

---

① （明）宋濂：《元史》卷九一《百官志七》，中华书局1976年版，第2316页。
② 塔拉、杜建录、高国祥主编：《中国藏黑水城汉文文献》第4册，国家图书馆出版社2008年版，第675页。
③ 史金波、魏同贤、克恰诺夫主编：《俄藏黑水城文献》第4册，上海古籍出版社1997年版，第228页。
④ （宋）马端临：《文献通考》卷六二《职官十六·治中》，中华书局1986年版，第565页。
⑤ （宋）马端临：《文献通考》卷六二《职官十六·签判》，第566页。
⑥ （明）宋濂：《元史》卷一四《世祖纪十一》，第286页。
⑦ 陈高华等点校：《元典章》卷四〇《刑部二·刑狱·鞫狱·推官专管刑狱》，中华书局、天津古籍出版社2011年版，第1374—1375页。
⑧ （明）宋濂：《元史》卷一〇三《刑法志二》，第2632页。

呈牒上，很少见到推官署名。这些呈牒通常由"经历""知事""提控案牍"这3位首领官完签文字。推官仅在最终结案"狱成"文书上与其他正官、长官共同署名，见文书M1.0543［T9：W3］①。

经历，元代枢密院、行御史台、行枢密院、宣慰司、肃政廉访司、诸路总管府等机构均置，掌管案牍，照领公事，参与长官决策，约束及考核指导吏员。经历是"幕职之长"，"承上接下，咽喉管辖，视诸职为尤难也"②。苏天爵在《谢端送张文琰序》中认为"吏之治辨与否，皆总于经历，经历固为之长，又吏所师也。日始出，即入幕府，督吏书手，分曹局，治文书，凡一司庶务，与分司出按部郡邑，行事有疑不决，官吏受贿及稽违，当殿降讯，治民狱辞，两造当论报，案既成，吏持来前，求予夺可否，经历为之析疑似，平向背，窜易审定，乃署以畀吏，得其情，又不戾于律，始可信大官，服僚佐，而吏亦不得一摇手以轻重法"③。足见，经历事权颇重。在路总管府首领官中，经历地位高于知事、提控案牍。见文书M1.0557［F14：W7］《改嫁赵外郎为妻案》：

一　　妇改嫁赵外郎为妻……

二　　还屯园聚。伏乞此合行具呈，仰

三　　照详。□杨□塔赵外郎将

四　　四十九发施行。

五　　……申（八思巴蒙古文印章）

六　　……甘肃等处行中书省

七　　……提控案牍　冯

---

① 塔拉、杜建录、高国祥主编《中国藏黑水城汉文文献》第4册，国家图书馆出版社2008年版，675页。

② （元）刘仁本：《羽庭集》卷五《送吴仲明赴广东帅阃经历序》，影印文渊阁《四库全书》第1216册，（台北）商务印书馆1983年版，第76页。

③ （元）苏天爵：《元文类》卷三六《谢端送张文琰序》，商务印书馆1958年版，第487页。

第四章 黑水城出土元代词讼文书中的职官机构

八 ……知事 李 （画押）
九 ……经历瑾
　　　　　（画押）
一〇 廿六日（八思巴蒙古文印章）

这件婚姻案文书末尾署名的官员即首领官"经历""知事""提控案牍"。署名顺序也是按照官员品级由低到高，先是首领官中地位最低的提控案牍，然后是知事，最后是经历。

知事，元代肃政廉访司、各路总管府、万户府等均置，掌案牍和管辖吏员。知事与经历同为首领官，位在经历下。知事职能范围广，"凡征赋之出入，差徭之上下，刑狱之重轻，案牍之情伪，以至兴教育，恤寡弱，迎上官，饩过客，得以兴利除害者，莫不关听著心"①。杨维桢认为经历、知事、提控案牍（照磨）三者之间关系即："幕之长于经历，次曰知事，照磨又夹辅幕元僚者也。三人者各职其所当为，以相其府长贰之所不逮，其得以一日自是优闲之署，而不知有大累贤劳者乎！且异时公卿牧守之选由兹而起，则知居是司者，其人皆沛然有以周天下之用也，尚矣"②。

提控案牍，作为路总管府首领官，位在经历、知事下。诸路总管府"照磨兼承发架阁一员"③，即提控案牍。掌案牍籍帐，《元史·刑法志》载："诸有司案牍籍帐，编次架阁。各路，提控案牍兼架阁库官与经历、知事同掌之；散府州县，知事、提控案牍、都吏目、典吏掌之"④。提控案牍名称根据不同机构及兼职，有提控案牍兼管勾承发架阁、提控案牍兼照磨、提控案牍承发架阁、提控案牍架阁等称谓。照磨，掌磨勘"钱谷

---

① （元）唐元：《筠轩集》卷九《送知事张仲亨序》，影印文渊阁《四库全书》第1213册，台北：商务印书馆1983年版，第538页。
② （元）杨维桢：《东维子集》卷一二《海漕府经历司记》，影印文渊阁《四库全书》第1221册，台北：商务印书馆1983年版，第410、491页。
③ （明）宋濂：《元史》卷九一《百官志七》，中华书局1976年版，第2316页。
④ （明）宋濂：《元史》卷一〇二《刑法志一》，第2611页。

出纳、营缮料例,凡数计、文牍、簿籍之事"。架阁库,掌庋藏"籍帐案牍,凡备稽考之文,即掌故之任"①。在黑水城出土文书中,"提控案牍兼照磨承发架阁"出现次数较多。

理问,断事官。蒙古早期,札鲁忽赤处理刑政,到忽必烈时,在行中书省设断事官。行省原是临时性的派出机构,元朝统一全国以后,逐渐成了一级地方行政机构,行省断事官也即改名为理问。诸行省下设理问所,"理问二员,正四品;副理问二员,从五品;知事一员,提控案牍一员"②。虞集《靖州路总管捏古台公墓志铭》言:"理问所旧称断事官,国家未立官制,自内廷、诸侯王之国即有所诰问、断决,命亲信、强能之人而治之,谓之断事官。今中书、枢密、大宗正府及一二大宫府犹皆置之。贵臣大官严重设是官以通国法,酌吏议以行其政刑者也,后稍文其名,以断事之署为理问所"③。

检校,元代中书省、行中书省均置。中书省检校,"掌检校左右司、六部公事程期、文牍稽失之事"④。行中书省属官中设有检校所,"检校一员,从七品;书吏二人"⑤。行省检校官,其地位高于"照磨",《元史·王克敬传》载:克敬即仕,"累迁江浙行省照磨,寻升检校"⑥。

巡检,元代诸县设巡检司,"秩九品。巡检一员"⑦,掌一县之甲兵,巡逻稽查,擒捕盗贼,维持治安。其来源多为诸县达鲁花赤子弟,世祖至元七年四月敕,"诸路达鲁花赤子弟荫叙充散府诸州达鲁花赤,其散府诸州子弟充诸县达鲁花赤,诸县子弟充巡检"⑧。

---

① (明)宋濂:《元史》卷八五《百官志一》,中华书局1976年版,第2125页。
② (明)宋濂:《元史》卷九一《百官志七》,第2308页。
③ (元)虞集:《道园类稿》卷四六《靖州路总管捏古台公墓志铭》,《元人文集珍本丛刊》(六),台北:新文丰出版公司1985年版,第362页。
④ (明)宋濂:《元史》卷八五《百官志一》,第2125页。
⑤ (明)宋濂:《元史》卷九一《百官志七》,第2308页。
⑥ (明)宋濂:《元史》卷一八四《王克敬传》,第4232页。
⑦ (明)宋濂:《元史》卷九一《百官志七》,第2318页。
⑧ (明)宋濂:《元史》卷七《世祖纪四》,第129页。

提领，元代户部、工部、宣徽院、徽政院以及路总管府下属衙门均有设置。路总管府下平准行用库、税务，置"提领、大使、副使各一员"，惠民药局，"提领一员"①。文书 M1.0584［F207：W4］②中"落不兊站提领"，即站赤提领。元代站赤，"驿传之译名也"，"其官有驿令，有提领，又置脱脱禾孙于关会之地，以司辨诘，皆总之于通政院及中书兵部"③。各处站赤所在官司拨付的官钱由提领收掌，"验使臣起数，实支官钱，所在官司，依时拨降，令各站提领收掌只待，毋得科配小民，似为便益"。各站提领数也都有严格规定，"大都至上都，每站除设驿令、丞外，设提领三员、司吏三名。腹里路分，冲要水陆站赤，设提领二员、司吏二名。其余闲慢驿分，止设提领一员、司吏一名。如无驿令，量拟提领二员"。站赤提领仅受兵部指令，管制较驿令、丞更为严苛，延祐五年十月中书兵部言，"各站设置提领，止受部札，行九品印，职专车马之役，所领站赤多者三二千，少者五七百户，比之军民，体非轻细。奈何俸禄不给，三年一更，贪邪得以自纵。今拟各处馆驿，除令、丞外，见役提领不许交换"④。

河渠官，元代河渠司衙署官员，"元有天下，内立都水监，外设各处河渠司，以兴举水利、修理河堤为务"⑤。亦集乃路灌溉渠道多，专门设有河渠司，黑水城所出"也火汝足立嵬地土案"卷中文书 M1.0654［F116：W24］、M1.0655［F116：W25］⑥载"河渠司""河渠司大使"。河渠官除了负责水利灌溉事宜，还参与捕盗，维护社会治安。文书

---

① （明）宋濂：《元史》卷九一《百官志七》，中华书局 1976 年版，第 2316—2317 页。

② 塔拉、杜建录、高国祥主编：《中国藏黑水城汉文文献》第 4 册，国家图书馆出版社 2008 年版，第 721 页。

③ （明）宋濂：《元史》卷一〇一《兵志四》，第 2583 页。

④ （明）宋濂：《元史》卷一〇一《兵志四》，第 2589、2590、2591 页。

⑤ （明）宋濂：《元史》卷六四《河渠志一》，第 1588 页。

⑥ 塔拉、杜建录、高国祥主编：《中国藏黑水城汉文文献》第 4 册，第 841、854 页。

M1.0579［F111：W43］《偷盗案》所载"河渠官忻都、应捕官兵人等前去""河渠官等根捉到也火耳立"，文书 M1.0734［84HF135 炕内 C］《巡河官捉拿到官》中"委巡河官捉拿到官取"①，就是河渠官、巡河官参与捕盗的实例。

外郎，元朝于中书省左右司、六部、行中书省等置"员外郎"。黑水城文书 M1.0557［F14：W7］《改嫁赵外郎为妻案》所载"赵外郎"、文书 M1.0664［F116：W117］《失林婚书案》卷中"史外郎"却并非"员外郎"。宋元以来，多以"外郎"称呼衙门之书吏。顾炎武《日知录》："其散郎谓之外郎。今以之称吏员，乃世俗相褒之辞"②。《失林婚书案》卷中的"史外郎"应是负责"□寿寺僧人户计"的吏员。

祇候，元代各级官衙均置，是不占编制、不享吏禄的临时差遣。祇候多与曳剌、弓手、狱卒等连称。《元史·刑法志》载，"诸弓兵祇候狱卒，辄殴死罪囚者，为首杖一百七，为从减一等"③。《通制条格》载："照得系官当差人户，往往投充诸王位下曳剌、祇候，恃势搔扰百姓"④。黑水城文书中的"祇候"，如"失林婚书案"中的祇候李哈剌章，文书 M1.0562［F111：W74］中的"祇候厶"⑤，其职能都是根勾传唤案件相关嫌疑人。

典，元代中书省至各司县衙署均置，即典吏、典事。负责文书、档案、籍册收发、点检、分类保管等事。据《元典章》载："行省典吏，依准部拟，于各路两考之上、散府考满有解由司吏书算熟闲、谙练官事或

---

① 塔拉、杜建录、高国祥主编：《中国藏黑水城汉文文献》第 4 册，国家图书馆出版社 2008 年版，第 717、952 页。

② （清）顾炎武著：《日知录》卷二四《外郎》，周苏平、陈国庆点校，甘肃民族出版社 1997 年版，第 1074 页。

③ （明）宋濂：《元史》卷一〇三《刑法志二》，中华书局 1976 年版，第 2633 页。

④ 方龄贵校注：《通制条格校注》卷二《户令·冒户》，中华书局 2001 年版，第 102 页。

⑤ 塔拉、杜建录、高国祥主编：《中国藏黑水城汉文文献》第 4 册，第 905、698 页。

《四书》内科一经通大义者选充,依例升转"①。另有"主典""攒典"。主典,"谓主行文案之人也"。攒典,"会计数目之吏也。汉曰仓库吏,金、宋曰攒典"②。

司吏,元代各级官衙均置,司掌案牍之吏员。诸路总管府中,"司吏无定制,随事繁简以为多寡之额"③。司吏地位虽低,涉及职事却广,"司吏职役虽微,所系甚重,事无大小,无不由之。设使判署官、首领官尽通案牍,簿书繁冗,岂暇一一亲行检视?是以处事皆凭口覆,善者由或庶几,非其人则与民为害。何以言之?遇科差则高下其手,以致赋役不均,词讼变乱是非,连年不决;和雇和买放富差贫,要一科十,刑名曲直不分,刑狱枉滥,受贿为非,欺公害民,不能遍举"④。黑水城文书中另有"请俸司吏"⑤,指享有吏禄的司吏,请俸司吏比一般司吏地位高,有晋升录用机会,"大都路都总管府添设司吏一十名,委差五名。司吏六十月,于提控案牍内任用,委差于近上钱谷官内委用,有阙以有根脚请俸人补充,不及考满,不许无故替换"⑥。

提调官,元代太仆寺、漕运司、急递铺及诸路学校等都置有提调官,管领、调度之职。黑水城文书 M1.0645 [F116:W479]、M1.0655 [F116:W25] 中提调官负责查阅架阁库地亩册档案⑦。

投下官,元代负责管理诸王、驸马、勋臣等所属人户的官员。至元七

---

① 陈高华等点校:《元典章》卷一二《吏部六·吏制·典吏·取补行省典吏》,中华书局、天津古籍出版社 2011 年版,第 466 页。
② (元)徐元瑞撰:《吏学指南》,杨讷点校,浙江古籍出版社 1988 年版,第 25、26 页。
③ (明)宋濂:《元史》卷九一《百官志七》,中华书局 1976 年版,第 2316 页。
④ 陈高华等点校:《元典章》卷一二《吏部六·吏制·司吏·迁转人吏》,第 477 页。
⑤ 塔拉、杜建录、高国祥主编:《中国藏黑水城汉文文献》第 4 册,国家图书馆出版社 2008 年版,第 957 页。
⑥ (明)宋濂:《元史》卷八四《选举志四》,第 2109 页。
⑦ 塔拉、杜建录、高国祥主编:《中国藏黑水城汉文文献》第 4 册,第 804、849 页。

年春正月，元世祖"敕诸投下官隶中书省"①。"投下"指诸王、驸马、勋臣之分地及所属的人户，亦泛指诸王、驸马、勋臣本身。漠南北投下事由领主自理，中原则由朝廷派官管理，即所谓"投下官"，"凡投下官，必须用蒙古人员"②。诸投下官员不能招占在籍户计，"招占已籍系官民匠户计者，没其家财，所占户归本籍"③。

宣使，元代上都留守司、行省、行院、内外诸衙门、枢密院、御史台、宣政院、宣徽院、中政院等都设置有宣使。"行省、行院宣使于正从九品有解由职官内选取，如是不敷，于各道宣慰司一考之上奏差、本衙门三考典吏内选取"④。

三 非正式或半正式机构

哈的，阿拉伯语 kadi 之音译，本意为法律学者，负责处理伊斯兰教徒之间的案件，元代曾设"回回哈的司"，至大四年"罢回回合的司属"⑤。"合的"即"哈的"。元代政府对哈的大师的职能有专门规定，"诸哈的大师，止令掌教、念经，回回人应有刑名、户婚、钱粮、词讼，并从有司问之"⑥。

社，元代农村基层组织，50家为一社，设有社长，督促农事。"县邑所属村疃，凡五十家立一社，择高年晓农事者一人为之长。增至百家者，别设长一员。不及五十家者，与近村合为一社。地远人稀，不能相合，各自为社者听。其合为社者，仍择数村之中，立社长官司长以教督农民为事。凡种田者，立牌橛于田侧，书某社某人于其上，社长以时点视劝诫。不率教者，籍其姓名，以授提点官责之。其有不敬父兄及凶恶者，亦然。

---

① （明）宋濂：《元史》卷七《世祖纪四》，中华书局1976年版，第127页。
② （明）宋濂：《元史》卷八二《选举志二》，第2052页。
③ （明）宋濂：《元史》卷一〇三《刑法志二》，第2641页。
④ （明）宋濂：《元史》卷八二《选举志二》，第2048页。
⑤ （明）宋濂：《元史》卷二四《仁宗纪一》，第542页。
⑥ （明）宋濂：《元史》卷一〇二《刑法志一》，第2620页。

仍大书其所犯于门，俟其改过自新乃毁，如终岁不改，罚其代充本社夫役。社中有疾病凶丧之家，不能耕种者，众为合力助之。一社之中灾病多者，两社助之。凡为长者，复其身，郡县官不得以社长与科差事"①。文书 M1.0759［F105：W2］《社长与俵水名录》② 中记载亦集乃路本渠设有社长 3 名，俵水 3 名，沙立渠设社长 2 名，俵水 3 名。本渠、沙立渠都是亦集乃路的大渠，两渠社长共 5 名，居民近 250 家。

渠，黑水城出土文书中较为常见的渠道有本渠、合即渠、吾即渠（吴即渠）、沙立渠（沙剌渠）、耳卜渠、额迷渠等。渠社作为基层政权单位，各渠设有社长、俵水之职。敦煌社邑丧葬互助文书 P.4003《尹阿朵兄身故转帖》③ 中也记载有"渠社"：

渠社 转帖

　　右缘尹阿朵兄身故，合有吊酒壹瓮，人各粟壹斗，幸请诸公等，帖至，限今月十九日卯时并身及粟于泛录事门前兰若门取齐。捉二人后到，罚酒壹角；全不来者，罚酒半瓮。其帖立递相分付，不得亭滞者。

壬午年十二月十八日录事泛

翟水官　宋都头　贾再昌　贾粉堆　高员佑　安保子　安保千
安万升　樊住通　张衍子　尹善友　尹郭三　宋清灰　尹昌子
张六归　张员宗　张富佑　马清儿　史保员

文书第一行即"渠社"，并交代是"转帖"，指的就是社人亡故，告知渠社成员在规定时间、地点缴纳相应物品，用以救助社邑丧葬。具体到该文书中，尹阿朵兄死后，周知渠社成员于当月十九日卯时在泛录事门前

---

① （明）宋濂：《元史》卷九三《食货志一》，中华书局 1976 年版，第 2354—2355 页。
② 塔拉、杜建录、高国祥主编：《中国藏黑水城汉文文献》第 5 册，国家图书馆出版社 2008 年版，第 986 页。
③ 刘传启：《敦煌丧葬文书辑注》，巴蜀书社 2017 年版，第 111—112 页。

兰若门缴纳粟。社员第一位即"翟水官",与"渠"相关。足见,"渠"与"社"都是当时社会基层的管理组织。

坊,元代基层行政单位,在乡曰里,在城曰坊。元代规定,诸伪造宝钞,"坊[里]正、主首、社长失察觉,并巡捕军兵,各笞四十七"①。足见,坊正有监察坊下居户的职责。

四 宗王军站等

干答儿大王,"干答儿"应为"亦思干答儿",曾被封为宁肃王。据赤坂恒明所列察合台后王谱系,出伯长子 tūqtāy(脱黑塔)有子名为 iskandar,其对音为亦思干答儿②。《元史》中载为"亦思干儿",顺帝至元元年十月,"以宗王亦思干儿弟撒昔袭其兄封"③。黑水城出土文书中的宁肃王还有亦怜只实监、阿黑不花、撒昔。

亦怜只实监宁肃王,宁肃王系。黑水城出土文书中有亦令只失加大王、亦令只失加普宁肃王④、令只大王⑤、亦怜只实监宁肃王⑥等不同译写。亦怜只实监与亦思干答儿、撒昔都是出伯之子脱黑塔的后裔。令只大王位下圣容寺,"圣容寺",黑水城内寺庙,与太黑堂、如来寺等寺院同属"藏传佛教噶玛噶举派"。"圣容"一词在吐蕃统治河西之地时已出现,西夏时期的《凉州护国寺感通塔碑》所载,"圣容寺"即源于北周瑞相

---

① (明)宋濂:《元史》卷一○五《刑法志四》,中华书局1976年版,第2669页。
② [日]赤坂恒明:《バイダル裔系谱情报とカラホト汉文文书》,《西南アジア研究》(66)》2007年,第47页。
③ (明)宋濂:《元史》卷三八《顺帝纪一》,中华书局1976年版,第829页。
④ 史金波、魏同贤、克恰诺夫主编:《俄藏黑水城文献》第4册,上海古籍出版社1997年版,第208、313—314页。
⑤ 塔拉、杜建录、高国祥主编:《中国藏黑水城汉文文献》第4册,国家图书馆出版社2008年版,第940页。
⑥ 孟列夫、钱伯城主编:《俄藏敦煌文献》第17册,上海古籍出版社2001年版,第309页。

寺，后改为"感通寺"①。《甘肃通志》记载了其地理位置在"永昌县城北二十里"②。

忙哥帖木儿大王，据《元史·术赤传》载，"术赤薨，子拔都嗣。拔都薨，弟撒里答嗣。撒里答薨，弟忙哥帖木儿嗣。忙哥帖木儿薨，弟脱脱忙哥嗣"③。照此记载的话，忙哥帖木儿为术赤之子。此处记载与《史集》记载相悖。据《史集》载，术赤的第二个儿子是拔都，拔都的第二个儿子是秃罕，忙哥帖木儿、脱脱蒙哥都是秃罕的儿子④。忙哥帖木儿是术赤的曾孙。较为可信。

阿黑班答大王，暂未见到史籍中相关记载。

怯薛丹，蒙古语 kešiktei 之对音，又有怯薛歹、怯薛台、怯薛带等不同译写。《蒙古秘史》作"客失克田"，旁译"护卫""宿卫的""扈卫"。方龄贵认为"蒙古语 kešik 当源于突厥语之 kezek、kezik，乃由突厥语族中畏兀儿语假借而来"⑤。怯薛丹，"犹言番直宿卫也"。"若夫宿卫之士，则谓之怯薛歹，亦以三日分番入卫。其初名数甚简，后累增为万四千人。揆之古制，犹天子之禁军。是故无事则各执其事，以备宿卫禁庭；有事则惟天子之所指使。比之枢密各卫诸军，于是为尤亲信者也"⑥。元代天子、诸王位下皆有"怯薛丹"，"皆御位下及中宫、东宫、诸王各投下怯薛丹等人为之"⑦，职能如断事官。

昔宝赤，元代"自御位及诸王，皆有昔宝赤，盖鹰人也"⑧。怯薛中

---

① 史金波：《西夏佛教史略》，宁夏人民出版社 1988 年版，第 120 页。

② （清）许容等监修，李迪等编纂：《甘肃通志》卷一二《祠祀》，《景印文渊阁四库全书》第 557 册，台北：商务印书馆 1986 年版，第 402 页。

③ （明）宋濂：《元史》卷一一七《术赤传》，中华书局 1976 年版，第 2906 页。

④ ［波斯］拉施特主编：《史集》第二卷，余大钧、周建奇译，商务印书馆 1985 年版，第 130 页。

⑤ 方龄贵校注：《通制条格校注》，中华书局 2001 年版，第 104 页。

⑥ （明）宋濂：《元史》卷九九《兵志二》，第 2524—2525 页。

⑦ （明）宋濂：《元史》卷八五《百官志一》，第 2124 页。

⑧ （明）宋濂：《元史》卷一〇一《兵志四》，第 2599 页。

设有，"其怯薛执事之名：则主弓矢、鹰隼之事者，曰火儿赤、昔宝赤、怯怜赤"①。此外，"除怯薛中设有昔宝赤外，各地设有打捕鹰房，辖户甚多，专事饲养管理皇室狩猎所用鹰鹘"②。黑水城文书中既记载有"御位下昔宝赤头目""忙哥帖木儿大王位下理问马元帅所管昔宝赤军户"，还有"昔宝赤巡检司"③。其中既有地位较高的"昔宝赤头目"，又有普通"昔宝赤军户"，还有以"昔宝赤"命名的巡检司。足见"昔宝赤"在亦集乃路地位之特殊。

王傅官，诸王王府属官，"宽彻不花太子至齐王位下，凡四十五王，每位下各设王傅、傅尉、司马三员"④。王傅官职权较广，"凡军需及本位诸事并以王傅领之"⑤。此外，还与当地官府共同处理诸王分地内的诉讼，"诸王分地之民有讼，王傅与所置监郡同治，无监郡者王傅听之"⑥。

征西元帅府，据《元史·文宗纪四》载"征西元帅府自泰定初调兵四千一百人戍龙剌、亦集乃，期以五年为代，今已七年，逃亡者众，宜加优恤，期以来岁五月代还"⑦。亦集乃路是征公元帅府重要屯戍士兵地。黑水城文书中除了出现征西元帅府外，还出现了"北庭元帅府""蒙古元帅府""曲先答林元帅府"，亦集乃路总管府向这些元帅府提供军人口粮⑧。

甘肃等处管军万户府，元朝规定"管军万户为行省宣慰使者，毋兼

---

① （明）宋濂：《元史》卷九九《兵志二》，中华书局1976年版，第2524页。

② ［日］片山共夫：《元朝の昔宝赤について》，《九州大学东洋史论集（10）》，1982年，第59—75页。

③ 塔拉、杜建录、高国祥主编：《中国藏黑水城汉文文献》第4册，国家图书馆出版社2008年版，第715、751、680页。

④ （明）宋濂：《元史》卷八九《百官志五》，第2272页。

⑤ （明）宋濂：《元史》卷一四《世祖纪十一》，第303页。

⑥ （明）宋濂：《元史》卷一六《世祖纪十三》，第337页。

⑦ （明）宋濂：《元史》卷三五《文宗纪四》，第793页。

⑧ 塔拉、杜建录、高国祥主编：《中国藏黑水城汉文文献》第6册，第1295页。

管军事；仍为万户者，毋兼莅民政"①。诸行省下设宣慰使兼管军万户府，"每府宣慰使三员，同知、副使各一员，经历一员，都事二员，照磨兼管勾一员"②。世祖至元十八年正月，"命肃州、沙州、瓜州置立屯田"，屯田机构即"管军万户府"。"遣都元帅刘恩往肃州诸郡，视地之所宜，恩还言宜立屯田，遂从之。发军于甘州黑山子、满峪、泉水渠、鸭子翅等处立屯，为户二千二百九十，为田一千一百六十六顷六十四亩"。世祖至元十六年，"调归附军人于甘州，十八年，以充屯田军。二十二年，迁甘州新附军二百人，往屯亦集乃合即渠开种，为田九十一顷五十亩"③。足见"管军万户府"职责包括屯田。黑水城文书 M1.0603［F116：W98］中，甘肃等处管军万户府差人说和田土告拦事宜，说明了"管军万户府"还承担了和土地相关事宜。

御位下安西路刘万户，应是诸路万户。元代诸路万户府，"管军七千之上"为上万户府，"管军五千之上"为中万户府，"管军三千之上"为下万户府，诸万户府中均设有达鲁花赤、万户、副万户，"其官皆世袭，有功则升之"④。

千户，"元各路立万户府，各县立千户所，所以压镇各处。其所部之军，每岁第迁口粮，府县关支。而各道以宣慰司元帅总之"⑤。和万户所一样，千户所也有上中下之分，上千户所"管军七百之上"，中千户所"管军五百之上"，下千户所"管军三百之上"，均设有达鲁花赤、千户、副千户⑥。文书 ИНВ. No.4991 中"征西元帅府下千户"⑦，属于元朝世袭

---

① （明）宋濂：《元史》卷一三《世祖纪十》，中华书局1976年版，第269页。
② （明）宋濂：《元史》卷九一《百官志七》，第2309页。
③ （明）宋濂：《元史》卷一〇〇《兵志三》，第2569页。
④ （明）宋濂：《元史》卷九一《百官志七》，第2310—2311页。
⑤ （明）叶子奇：《草木子》卷三下《杂制篇》，第64页。
⑥ （明）宋濂：《元史》卷九一《百官志七》，第2311页。
⑦ 史金波、魏同贤、克恰诺夫主编：《俄藏黑水城文献》第6册，上海古籍出版社2000年版，第310页。

军职,"考之国初,典兵之官,视兵数多寡,为爵秩崇卑。长万夫者为万户,千夫者为千户,百夫者为百户"。①

百户,蒙古早期,千户、百户亦兼管民事。元朝建立后基层亦设有百户所,分上下两等,"上百户所,百户二员","下百户所,百户一员"②。

落卜尅站(又作"落不尅站")、盐池站、即的站,属于亦集乃路管领的纳怜道上的站赤。纳怜道是元代腹里通往漠北的重要驿道。根据文书 M1.0864[F2:W65]《在城盐池普竹狼心即的马木兀南子山口落卜尅等八站季报名录》③载,除上述3站外,亦集乃路还管领有在城站、普竹站、狼心站、马木兀南子站、山口站,总计8站。黑水城文书中称其为"蒙古八站"④。据1984年黑水城考古发掘时查明,"在城站位于总管府的路南,即西门内大路西端的南侧的那座院落"⑤。盐池站、落卜尅站在亦集乃城北,普竹站、狼心站、即的站、马木兀南子站、山口站在城南。

第二节 黑水城出土元代词讼文书所见宁肃王和圣容寺

前述黑水城律令与词讼文书中所见亦集乃路的正式机构、职官等与元代多数路府设置大致相同,但也有些独特之处。据《元史·地理志》载,亦集乃路与永昌路、山丹州、泰宁路、沙洲路一样,为新置诸王分地路州,这些路州或隶于诸王位下,或隶省部和行省⑥,其制度与内地诸省有所不同。如李治安先生所言,"达鲁花赤、总管等往往由王府怯薛家臣担

---

① (明)宋濂:《元史》卷九八《兵志一》,中华书局1976年版,第2507页。
② (明)宋濂:《元史》卷九一《百官志七》,第2311—2312页。
③ 塔拉、杜建录、高国祥主编:《中国藏黑水城汉文文献》第5册,国家图书馆出版社2008年版,第1087页。
④ 塔拉、杜建录、高国祥主编:《中国藏黑水城汉文文献》第5册,第1149页。
⑤ 李逸友:《黑城出土文书(汉文文书卷)》,科学出版社1991年版,第30页。
⑥ (明)宋濂:《元史》卷六三《地理志六》、卷六〇《地理志三》,中华书局1976年版,第1567—1575、1449—1452页。

第四章　黑水城出土元代词讼文书中的职官机构

任,即使在领地路州直隶省部的情况下,他们仍可代表诸王掌管领地",①这些路州受宗王势力影响较大。永昌路就是很好的例子。至治二年,阔端后王王府怯薛官健都班就出任永昌路总管,并于泰定二年,"迁中顺大夫,授本路达鲁花赤"②。当时的宗王领地路州,"自达鲁花赤、总管以下诸官属,皆得专任其陪臣,而王人不与焉"。③

亦集乃路属于新置宗王分地路州,存在一系列宗王镇戍,如黑水城文书中出现的阿黑不花④、亦思干答儿⑤、撒昔⑥、亦怜真实监⑦ 4 位宁肃王。宗王出镇的主要任务是镇戍、征伐,监督军政,地方行政、狱讼等往往是由行省、路府执掌的。甚至,当案件牵涉到宗王位下怯薛、昔宝赤军等,依然供报到总管府进行审理。这些宗王出镇的路州,"镇之以亲王,使重臣治其事"⑧。这是一种特殊的蒙古分封形式,"封藩不治藩,重在军事镇戍和军政监督,且与官僚制相补充"⑨。黑水城文书 M1.0715 [84H.F144:W7/2040] 中"令只大王位下圣容寺"⑩,就是这样一种补充。

---

① 李治安:《元代分封制度研究》,天津古籍出版社 1992 年版,第 42 页。

② (元)虞集:《孙都思氏世勋碑》,《全元文》卷八七二,江苏古籍出版社 1998 年版,第 249 页。

③ (明)宋濂:《元史》卷一一八《特薛禅传》,第 2920 页。

④ 塔拉、杜建录、高国祥主编:《中国藏黑水城汉文文献》第 3 册,国家图书馆出版社 2008 年版,第 523 页。

⑤ 塔拉、杜建录、高国祥主编:《中国藏黑水城汉文文献》第 4 册,第 690 页。

⑥ Henri Maspero. Les documents chinois de la troisième expédition de Sir Aurel Stein en Asie centrale. London: Trustees of the British Museum, 1953, p. 211.

⑦ 塔拉、杜建录、高国祥主编:《中国藏黑水城汉文文献》第 3 册,第 545 页。

⑧ (元)虞集:《送文子方之云南序》,《全元文》卷八二三,江苏古籍出版社 1998 年版,第 158 页。

⑨ 李治安:《元代政治制度研究》,人民出版社 2003 年版,第 416 页。

⑩ 塔拉、杜建录、高国祥主编:《中国藏黑水城汉文文献》第 4 册,第 940 页。

一 宁肃王

学界对宁肃王的相关研究有：胡小鹏《元代西北历史与民族研究》讨论了黑水城文书中的阿里不花、亦怜真实监两位宁肃王，推测宁肃王一支为窝阔台系①。陈高华《黑水城元代站赤登记簿初探》将黑水城所出元代站赤登记簿中的"亦令只失加普宁肃王"归为肃王宽彻的后人②。张岱玉《〈元史·诸王表〉补证及部分诸王研究》讨论了黑水城文书中的阿里不花、亦怜真实监、撒昔3位宁肃王及《元史》中的脱脱宁肃王③。以上研究主要参考李逸友《黑城出土文书（汉文文书卷）》的录文，李逸友录文中将"阿黑不花"录为"阿里不花"的错误也在诸位的研究中有所延续。而且，对于宁肃王的支系、封地等的讨论也多有舛误。

黑水城文书中阿黑不花、亦思干答儿、撒昔、亦怜真实监4位宁肃王中，较早袭封宁肃王的是阿黑不花，涉及阿黑不花宁肃王的共有4件：

（一）M1.0426［F26∶W101正］《至大四年七月阿黑不花宁肃王分例文卷》④：

一　皇帝圣旨里亦□□路□□□据都思帖木畏兀儿文

二　字译该⑤

三　一下广积仓除外，总府今□字⑥□□□半印勘合

四　书填前去，合下仰照验比对□□□薄墨跡字样

---

① 胡小鹏：《元代西北历史与民族研究》，甘肃文化出版社1999年版，第88—90页。
② 陈高华：《黑水城元代站赤登记簿初探》，《中国社会科学院研究生院学报》2002年第5期，第55页。
③ 张岱玉：《〈元史·诸王表〉补证及部分诸王研究》，博士学位论文，内蒙古大学，2008年，第211—213页。
④ 塔拉、杜建录、高国祥主编：《中国藏黑水城汉文文献》第3册，国家图书馆出版社2008年版，第523—524页。
⑤ "该"，李逸友《黑城出土文书（汉文文书卷）》第127页误录为"读"。
⑥ "字"，李逸友《黑城出土文书（汉文文书卷）》第127页误录为"系"。

第四章 黑水城出土元代词讼文书中的职官机构

五　　相同，更照无差依数①责□放支施行

六　　开

七　　实支白米壹拾贰硕

八　　一下支库□除米另行放支外，据白面合折小麦

九　　□□无见在，总府拟照依巡检司报到至大四年

一〇　□月分面货实直②时价扣算，合□□分例天

一一　字十四号半印勘合书填前去，合下仰照□□

一二　发号薄墨迹字样相同，更照无差，依数责

一三　领放支施行

一四　开

一五　实支中统钞拾肆定贰两

一六　右各行

一七　至大四年七月　　吏刘大明　　张诚

一八　阿黑③不花宁肃王分例米面

一九　提控案牍吏

二〇　知事

二一　经历亦黑迷失

二二　廿二日

（二）M1.0428［F249：W23］《延祐三年八月仁字二十号阿黑不花宁肃王分例文卷》④：

一　　一下延祐三年八月日仁字二十号支

---

① "数"，李逸友《黑城出土文书（汉文文书卷）》第127页误录为"例"。
② "直"，李逸友《黑城出土文书（汉文文书卷）》第127页误录为"值"。
③ "黑"，李逸友《黑城出土文书（汉文文书卷）》第127页误录为"里"。
④ 塔拉、杜建录、高国祥主编：《中国藏黑水城汉文文献》第3册，国家图书馆出版社2008年版，第525页。

二　　阿黑①不花宁肃王八月至九月两个月分例小麦壹拾陆石整

三　　延祐二年粮小麦陆斗柒升二合

四　　延祐三年粮小麦壹拾伍石叁②斗贰升捌③合

五　　实有见在粮肆伯令柒升贰合

六　　小麦贰伯捌拾肆石陆斗柒升贰合

七　　大麦壹伯壹拾伍石令肆斗

八　　申

九　　详状

（三）M1.0444［F51：W3a］《阿里不花宁肃王分例文书》④：

一　　皇帝圣旨里甘肃等⑤……

二　　见今供给……

三　　阿里不花⑥宁肃等位下分例……

四　　费……给……

（四）M1.0217［F116：W574］《阿剌不花口粮文卷》⑦

一　　取状人阿剌不花

二　　一名阿剌不花，年四十八岁□

三　　察歹下

四　　一名秃息鲁，年五十五岁无□

---

①　"黑"，李逸友《黑城出土文书（汉文文书卷）》第126页误录为"里"。

②　"叁"，李逸友《黑城出土文书（汉文文书卷）》第126页误录为"贰"。

③　"捌"，李逸友《黑城出土文书（汉文文书卷）》第126页误录为"贰"。

④　塔拉、杜建录、高国祥主编：《中国藏黑水城汉文文献》第3册，国家图书馆出版社2008年版，第537页。

⑤　"甘肃等"，李逸友《黑城出土文书（汉文文书卷）》第126页未录。

⑥　"阿里不花"，当是"阿黑不花"，原文书中"黑"误写为"里"。

⑦　塔拉、杜建录、高国祥主编：《中国藏黑水城汉文文献》第2册，第316页。

第四章 黑水城出土元代词讼文书中的职官机构

五　　阿黑①不花宁肃王位下□

六　　右阿刺不花等各年甲②开写在□

七　　取问③阿刺不花是否系④哄散人□

八　　家口从实供报事上取状，今

九　　等将实有迤北哄散人□

一〇　报，中间并无不系⑤迤北□

一一　捏合不实，亦不系⑥□

一二　□□立内，如蒙官⑦□

一三　旦有差别□

一四　培□更行甘□

一五　词，保结是实，今□

一六　总计伍拾柒户□

一七　大口□

一八　小口□

一九　右伏取

二〇　台旨

二一　延祐四年八月　日取□

二二　连状人□

前3件文书为阿黑不花宁肃王分例文卷，第一件为至大四年七月阿黑不花宁肃王分例白米、小麦、中统钞，第二件是延祐三年八月阿黑不花分

---

① "黑"，李逸友《黑城出土文书（汉文文书卷）》第118页误录为"里"。
② "甲"，李逸友《黑城出土文书（汉文文书卷）》第118页误录为"月"。
③ "问"，李逸友《黑城出土文书（汉文文书卷）》第118页误录为"拘"。
④ "系"，李逸友《黑城出土文书（汉文文书卷）》第118页漏录。
⑤ "系"，李逸友《黑城出土文书（汉文文书卷）》第118页误录为"保"。
⑥ "系"，李逸友《黑城出土文书（汉文文书卷）》第118页误录为"保"。
⑦ "官"，李逸友《黑城出土文书（汉文文书卷）》第118页未录。

例小麦，第三件虽残仍可看出是阿黑不花分例。第四件是延祐四年八月阿剌不花的取状，连状人是阿黑不花宁肃王位下秃息鲁，文书残存"总计伍拾柒户""大口""小口"等，其内容与人口供报相关。4 件文书时间从武宗至大四年七月到仁宗延祐四年八月，跨度长达 6 年，这期间是阿黑不花宁肃王在位。

然而，阿黑不花并非第一位宁肃王。查《元史·诸王表》，宁肃王脱脱为"至大元年封"①。据《元史·武宗纪》载：至大二年十一月甲申，"赐宁肃王脱脱金印"②。可见，脱脱是第一任宁肃王。

《元史·宗室世系表》误将宁肃王、肃王归为术赤系，更是错误地将肃王宽彻认为是宁肃王脱脱之子③。实际上，根据《贵显世系》，宽彻是察合台后王合班之子④。合班的兄弟出伯共有 16 子，脱黑塔、牙撒兀儿、都苦列思、额只勒不花、那木忽里、那木达失、阿黑不花、撒迪、答兀忒、敢不朵儿只、赤斤帖木儿、只儿忽带、明答失、宽彻克朵儿只⑤、忽塔忒迷失、亦里黑赤⑥。出伯长子为脱黑塔，即宁肃王脱脱⑦。出伯另一子"阿黑不花"也正是黑水城文书中的"阿黑不花宁肃王"。足见宁肃王

---

① （明）宋濂：《元史》卷一〇八《诸王表》，中华书局 1976 年版，第 2742 页。

② （明）宋濂：《元史》卷二三《武宗纪》，第 519 页。

③ （明）宋濂：《元史》卷一〇七《宗室世系表》，第 2715 页。

④ 胡小鹏《西北民族文献与历史研究》："《贵显世系》中列举了合班的三个儿子：'也先孛可（Ìsan-Būquā）、宽彻（Kūnchek）、努尔黑赤（Nūrdqji）'"。（甘肃人民出版社 2004 年版，第 114 页。）刘迎胜《察合台汗国史研究》："据《贵显世系》，术伯之兄合班有两子，分别叫作 Künchek 和 Isän Buqa。这位 Künchek 显然就是肃王宽彻"（上海古籍出版社 2006 年版，第 478 页。）

⑤ 前 14 个见《史集》载。[波斯] 拉施特主编：《史集》第二卷，余大钧、周建奇译，商务印书馆 1985 年版，第 174 页。

⑥ 后 2 个据《贵显世系》补。胡小鹏：《西北民族文献与历史研究》，甘肃人民出版社 2004 年版，第 114 页。

⑦ 赤坂恒明也认为宁肃王脱脱应是察合台后王出伯的长子 tūqtāy（脱黑塔）。[日] 赤坂恒明：《バイダル裔系谱情报とカラホト汉文文书》，《西南アジア研究（66）》，2007 年，第 59 页。

一系属于察合台后王出伯系。

亦思干答儿、撒昔出现的文书 M1.0556［F1：W65］①和 N°518.—KK.I.0231（f）.②中并未出现年份。不过根据《元史·顺帝纪》载，至元元年十月，"以宗王亦思干儿弟撒昔袭其兄封"③。其中，亦思干儿即亦思干答儿。同时根据赤坂恒明所列察合台后王谱系④，tūqtāy（脱黑塔）有一子名为 iskandar，其对音正是亦思干答儿。可见直到元末，宁肃王的袭位一直在察合台后王出伯系。而亦思干答儿、撒昔则是元末的两位宁肃王。

亦怜真实监在黑水城文书中有多种不同译写，亦令只失加、亦令只失加普⑤、亦怜只实监宁肃王⑥等。根据察合台后王谱系，tūqtāy（脱黑塔）还有一子名为 tūqajī（脱合只），tūqajī 之子为 īrinjiškab，其对音正是亦令只失加普。亦怜真实监宁肃王袭位时间未知，但其去世时间见于黑水城文书 M1.0452［F146：W18］《宁肃王分例钱文书》⑦：

一　　三个月分例钱肆伯贰拾口

二　　已支去讫，今来照口

---

①　塔拉、杜建录、高国祥主编：《中国藏黑水城汉文文献》第 4 册，国家图书馆出版社 2008 年版，第 690 页。

②　Henri Maspero. Les documents chinois de la troisième expédition de Sir Aurel Stein en Asie centrale. London：Trustees of the British Museum，1953，p. 211.

③　（明）宋濂：《元史》卷三八《顺帝纪一》，中华书局 1976 年版，第 829 页。

④　［日］赤坂恒明：《バイダル裔系谱情报とカラホト汉文文书》，《西南アジア研究（66）》，2007 年，第 47 页。

⑤　史金波、魏同贤、克恰诺夫主编：《俄藏黑水城文献》第 4 册，上海古籍出版社 1997 年版，第 208、313 页。

⑥　孟列夫、钱伯城主编：《俄藏敦煌文献》第 17 册，上海古籍出版社 2001 年版，第 309 页。

⑦　塔拉、杜建录、高国祥主编：《中国藏黑水城汉文文献》第 3 册，国家图书馆出版社 2008 年版，第 545 页。

三　　［亦］怜真①实监宁肃王于至正十
四　　卅日薨逝②外，据十月至十二月
五　　例钱未曾

亦怜真实监宁肃王薨逝于"至正十□"年。而撒昔宁肃王于顺帝至元元年袭封宁肃王王位。可见，亦怜真实监袭封宁肃王位时间较撒昔晚。

至此可知的宁肃王有脱脱、阿黑不花、亦思干答儿、撒昔、亦怜真实监5位，其谱系大致如下：

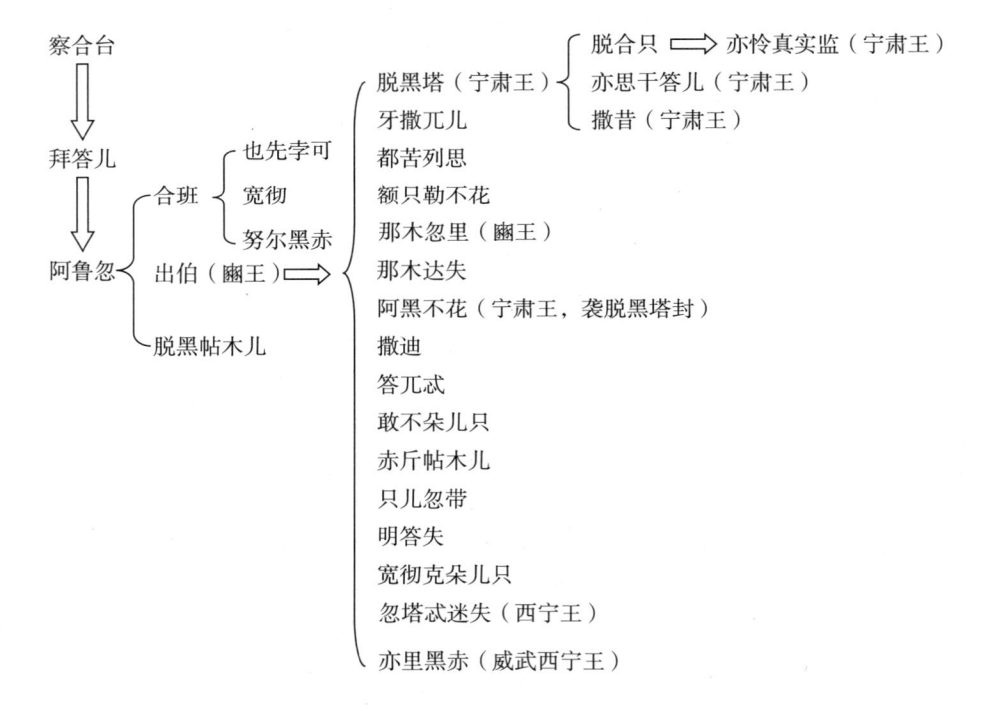

```
察合台
  ⇓
拜答儿         ┌也先孛可
  ⇓     合班 ─┤宽彻
阿鲁忽         └努尔黑赤
        出伯（豳王）⇒
        脱黑帖木儿
```

脱黑塔（宁肃王） ┌脱合只 ⇒ 亦怜真实监（宁肃王）
牙撒兀儿   │亦思干答儿（宁肃王）
都苦列思   └撒昔（宁肃王）
额只勒不花
那木忽里（豳王）
那木达失
阿黑不花（宁肃王，袭脱黑塔封）
撒迪
答兀忒
敢不朵儿只
赤斤帖木儿
只儿忽带
明答失
宽彻克朵儿只
忽塔忒迷失（西宁王）
亦里黑赤（威武西宁王）

出伯的16个儿子中，那木忽里后来袭封豳王，金印兽纽，一等王③；

---

① "真"，李逸友《黑城出土文书（汉文文书卷）》第127页误录为"其"。
② "逝"，李逸友《黑城出土文书（汉文文书卷）》第127页误录为"逃"。
③ （明）宋濂：《元史》卷一〇八，中华书局1976年版，第2738页。

第四章 黑水城出土元代词讼文书中的职官机构

忽塔忒迷失封西宁王，金印螭纽，二等王①；亦里黑赤袭封武威西宁王，金印驼纽，三等王②；脱黑塔、阿黑不花两支封宁肃王，金印驼纽，三等王③。宁肃王所持印为金印驼纽，其在河西出伯系诸王中地位并不高。正如黑水城出土的元代亦集乃路站赤只应登记簿 TK204 和 TK248 中所记，亦令只失加普宁肃王须派人向必立杰帖木儿大王（豳王不颜帖木儿之子）、怯乩肃王计禀军情。

尽管如此，宁肃王作为有分地的宗王依然享有宗王兀鲁思官府、分例、领兵，甚至是任官的权利。

其一，宗王兀鲁思官府。"王傅官"通常是作为宗王兀鲁思官府非常重要的官职。文书 M1.0805 中恰记载了"宁肃王"与"王傅官"④：

一　……呈府，仰□□施行……
二　开
三　……右巡检 焦即孩 总府除……
四　外，合下仰照验，速为依上……
五　今者……赍公文前去……
六　……宁肃王……王傅并……
七　……□从委官一同前……
八　帅小云失不花根从□……
九　……人巴，又罕亦失丹并随从……
一〇　……□俺布等收获……
一一　……管押赴府，仰
一二　□□施行。

---

① （明）宋濂：《元史》卷一〇八，中华书局 1976 年版，第 2739 页。
② （明）宋濂：《元史》卷一〇八，第 2741 页。
③ （明）宋濂：《元史》卷一〇八，第 2742 页。
④ 塔拉、杜建录、高国祥主编：《中国藏黑水城汉文文献》第 5 册，国家图书馆出版社 2008 年版，第 1033 页。

一三 开

其二，分例。宁肃王享有亦集乃路总管府按月供应的米面、小麦、羊酒、银钱等。黑水城文书所记载宁肃王分例见表4-2：

表4-2

宁肃王分例汇总表			
时间	宗王	分例	文书编号
至大四年七月	阿黑不花	白米壹拾贰硕、白麵合折小麦□□、中统钞拾肆定贰拾两	M1.0426［F26：W101 正］
延祐三年八月	阿黑不花	八月至九月两个月分例小麦壹拾陆石整（延祐二年粮小麦陆斗柒升式合，延祐三年粮小麦壹拾伍石叁斗式升捌合）	M1.0428［F249：W23］
	阿黑不花	分例、费（具体数字不明）	M1.0444［F51：W3a］
	亦怜真实监	分例（具体数字不明）	M1.0452［F146：W18］
	亦令只失加普	纳冬妃子、□□□失妃子、卜鲁罕妃子、倒刺的斤妃子分例，都是一件米面、一件羊酒	M1.1033［Y1：W22］
	宁肃王	分例米面	M1.1068［84H. 大院内 a6：W17/2806］

延祐三年八月至九月，阿黑不花宁肃王两个月分例小麦16石。一年的话，仅分例小麦一项就达到96石。文书中又载，广积仓的仓储量是"实有见在粮肆伯令柒升式合，小麦式伯捌拾肆石陆斗柒升式合，大麦壹伯壹拾伍石令肆斗"，其中小麦284石6斗7升2合。宁肃王一年的分例小麦量就超过了广积仓小麦储量的三分之一。

其三，领兵。误入《俄藏敦煌文献》的黑水城文书ДX.18992记载了

第四章 黑水城出土元代词讼文书中的职官机构

亦怜只实监宁肃王统领各翼军马的事迹：

一　……旨里亦集乃路总管府照得：本路置在极逆人民……
二　……亦怜只实监宁肃王统领各翼军马，为民相参……
三　……外□时，盗贼生发，若不设发禁约，深为未便。为……
四　……下仰照验。省谕各家排门粉壁，大字书写所禁……
五　……绰，敢有违犯之人，捉拿呈府施行。须至……
六　处递发到配役贼徒并本路……警贼……

该文书是元代亦集乃路总管府发布的一道防盗贼令。主要内容为亦怜只实监宁肃王统领各翼军马参与抓捕盗贼，谕令各家"排门粉壁"大字书写禁约，若有违反，将被捉拿及发配等。亦怜只实监宁肃王统领各翼军马参与抓捕盗贼，一方面原因是元末社会动荡，盗贼案等多发，官府捕盗官巡捕、弓手人员不足。另一方面，宁肃王在亦集乃路有镇遏之责，有义务协助亦集乃路总管府维持治安。

亦集乃路驻扎军马众多，据文书 M1.1033［Y1：W22］[①] 载，有"征西元帅府""北庭元帅府""蒙古元帅府""朵立只罕翼""忽剌木翼"等。宁肃王所统领的各翼军马即来源于此。

其四，任官。文书 M1.0715［84H.F144：W7/2040］[②] 残存"令只大王位下圣容寺"。"令只大王"即亦令只失加普宁肃王，"圣容寺后"应跟具体官职，这说明亦怜真实监宁肃王在亦集乃路的圣容寺有任命僧官的权利。而一般情况下，元代僧众一般由宣政院派官吏进行管理，"宣政院则掌释教僧徒及吐蕃之境而隶治之"[③]。宁肃王任命僧官体现了亦集乃路

[①] 塔拉、杜建录、高国祥主编：《中国藏黑水城汉文文献》第 6 册，国家图书馆出版社 2008 年版，第 1295 页。

[②] 塔拉、杜建录、高国祥主编：《中国藏黑水城汉文文献》第 4 册，第 940 页。

[③] （明）宋濂：《元史》卷二八《英宗纪二》校勘记，中华书局 1976 年版，第 635 页。

作为元朝新置诸王分地路州，其制度与内地是有区别的。

二 圣容寺

作为和宁肃王宗王出镇存在直接联系的寺院，圣容寺较之黑水城文书中的太黑堂、如来寺等寺院出现的较为频繁。见表4-3：

表4-3

文书编号	涉及圣容寺的相关内容
M1.0551［F13：W301］	去圣容寺井内取水
M1.0564［F2：W54］	路圣容寺前
M1.0596［F4：W7］	亦集乃在城圣阴（容）寺前住坐伏为状告
M1.0620［F114：W9a］	李万贵因病身故罪将圣容寺不曾
M1.0629［HF111（下层）B正］	地段今□圣容寺
M1.0715［84H.F144：W7/2040］	令只大王位下圣容寺……
M1.0758［Y1：W113］	总管府据梁耳今赤状……此□□将圣容寺头目

这7件文书中，前6件都属于黑水城词讼文书，有婚姻案、斗杀案、财物案、土地案等。最后一件是关于圣容寺头目的人事类公文。文书M1.0596［F4：W7］① 中载有"亦集乃在城圣阴（容）寺"②，可见圣容寺就在亦集乃城。同时，文书M1.0551［F13：W301］③ 中记载了忽都歹等人前来圣容寺寺院井内取水，答失帖木在圣容寺门栏上坐等信息，这也说明了圣容寺应该是距离居民区不远。

---

① 塔拉、杜建录、高国祥主编：《中国藏黑水城汉文文献》第4册，国家图书馆出版社2008年版，第736页。

② 文书中作"圣阴寺"，李逸友先生认为其应是"圣容寺"，"'容'和'阴'的读音相近，粗通汉文的容易误写，且'圣阴'一词也不妥切"（李逸友：《黑城出土文书（汉文文书卷）》，科学出版社1991年版，第61页）。

③ 塔拉、杜建录、高国祥主编：《中国藏黑水城汉文文献》第4册，第685页。

第四章　黑水城出土元代词讼文书中的职官机构

　　黑水城律令与词讼文书中的圣容寺和西夏时期见诸记载的圣容寺名字完全一致。西夏学界曾对西夏陵园残碑中的"圣容寺"、历史上圣容寺所在地有过争论①。但残碑中"圣容寺"相关资料实在太少。谈及更多的则是位于"永昌县城北二十里"②的圣容寺。凉州重修护国寺感通塔碑汉文碑铭中有"庆寺监修都大勾当行宫三司正兼圣容寺、感通塔两众提举律晶赐绯僧药乜永诠"③。碑文中"圣容寺"即"永昌县城北二十里"的这座圣容寺。显然，元代亦集乃路的圣容寺和"永昌县城北二十里"的圣容寺是两座寺院。

　　据考古发现，黑水城遗址中存有数处佛寺遗址，"有佛塔五座（塔建于城墙上，这是很罕见的），城外西北隅有佛塔群，南城外有佛塔1座，城中心有佛塔3座，城内其他地方尚有佛塔数座，总计城内外有佛塔遗址20余座。另有佛寺数座"④。黑水城不仅有佛寺遗址，出土佛经数量也非常可观。俄罗斯收藏的黑水城文献中，仅佛教文献一项就达到了四百余种，其中"写本《大般若波罗蜜多经》至少有几种写本共一千多卷"⑤。大量禅宗、净土宗作品在黑水城的发现，反映了宋代以来禅宗、净土宗的流行。此外，藏传佛教经典也有不少。根据克恰诺夫《俄藏黑水城出土西夏文佛经文献叙录》一书统计，译自藏文的经咒等大约有133种，仅收录"藏文佛经"正经目录的经文就有31种⑥。

---

　　① 彭向前：《西夏圣容寺初探》，《民族研究》2005年第5期。牛达生：《西夏陵没有"圣容寺"》，《民族研究》2006年第6期。彭向前：《"圣容寺"还是"圣劝寺"》，《民族研究》2007年第2期。

　　② （清）许容等监修，李迪等编纂《甘肃通志》卷一二《祠祀》，《影印文渊阁四库全书》第557册，台北：商务印书馆1986年版，第402页。

　　③ 陈炳应：《西夏文物研究》，宁夏人民出版社1985年版，第110页。

　　④ 陈炳应：《西夏文物研究》，第87—88页。

　　⑤ 史金波：《西夏古籍略说》，《史金波文集》，上海辞书出版社2005年版，第171页。

　　⑥ Е. И. Кычанов, Каталог тангутских буддийских памятников. Киото：университет Киото, 1999, p. 355.

早在西夏时期，黑水城地区就是非常重要的佛教中心。"黑水城中心"与"兴庆府中心——贺兰山中心""甘州——凉州中心""敦煌——安西中心"共同组成当时西夏的佛教四大中心①。贺兰山拜寺沟方塔出土的汉文诗集中就有一首专门描绘西夏寺院的诗：

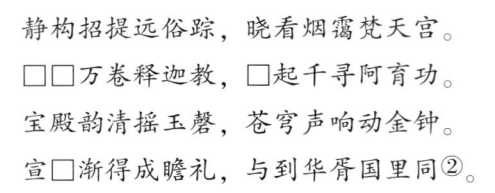

  静构招提远俗踪，晓看烟霭梵天宫。
  □□万卷释迦教，□起千寻阿育功。
  宝殿韵清摇玉磬，苍穹声响动金钟。
  宣□渐得成瞻礼，与到华胥国里同②。

诗里描述了佛教的繁荣场面：佛塔高耸、宝殿宏伟、佛教信徒虔诚礼佛等。当时黑水城佛教的兴盛应该不下于如此场景。

入元以后，亦集乃路依旧汇集了大批僧众。至元二十三年，亦集乃总管忽都鲁言："所部有田可以耕作，乞以新军二百人凿合即渠于亦集乃地，并以傍近民、西僧、余户助其力"③。这是亦集乃路总管府成立之际，总管奏请借助"新军""傍近民""西僧"之力开凿渠道。"西僧"应是黑水城地区藏传佛教僧人。正是这样的佛教信仰传统、佛教僧众基础，才形成了黑水城圣容寺、太黑堂、如来寺等僧寺林立的情况。

圣容寺中除了文书 M1.0715［84H.F144：W7/2040］④ 所载"令只大王位下圣容寺……"这一宁肃王所封僧官，还有元代政府任命的"圣容寺头目"。

---

① 史金波：《西夏佛教史略》，宁夏人民出版社1988年版，第122—125页。
② 宁夏文物考古研究所：《拜寺沟西夏方塔》，文物出版社2005年版，第367页。
③ （明）宋濂：《元史》卷六〇《地理志三》，中华书局1976年版，第1451页。
④ 塔拉、杜建录、高国祥主编：《中国藏黑水城汉文文献》第4册，国家图书馆出版社2008年版，第940页。

第四章　黑水城出土元代词讼文书中的职官机构

M1.0758［Y1：W113］《圣容寺头目任历文书》①：

一　　皇帝圣旨里,亦集乃路总管府据梁耳

二　　今赤状……此,□□将圣容寺头目

三　　任历即状供相同。总府今给据付梁

四　　耳今赤收执,合下仰照验,准上候

五　　盖施行

六　　右给付梁耳今赤

该文书内容是梁耳今赤任职圣容寺头目之时,亦集乃路根据任历即状颁给梁耳今赤的文据。寺院头目与寺院主持负责处理寺院日常事务。"诸僧人但犯奸盗、诈伪、致伤人命及诸重罪,有司归问。其自相争告,从各寺院住持、本管头目归问。若僧俗相争田土,与有司约会,约会不至,有司就便归问"②。"其自相争告"即为寺院的内部发生的争端,则归于寺院头目与住持管辖处理。而像 M1.0620［F114：W9a］"地土二百亩""南至""北至""李万贵因病身故罪将圣容寺不曾"、M1.0629［HF111（下层）B 正］"地一段今□圣容寺"③ 这种涉及寺院的土地案则通常由亦集乃路总管府处理。僧俗土地纠纷与寺院纳税问题的处理往往棘手,所以元政府不得不规定:"诸各寺院税粮,除前宋所有常住,及世祖所赐田土免纳税粮外,已后诸人布施,并己力典卖者,依例纳粮"④。

---

① 塔拉、杜建录、高国祥主编:《中国藏黑水城汉文文献》第 5 册,国家图书馆出版社 2008 年版,第 985 页。

② （明）宋濂:《元史》卷一〇二《刑法志一》,中华书局 1976 年版,第 2620 页。

③ 塔拉、杜建录、高国祥主编:《中国藏黑水城汉文文献》第 4 册,第 763、771 页。

④ （明）宋濂:《元史》卷一〇二《刑法志一》,第 2620 页。

第五章　黑水城出土元代词讼文书中的罪案

第一节　黑水城出土元代词讼文书中的罪案背景

黑水城出土元代词讼文书中罪案发生时间、类别，见表5-1：

表5-1

时　期		案　件	驱口案	婚姻案	斗杀案	盗贼案	财物案	土地案	其他
世祖	中统	1260-1264							
	至元	1264-1294							
成宗	元贞	1295-1297							
	大德	1297-1307	二年五月	三年六月			六年十二月	三年、三年四月	八年三月
武宗	至大	1308-1311							四年三月、三年四月
仁宗	皇庆	1312-1313	元年十二月		元年	二年二月			
	延祐	1314-1320					四年八月		三年

续表

时期		案件	驱口案	婚姻案	斗杀案	盗贼案	财物案	土地案	其他
英宗	至治	1321-1323			二年九月				
泰定帝	泰定	1324-1328			二年二月、二年五月				
	致和	1328							
天顺帝	天顺	1328							
文宗	天历	1328-1330							
	至顺	1330-1333	四年	三年				三年	元年
惠宗(顺帝)	元统	1333-1335							
	至元	1335-1340	三年			五年二月、二年五月		三年十一月	三年四月、四年四月、四年正月、三年四月、三年十月
	至正	1341-1370	十六年六月、廿年	六年闰十月、八年正月、廿二年		十二年六月、廿九年六月、四年三月	卅年四月	十八年四月、五年二月、四年五月、二年十三年正月	十五年十月、十一年三月、十三年六月、十六年三十年四月、廿四年十二月、八年
[北元]昭宗	宣光	1371-1379	元年闰三月			元年四月			

通过统计，可见这些案件主要发生在元代晚期，尤其以元顺帝至元、至正年间居多，当然这与黑水城文书所属年代的基本特征相符，即"尤以至正及至正以后的文书为多"。①

物质的匮乏可以说是大多数犯罪的直接原因。黑水城出土元代律令与词讼文书所载诸类案件中，盗贼案、财物案、土地案等与经济因素相关的案件比重较大即源于此。尤其是到了元末，社会动荡不安、吏治的败坏、自然灾害的严重都是案件多发的诱因。

其一，经济发展落后、不均衡。亦集乃路在甘肃行省属于下路，地处边陲，人口稀少，经济发展受限。与岭北的贸易是亦集乃路的重要经济来源，并且纳怜道上有驿站等官设机构。即便如此，在货物运输交易时也时有案件发生，如文书 M1.0597［F144：W6］② 中亦集乃路王七及其弟王旭赍夯客货的案件。文书 M1.0595［F193：W12］③ 是亦集乃路总管府批准甘州路录事司将陈礼状告孙直欠其货钱不肯归还的案件在司审理的公文。

亦集乃路地处边漠，作为主要交通、运输工具的马匹、驼只数量较大，失窃率也比较高。黑水城地区盗窃案中，涉及马、驼、驴的案件有6件，涉及中统钞、银盏、小麦各一件，涉及偷盗店铺、府署各一件。由于文书残损严重，其他盗贼案文书大多已无法判断所盗窃物品。另外，这些案件中一部分为盗贼团伙作案，如文书 M1.0582［F1：W22b］④ 中，亦集乃路居民阿思兰与阿厘、杜长寿、陈玉立、沙元等人盗窃刘译的店铺。文书 TK231⑤ 中，至元年间贼首阿立浑、从贼帖木儿，纠合也速答儿、杨

---

① 李逸友：《黑城出土文书（汉文文书卷）》，科学出版社1991年版，第10页。
② 塔拉、杜建录、高国祥主编：《中国藏黑水城汉文文献》第4册，国家图书馆出版社2008年版，第737页。
③ 塔拉、杜建录、高国祥主编：《中国藏黑水城汉文文献》第4册，第735页。
④ 塔拉、杜建录、高国祥主编：《中国藏黑水城汉文文献》第4册，第719页。
⑤ 史金波、魏同贤、克恰诺夫主编：《俄藏黑水城文献》第4册，上海古籍出版社1997年版，第242页。

耳班梅的等贼偷到便使忻都帖镯府署马毡等物。在斗杀案及财物案文书中还记载有五件强窃案件。斗杀案中，文书M1.0563［F80：W9］为至治二年亦集乃路回回包银户亦不剌兴在取钱后无端遭乔典索要钱财，并被乔典、张哈三等人殴打的案件；M1.0573［84H.F125：W59/1909］残存"打夺去位""当罪不词执结是"等①。财物案中，文书M1.0703［84H.F43：W5/0795］残存"廿七日告状人杨""圆夺"等字；M1.0711［84H.F124：W3/1829］残存"盐池站""元夺"等；M1.0746［84HF125A］残存"打夺"等字②。盐池站是纳怜道上蒙古八站之一，驿站里备有马匹驼只，粮草钱钞。元朝规定，"盗系官驼马牛者，比常盗加一等"，"诸盗局院官物，虽赃不满贯，仍加等"③。这种结成盗窃团伙对官府、驿站进行盗窃比一般盗窃罪名更重，惩处也往往加等。

寺院争夺地产等田土纠纷是亦集乃路经济发展不平衡的重要表现之一。文书M1.0620［F114：W9a］和M1.0629［HF111（下层）B正］④，均涉及寺院土地纠纷。文书M1.0610［F116：W491］⑤中僧人梁日立合只与失赤马合麻等人在无得耕种浇溉煞地内偷种糜子。此外，文书M1.0953［F97：W3］是一件僧人缴纳税粮的凭据⑥：

一　　亦集乃路广积仓今收到

二　　税粮

三　　耳宜法师□

---

①　塔拉、杜建录、高国祥主编：《中国藏黑水城汉文文献》第4册，国家图书馆出版社2008年版，第699、709页。

②　塔拉、杜建录、高国祥主编：《中国藏黑水城汉文文献》第4册，第931、937、959页。

③　（明）宋濂：《元史》卷一〇四《刑法志三》，中华书局1976年版，第2658页。

④　塔拉、杜建录、高国祥主编：《中国藏黑水城汉文文献》第4册，第763、771页。

⑤　塔拉、杜建录、高国祥主编：《中国藏黑水城汉文文献》第4册，第754页。

⑥　塔拉、杜建录、高国祥主编：《中国藏黑水城汉文文献》第6册，第1222页。

四　　大麦□□

五　　壹佰石

六　　耳宜法师

七　　十一月　日

八　　仓付使蔡

九　　大使卫

一〇　支纳石

文书中耳宜法师交税 100 石，相对《大德十一年税粮文卷》中大德十一年亦集乃路总计征收税粮 1400 余石来说，是个不小的数额。按照元朝亩税 3 升的话，其拥有土地 30 余顷。至元二十三年亦集乃路合即渠屯田仅获 90 余顷，足见寺院及僧户所拥有田产之多。

其二，社会动荡不安。《失林婚书案卷》中被告人闫从亮原系巩西县所管军户，至正十九年，红巾军攻破巩昌城，闫从亮先至永昌住坐，二十一年，来到亦集乃路，与沈坊正"合于熟造油皮鞴生活（M1.0673［F116：W32］）"①。《也火汝足立嵬土地案文卷》中亦集乃路站户也火石革立嵬在"浑都孩军马叛乱"后，抛弃庄业，逃移到永昌路西凉州孔剌儿站充当站户。以及《大德四年军粮文书》中海都之乱等等。在战乱等社会不安定因素影响下，军户、站户等"抛弃庄业"，逃移到其他路后附籍，尚不失为维持生计的一个手段。还有一些人则铤而走险，走上犯罪道路。

其三，吏治的败坏。文书 M1.0605［Y1：W66B］② 中都领汝足梅、吾即揽夺灌溉。文书 M1.0606［F9：W34］③ 中所载至正十八年站户汝中

---

① 塔拉、杜建录、高国祥主编：《中国藏黑水城汉文文献》第 4 册，国家图书馆出版社 2008 年版，第 889 页。

② 塔拉、杜建录、高国祥主编：《中国藏黑水城汉文文献》第 4 册，第 749 页。

③ 塔拉、杜建录、高国祥主编：《中国藏黑水城汉文文献》第 4 册，第 750 页。

第五章　黑水城出土元代词讼文书中的罪案

吉赴省状告所在地尉官领人强夺其土地。士兵、站户也牵涉其中。文书 M1.0705［84H.F21：W4/0721］中亦怜其实监宁肃王位下怯薛答海、文书 M1.0607［F209：W55］中忙哥帖木儿大王位下理司马元帅所管昔宝赤军户、文书 M1.0577［HF193B 正］中御位下昔宝赤头目等①。文书 M1.0614［Y1：W37B］②是曹阿立嵬告其父曹我称布存将赡站地典与任忍布的案件。文书 M1.0616［Y1：W64］③是至元三年撒兰伯控告，抵奴将已死李典的赡站地典与阔阔歹耕种的案件。吏治的腐败，以至于政府需要发布告谕、律令进行警示。正如文书 M1.0714［84H.F51：W6/0831］及 M1.0735［84HF135 炕内 D］中"益富豪及害贫""却行循情议拟""执法之人不知警"④。

其四，自然灾害。亦集乃路属于荒漠气候，天气干旱少雨，河流流量小。一旦遇有荒情，普通农户的生计就无法维持，就连有抵业物力人丁之家的站户都陷入贫乏。文书 M1.0926［F116：W434］⑤中记载了至顺三年，"丁力之家作贫乏""杨小厮盖因二户消乏"，杨小厮等站户因为贫困不得不请官府准予消乏。亦集乃路"土地碱化"的情况也愈发严重。《麦足朵立只答站户案文卷》中多次提到，亦称布等因土地硝碱无法耕种，求投下官乔昝布向朵立只答劝说。文书 M1.0615［F13：W115］⑥也是土地碱化以致无法应役之案件。

---

①　塔拉、杜建录、高国祥主编：《中国藏黑水城汉文文献》第 4 册，国家图书馆出版社 2008 年版，第 933、751、715 页。
②　塔拉、杜建录、高国祥主编：《中国藏黑水城汉文文献》第 4 册，第 757 页。
③　塔拉、杜建录、高国祥主编：《中国藏黑水城汉文文献》第 4 册，第 759 页。
④　塔拉、杜建录、高国祥主编：《中国藏黑水城汉文文献》第 4 册，第 939、952 页。
⑤　塔拉、杜建录、高国祥主编：《中国藏黑水城汉文文献》第 5 册，第 1143 页。
⑥　塔拉、杜建录、高国祥主编：《中国藏黑水城汉文文献》第 4 册，第 758 页。

第二节　黑水城出土的一件元代出首文书

何谓"出首",自首之意,"谓事将彰露,未经取问而出者"①。黑水城出土有一件元代出首文书。这件出首文书不仅对研究元代亦集乃路地区基层教育等具体情况有着重要的价值,还对正史中较少的"出首"问题具有重要的补阙作用,为研究元代基层官员自首提供了第一手资料。

该文书在刊布时分散在《中国藏黑水城汉文文献》第 7、9、10 册中,共分成了 4 个编号,分别是:M1.1135 [F234:W10]《亦集乃路儒学教授劝学事迹》②、M1.1142 [正]《府学文书》③、M1.1671 [正]《落款》④、M1.1855 [84H.F150:W5/2096]《文书残件》⑤。M1.1135 [F234:W10] 是文书的前半部分。M1.1142 [正]《府学文书》、M1.1671 [正]《落款》两张图版存在押行重叠部分,同属于该出首文书的后半部分。M1.1855 [84H.F150:W5/2096] 残存"学课钱""已于""本路所""先"等字。

文书缀合后录文如下⑥:

一　　亦集乃路儒学教授所学□胡文整

二　　谨呈,自到任以来,为本路急阙⑦儒学教授,学校堕废、生⑧……

---

① （元）徐元瑞撰:《吏学指南》,杨讷点校,浙江古籍出版社 1988 年版,第 65—66 页。
② 塔拉、杜建录、高国祥主编:《中国藏黑水城汉文文献》第 7 册,国家图书馆出版社 2008 年版,第 1413 页。
③ 塔拉、杜建录、高国祥主编:《中国藏黑水城汉文文献》第 7 册,第 1419 页。
④ 塔拉、杜建录、高国祥主编:《中国藏黑水城汉文文献》第 9 册,第 1948 页。
⑤ 塔拉、杜建录、高国祥主编:《中国藏黑水城汉文文献》第 10 册,第 2100 页。
⑥ 由于文书 M1.1855 [84H.F150:W5/2096] 残存信息较少,暂未缀合到该文书中。
⑦ 文书中为"闕",为"阙"的俗写。
⑧ "生",李逸友《黑城出土文书（汉文文书卷）》第 195 页未录。

第五章　黑水城出土元代词讼文书中的罪案

三　　总府劝谕儒户人民良家子弟学习诗书去后，至四月……

四　　杨只立古前来向文整诉说，杨①只立古有学生一名汝勇布，交□府②学读书……

五　　见将来为文整不肯收接，却将钱一十两分付本学生员许仲明收接，随有耳卜渠……

六　　向文整……如今这张太平奴有孩儿一个③，名昌娥儿，入学读书，后头④选日将来……如今先与你学课钱……

七　　两，文整亦……从回说，你每学生不来，沒体例要你钞两，当……平奴等将……两分付……仲明

八　　收接，□□□□□……不见生员前来习学⑤诗书，文整思忖得……社长王朵只巴并杨只立古、胡不鲁罕、张太平……先与文整学课钱中统……十两，却将生员不行

九　　赴府读……说嘱，实是不便，今将各人元与学课钱……此出首前去，合行具呈

一〇　亦集乃路总管府，伏乞

一一　详察施行，须至呈者

一二　右谨具

一三　呈

一四　至正……　亦集乃……

---

① "杨"，李逸友《黑城出土文书（汉文文书卷）》第195页未录。
② "府"，李逸友《黑城出土文书（汉文文书卷）》第195页漏录。
③ "个"，吴超《亦集乃路的儒学管理初探》（《阴山学刊》2009年第3期）第52页漏录。
④ "头"，李逸友《黑城出土文书（汉文文书卷）》第195页漏录。
⑤ "习学"，吴超《亦集乃路的儒学管理初探》（《阴山学刊》2009年第3期）第52页误为"学习"。

一 文书的内容和格式

经过缀合以后，得其主要内容为：至正年间，亦集乃路总管府劝谕儒户人民、良家子弟学习诗书，社长王朵只巴并杨只立古、胡不鲁罕、张太平奴等人将学课钱交与生员许仲明等人收接。然而，由于"本路急阙儒学教授、学校堕废"，王朵只巴等人并不将生员送府读书。学官胡文整认为"与文整学课钱""却将生员不行赴府读"实在不妥，于是将"各人元与学课钱……"事状呈总管府"出首"，主动认罪。

该出首文书虽然内容稍残，但首尾基本完整，其书写格式与黑水城所见诸呈文基本相同。先是抬头书写"亦集乃路儒学教授所学□胡文整"，即上告人，然后提行书写"谨呈"，后书内容即管内事项，末尾书写"合行具呈""亦集乃路总管府，伏乞""详察施行，须至呈者""右谨具""呈"、年款及签押等语。《中国藏黑水城汉文文献》第二册所收宣使也先不花的两件呈文①如下：

M1.0247〔F36：W6〕《至元二十九年官用羊酒米酪文书》：

一　宣使也先不花
二　谨呈：至正廿九年五月初八日与
三　丞相、平章，就省堂上抬饭用过酒羊，未曾除破，合行具呈，
四　照验施行，须至呈者
五　羊一口叁斗　　打饢面叁斤，小麦叁升
六　白米半升折小麦半升　　酪壹升
七　□半升
八　右谨具
九　呈

---

① 塔拉、杜建录、高国祥主编：《中国藏黑水城汉文文献》第 2 册，国家图书馆出版社 2008 年版，第 348、349 页。

第五章 黑水城出土元代词讼文书中的罪案

一〇 至正廿九年五月初九日　　宣……

M1.0248［F36：W1］《至正二十九年官用粮食文书》：

一　　宣使也先不花

二　　谨呈：至正廿九年五月初七日

三　　分省左右司官与

四　　朝廷差来官粮食未曾除破，合行具呈，伏乞

五　　□验施行，须至呈者

六　　与少监□□，小麦壹硕捌斗……

七　　与刑部郎中脱……陆斗，也立赤……

八　　与府正不颜古……克列秃小麦……

这两件文书均以"宣使也先不花""谨呈"开头，结尾则是"合行具呈，伏乞""□验施行，须至呈者"及"右谨具""呈"，末行书写年款、签押。

以上所讨论的文书都是以个人名义上告的，《中国藏黑水城汉文文献》第5册所收广积仓仓官选任状①则为承办司属所呈。

M1.0761［F1：W54］《广积仓仓官选任状》：

一　　广积仓

二　　谨呈：照得本仓计厦人等勾当，年深若不革去存新选用，深为未便。卑所今将

三　　……□革去计厦。各各姓名开坐。合行具呈

四　　亦集乃路总管府，伏乞

五　　照验施行，须至呈者

---

① 塔拉、杜建录、高国祥主编：《中国藏黑水城汉文文献》第5册，国家图书馆出版社2008年版，第988页。

六　选用：

七　九月　　拜颜　　安沙剌　　木薛非

八　布南伯　哈阿章　观昌　　　小李大

九　朵黑朵　革城　　王五

这件亦集乃路广积仓关于选用计厦人员的呈文，先是抬头书写承办司属"广积仓"，然后提行书写"谨呈"，后跟管内事项，文书末尾书"合行具呈""亦集乃路总管府，伏乞""照验施行，须至呈者"等术语，并附选用人员，与文书中"各各姓名开坐"互应，年款等不存。

另外，呈文中还有两种文书，一种是保结文书，呈文往往先是移录上级交代之事项，然后书写具体措施，末尾书"保结是实""合行具呈""伏乞"等术语。该类文书，如 M1.0202［F116：W614］①，格式与前述诸文书格式不同，兹不赘述。另一种为呈状，如 M1.1134［F77：W1］《至正十五年李时敏代史允充任亦集乃路儒学教授》②。

一　儒学教授李时敏

二　谨呈，至正十五年二月内祗受

三　敕牒，除充亦集乃路儒学教授代史允满阙③。时敏于至正十五年十二月初七日到任

四　勾当，合行具呈

五　亦集乃路总管府，伏乞

六　照验施行，须至呈者

---

①　塔拉、杜建录、高国祥主编：《中国藏黑水城汉文文献》第 2 册，国家图书馆出版社 2008 年版，第 289 页。

②　塔拉、杜建录、高国祥主编：《中国藏黑水城汉文文献》第 7 册，第 1412 页。

③　文书中为"闋"，为"阙"的俗写。

该文书与 F234：W10 出首文书格式基本一致，但性质不同，该文书是以个人名义呈报到任之类的事项。

二 文书中学官及出首问题

出首文书第一行"亦集乃路儒学教授所学□胡文整"，由于"学"字后残缺，李逸友先生认为可能是"正"字①。但是，查看文书中该字残存笔画，应为"录"字。

元代诸路总管府设"儒学教授一员，秩九品。诸路各设一员，及学正一员、学录一员"②。元代学正、山长往往"历一考之上，例升府、州教授"，学录、教谕则"以次转补"③。学正、学录掌考校"应在学生员"、纠举"不事课业及一切违戾规矩者"④。学正，"教授之贰，其职甚不轻也"⑤，元代一些路州就存在"以学正行教授事，乃能若是，盖学正贰教官者也"⑥ 及"不设教授官，而以学正行教事"⑦ 的现象。亦集乃路"学校堕废"不仅与"本路急阙儒学教授"有关，与该路儒学学正一职阙失或不称职亦有所关联，而文书中胡文整并非"学正"之才。

目前，"学□"一职仅见于该出首文书，李逸友先生据此认为亦集乃路属于下路，"未必设置满员"，当然不排除这种可能性，但是元代学官往往依制而设，职位空缺并非常态。同为下路的集宁路置有庙学，《元代

---

① 李逸友：《黑城出土文书（汉文文书卷）》，科学出版社 1991 年版，第 48 页。
② （明）宋濂：《元史》卷九一《百官志七》，中华书局 1976 年版，第 2316 页。
③ 《庙学典礼》卷五《行台监察举呈正录山长减员》，王颋点校，浙江古籍出版社 1992 年版，第 112 页。
④ （明）宋濂：《元史》卷八一《选举志一》，中华书局 1976 年版，第 2031 页。
⑤ （元）吴澄：《吴文正集》卷二八《送傅民善赴衡州路儒学正序》，《文渊阁四库全书》第 1197 册，台北：商务印书馆 1986 年版，第 295 页。
⑥ （元）吴澄：《吴文正集》卷四〇《临江路修学记》，《文渊阁四库全书》第 1197 册，第 426 页。
⑦ （元）吴澄：《吴文正集》卷三九《滁州重修孔子庙记》，《文渊阁四库全书》第 1197 册，第 418 页。

集宁路文宣王庙学碑》明确记载该路有以下学官,"学正完颜克敬""教授王叔凯""学禄贾瑞""教谕王光祖"①,可作为佐证。该庙学碑的立碑时间为元仁宗皇庆元年,到该出首文书所载的顺帝至正年间,此时的政治形势发生了变化,黑水城所出《肃州路官员名录》②就记载了元末肃州、亦集乃等路官员迁转、增设的现象,其中肃州路治中至少有两员,同知则至少为3员,官制混乱可见一斑,学官的设置亦是如此。

此时,亦集乃路还存在拖欠学官薪俸的现象,M1.0403〔Y1:W99〕③所载即至正四年儒学教授杨景仁因俸禄"不曾支付",状呈亦集乃路总管府要求支付。虽然,据F39:W1载,亦集乃路有即的站和早忽鲁两处学田用于养士修学④,但是,两处学田所在均为沿河小片绿洲,如遇灾年,恐难有收成,租税以及学官、儒生等的禄米廪给就难以保证。因此,"儒学教授"急阙或在一定程度上是由于亦集乃路教学环境恶劣、薪酬难以得到支付等原因造成的。

文书中"学课钱"的性质与"束修"类似,但正史无载,仅见于《元曲选》中几处记载。元朝早期,学官并无薪俸,除收取生员束修别无其他收入,"诸州、府直隶者,有受敕教授,仰本路官将管下免差儒户内,选拣有余闲年少子弟之家,须要一名入府、州学,量其有无,自备束修,从教授读书,修习儒业"⑤。但是到元至元二十九年,元朝政府确立各处儒学教授俸禄,"定各处儒学教授俸,与蒙古、医学同"⑥。该文书末尾年款残存"至正",此时学官薪俸制度早已完善。因此,收取学课钱并

---

① 李兴盛、张涛:《元代集宁路文宣王庙学碑》,《内蒙古文物考古》2007年第2期,第98页。

② 史金波、魏同贤、克恰诺夫主编:《俄藏黑水城文献》第4册,上海古籍出版社1997年版,第228—229页。

③ 塔拉、杜建录、高国祥主编:《中国藏黑水城汉文文献》第3册,国家图书馆出版社2008年版,第499页。

④ 李逸友:《黑城出土文书(汉文文书卷)》,科学出版社1991年版,第195页。

⑤ 《庙学典礼》卷一《岁贡儒吏》,王颋点校,浙江古籍出版社1992年版,第18页。

⑥ (明)宋濂:《元史》卷九六《食货志四》,中华书局1976年版,第2450页。

不妥当，正如文书中学官胡文整所言"没体例要你钞两"。

元代对于部分限内"出首"者往往会减轻处罚或者作免罪处理，《元典章》卷四七《诸赃二·侵盗·侵盗钱粮限内出首免罪》："在前偷盗侵使了钱粮底人每，怕官司要罪过，逃走了多有。皇帝可怜见呵，与一个月日限，教他每尽实出首者。首出来呵，止征系官钱粮，与免本罪。如限外不首，却有别人首告出来，依着见定条格要罪过呵"①。那么，对于"过钱人"许仲明来说，"出首"减免处罚同样适用。《元典章》卷四八《诸赃三·过钱·出首赃钱过钱人免罪》："受钱人出首到官，既亦准首，过钱人合行免罪相应。……既受钱人罪得首原，其过钱人即系因罪人而致罪，亦合原免相应"②。但是，这种"出首"减罪的情况有其必要条件，除了有严格规定日限外，犯罪不同种类也有所区别。元代对于诸如"户婚""奸非"等犯罪，即使"出首"，仍会加以重罚，"诸兄收弟妇者，杖一百七，妇九十七，离之。虽出首，仍坐"③，"诸子犯奸，父出首，仍坐之，诸奸不理首原"④。由于文书记载有限，很难得知"学课钱"的处理结果。但是，按照元代法律的规定，"出首"的学官胡文整及生员许仲明所受惩罚应该不重，且很有可能免除。

综上所述，学官胡文整为亦集乃路学录，而非学正。其因收取学课钱，所管生员不来赴府读书，状呈亦集乃路总管府出首。也印证了学课钱的收取并不符合元代体例规定。此外，该出首文书中有关学官的设置问题与元末动荡的政局有着一定的联系。

---

① 陈高华等点校：《元典章》，中华书局、天津古籍出版社 2011 年版，第 1582 页。
② 陈高华等点校：《元典章》，中华书局、天津古籍出版社 2011 年版，第 1603—1604 页。
③ （明）宋濂：《元史》卷一〇三《刑法志二》，第 2643 页。
④ （明）宋濂：《元史》卷一〇四《刑法志三》，第 2654 页。

第三节　黑水城出土词讼文书中的也火汝足立嵬土地案

《也火汝足立嵬地土案卷》① 是一份在黑水城出土的较为完整的词讼文书，现收藏于内蒙古自治区文物考古研究所，图版收录在《中国藏黑水城汉文文献》第四册。该文书残页甚多，字体以行书、行草书为主，其中不乏俗字，较难辨认。李逸友先生在其《黑城出土文书》中对该土地案进行了录文②，但由于原件的模糊、残缺等诸多原因，录文中也存在一些错讹衍漏之处。

通过对该案卷重新录文及缀合，得其内容为：也火汝足立嵬之曾祖父也火石革立嵬，"元系亦集乃路站户"，"因占地后附籍"。"浑都孩军马叛乱"后，抛弃庄业，逃移到永昌路西凉州孔剌儿站充当站户，"西凉州杂木口杜善善社下住坐"。到至正十一年，也火石革立嵬之曾孙也火汝足立嵬状申甘肃行中书省要求复业。亦集乃路总管府根据行中书省之札付，查阅"架阁库"至元廿四年地亩册，证实了石革立嵬之"元置地土"位置及田亩数。并派遣"指挥""提调官"对这些土地的占种状况进行照勘，准其归还亦集乃路进行复业，充当站户，并免去其在西凉州之差役，此时已是至正十三年正月，"革前创行未绝一件也火汝足立嵬复业"，也火汝足立嵬土地案仍未完全结案。

学界已有研究主要集中在也火汝足立嵬家族户籍问题及案件3年结案的原因、亦集乃路复业案件的审判程序等问题的讨论③。本节拟从浑都海

---

① 塔拉、杜建录、高国祥主编：《中国藏黑水城汉文文献》第4册，国家图书馆出版社2008年版，第793—868页。

② 李逸友：《黑城出土文书（汉文文书卷）》，科学出版社1991年版，第89—96页。

③ 张重艳：《也火汝足立嵬地土案文卷初探》，《西夏学》第六辑，上海古籍出版社2010年版，第89—96页。张重艳：《从也火汝足立嵬地土案卷看元代亦集乃路复业案件的审判程序》，《元代国家与社会国际学术研讨会会议文件》上册，天津，2012年，第260—267页。

军马叛乱与也火石革立嵬迁移、也火汝足立嵬迁移两个方面，对也火家族祖孙两代人迁移的原因、背景进行研究。

一 浑都海军马叛乱与也火石革立嵬迁移

在也火汝足立嵬地土案中出现关于"浑都孩叛乱"（浑都孩应为浑都海之异译）计有6处："经遇浑都孩军马叛乱后"（M1.0637［84H.F116：W366/1538］）、"为本处军马叛乱抛弃地土全家躲避西凉州杂木口"、"军马经过月"（M1.0642［F116：W541］）、"为本处军马"（M1.0648）、"为军马宁息"（M1.0651［F116：W93］）、"都孩军马叛乱逃移不知去所"（M1.0649［F116：W104］）。这些材料所提及之浑都孩叛乱，一方面可以与史籍相互印证，另一方面也具有补阙之作用，对研究战乱对当时西北基层社会所造成的影响具有一定作用。

"浑都海之乱"是阿里不哥叛乱的第一场大战。宪宗九年，蒙哥罕在南侵期间崩于钓鱼山，"时先朝诸臣阿蓝答儿、浑都海、脱火思、脱里赤等谋立阿里不哥。阿里不哥者，睿宗第七子，帝之弟也。于是阿蓝答儿发兵于漠北诸部，脱里赤括兵于漠南诸州"。忽必烈继位开平，建元中统。是年，"五月，阿里不哥反，诏赦天下"。"六月戊戌，浑都海反"。"阿蓝答儿率兵至西凉府与浑都海军合，诏诸王合丹、合必赤与总帅汪良臣等帅师讨之。丙戌，大败其军于姑臧"①。姑臧，"本汉旧县，属武威郡，因姑臧山为名，亦言故匈奴盖藏城，后人音讹为姑臧焉"②。"姑臧，有永昌城在今卫东北三十里，元永昌路治此"③。该地与也火石革立嵬所逃移之"西凉州杂木口"，均属永昌路管辖。永昌路，"唐凉州，宋初为西凉府，景德中陷入西夏。元初仍为西凉府。至元十五年以永昌王宫殿所在立永昌

---

① （明）宋濂：《元史》卷四《世祖纪一》，中华书局1976年版，第62、66、68页。
② （唐）李吉甫：《元和郡县志》卷四〇《陇右道下》，中华书局1983年版，第1019页。
③ （清）许容等监修，李迪等编纂：《甘肃通志》卷二三《古迹》，《景印文渊阁四库全书》第557册，台北：商务印书馆1986年版，第604页。

路，降西凉府为州隶焉"①。

永昌路在浑都海之乱中作为战场，居民在战争中生活备受摧残。而远在亦集乃路居住的也火石革立嵬在"经遇浑都孩军马叛乱后"，将原有大量庄业抛弃逃移到永昌路，显然这场战争波及当时亦集乃地区。阿蓝答儿发兵于漠北诸部，并率兵至西凉府与浑都海会合，从漠北到西凉府，极大可能经过了亦集乃路纳怜道，因为此道相对来说"地近路捷"。亦集乃路纳怜道是通往岭北的重要通道，黑水城出土的 M1.0296 ［F116：W553］②《大德四年军用钱粮文卷》，文书内容为出伯、蛮子歹驸马、海山大军北征海都时经过亦集乃路征用军粮之事。文书中所载"川口"，应为亦集乃与岭北连接之地。另外在《失林婚书案卷》③ 中亦出现了多处亦集乃路礼拜寺答失蛮即奥丁哈的所管回回包银户阿兀经常去岭北地面做买卖的内容，从亦集乃路到岭北的交通应该较为便利。因此，在浑都海之乱过后，由于战争对生态环境的破坏，加之惮于漠北叛军来袭，为也火石革立嵬家族向南逃移提供了借口。

不止亦集乃路，这场战争在中兴之地也造成了巨大破坏。宪宗蒙哥九年春正月南侵期间，曾"命浑都海以兵二万守六盘山"④。"(蒙哥合罕)去世以后，阿速带-斡忽勒把军队交给浑答海（即浑都海，不同音译，下同）那颜统率，带着父亲的灵柩，把他送到了斡耳朵"⑤。"阿里不哥派遣阿蓝答儿和浑答海以异密和舍黑捏身份，统率曾随蒙哥合罕征南家思，其后又归单独到彼处（未带自己的斡耳朵）的阿速带所掌管的那支军队。

---

① （明）宋濂：《元史》卷六〇《地理志三》，中华书局1976年版，第1450页。
② 塔拉、杜建录、高国祥主编：《中国藏黑水城汉文文献》第2册，国家图书馆出版社2008年版，第397页。
③ 塔拉、杜建录、高国祥主编：《中国藏黑水城汉文文献》第4册，国家图书馆出版社2008年版，第869—918页。
④ （清）柯劭忞：《新元史》卷六《宪宗》，上海：开明书店1935年版，第15页。
⑤ ［波斯］拉施特主编：《史集》第二卷，余大钧、周建奇译，商务印书馆1985年版，第278页。

他们（阿蓝答儿和浑答海）就在唐兀惕境内"①。"中兴自浑都海之乱，民间相恐动，窜匿山谷，文用至。镇之以静，乃为书置通衢谕之，民乃安，始开唐来、汉延、秦家等渠，垦中兴、西凉、甘、肃、瓜、沙等州之土为水田若干，于是民之归者户四五万，悉授田种，颁农具，更造舟置黄河中，受诸部落及溃叛之来降者"②。这是中统二年西夏中兴等路行中书省建立以后，时任行省郎中董文用对战后西北的治理活动。当时永昌处于西凉府管辖下，在战后及时得到积极恢复。政府也多次下令免其地之赋税，如中统四年，"偿河西（肃州达鲁花赤）阿沙赈赡所部贫民银三千七百两"③，"以西凉经兵，居民困弊，给钞赈之，仍免租赋三年"，"诏西凉流民复业者，复其家三年"④。

也火石革立嵬，附籍之时转写为石革阿立嵬，同时在文书中亦出现"失革阿立嵬"，可知其名字应为音译，可能是党项族，西夏之遗民或新附其他民族之军户。李逸友先生认为也火汝足立嵬、麦足朵立只答等非蒙语之人名应为党项族。⑤ 蒙元时代，民族大融合，除中原北部蒙古族、契丹、女真、渤海，与当时西边汪古、唐古、畏兀儿、哈剌鲁等族外，还有随蒙军东徙之中、西亚民族。亦集乃为西夏时威福军所在地，元太祖二十一年内附，部分原居民并未逃散，一些西夏遗民留下与新附之其他民族融和，共同生活。也火石革立嵬全家逃移地点为"西凉州杂木口"，据《甘肃通志》载："杂木口涧坝渠，在武威县南五十里，由天梯卯藏山杂木寺口流出自城南五十里流入沙河，延七十里共九坝、一沟分引灌田一千五百

---

① ［波斯］拉施特主编：《史集》第二卷，余大钧、周建奇译，商务印书馆1985年版，第306—307页。
② （明）宋濂：《元史》卷一四八《董文用传》，中华书局1976年版，第3496页。
③ （明）宋濂：《元史》卷五《世祖纪二》，第92页。
④ （明）宋濂：《元史》卷五《世祖纪二》，第94页。
⑤ 李逸友：《黑城出土文书（汉文文书卷）》，科学出版社1991年版，第11页。

余顷。"① 此处土地广袤，水源充足，适宜于农业生产。此时的亦集乃路西北沙化较为严重，"西北俱接沙碛"②，已远非西夏时期"水草丰茂，畜牧业和农业均甚发达"③，据考古发现，"亦集乃路城附近50公里范围内都发现有渠道和农舍遗迹。它们分布在沿河两岸较为平坦的冲积地带，其中以西方、西北方分布较少，盖因这一代早已是戈壁，元代已不能耕种"④。直到至元二十三年亦集乃路总管府设立后，亦集乃路农业生产的恢复始出现在正史的记载中，"二十三年，亦集乃路总管忽都鲁言：'所部有田可以耕作，乞以新军二百人凿合即渠于亦集乃地，并以旁近民西僧余户助其力。'从之，计屯田九十余顷。"⑤ 至元二十四年八月，"亦集乃路屯田总管忽都鲁请疏浚管内河渠，从之。"⑥亦集乃路土地灌溉面积待考，其总数"估计应在五百顷以上"⑦。由此可见，当时亦集乃路的耕作生产环境远不如河西。

也火石革立嵬逃移永昌路的现象在黑水城出土文书中并不多见。但是元世祖至元年间迁移留居永昌路的情况并不单于此。至元十九年前后⑧，亦都护火赤哈儿的斤"还镇火州，屯于州南哈密力之地，兵力尚寡，北

---

① （清）许容等监修，李迪等编纂：《甘肃通志》卷一五《凉州府》，《景印文渊阁四库全书》第557册，台北：商务印书馆1986年版，第488页。

② （明）宋濂：《元史》卷六〇《地理志三》，中华书局1976年版，第1451页。

③ 黄振华：《西夏天盛廿二年卖地文契考释》，载白滨编：《西夏史论文集》，宁夏人民出版社1984年版，第316页。

④ 李逸友：《黑城出土文书（汉文文书卷）》，科学出版社1991年版，第18页。

⑤ （明）宋濂：《元史》卷六〇《地理志三》，第1451页。

⑥ （明）宋濂：《元史》卷一四《世祖纪十一》，第300页。

⑦ 李逸友：《黑城出土文书（汉文文书卷）》，第20页。

⑧ 关于此战之时间，安部健夫《西回鹘国史的研究》一书中写到："我暂且把至元十九年或二十年初，当作英勇的亦都护火赤哈儿等'矢尽众歼，执节死之'的日期，并以此为满足。"并进一步把时间定为至元十九年前后，"到至元十九年前后，亦都护的行宫又受到敌人的袭击，亦都护力战而死。"（[日]安部健夫著：《西回鹘国史的研究》，宋肃瀛、刘美崧、徐伯夫译，新疆人民出版社1985年版，第93、103页。）

方军忽至其地，大战力尽，遂死之。"① 亦都护火赤哈儿的斤之子纽林的斤，"有旨师出河西，俟北征诸军齐发，遂留永昌。"关于留居永昌的原因，《西宁王忻都公神道碑》载阿台不花"都瓦等将兵二十万逼城下，因亲冒矢石，以建奇功，遂授持节仪卫之官，仍封答剌罕之号。亦都护来朝，挈家以从，跋覆险阻，行次永昌，相其土地丰饶，岁多丰稔，以为乐土，因之定居焉。"② 安部健夫先生认为此处"亦都护来朝"为亦都护纽林的斤③，其实不然，因为之前碑文中均为亦都护火赤哈儿"宣力靖难"，且述都瓦（都哇）围城之事，另外在《高昌王世勋碑》中也未载纽林的斤入朝一事。由此可知，从至元十二年都哇之围解除以后，永昌陆续定居了不少畏兀儿人。元政府也诏令亦都护对畏兀儿流民进行召集，至元二十二年，"敕朵儿只招集甘、沙、速等州流徙饥民。"④ 元贞二年，"诏驸马亦都护括流散畏吾而户"。⑤ 另外，如至元二十八年，瓜州"徙居民于肃州，但名存而已"⑥，翌年九月，"沙州、瓜州民徙甘州，诏于甘、肃两界，画地使耕，无力者则给以牛具农器"⑦。这两次徙民河西的原因，"除了摘军屯田需要耕地外，恐怕最主要的原因是拟将瓜州赐予诸王做分地，所以才将系官民户内徙行省辖区"⑧。可见，至元年间居民往永昌及整个河西地区的迁移是一个由个体到群体的迁移现象，其性质也从原来的躲避战乱转变为一种政治策略。

---

① （明）宋濂：《元史》卷一二二《巴而术阿而忒的斤传》，中华书局1976年版，第3001页。
② 《陇右金石录》元代卷，甘肃省文献征集委员会校印1943年版，第87页。
③ ［日］安部健夫著：《西回鹘国史的研究》，宋肃瀛、刘美崧、徐伯夫译，新疆人民出版社1985年版，第94页。
④ （明）宋濂：《元史》卷一三《世祖纪十》，第277页。
⑤ （明）宋濂：《元史》卷一九《成宗纪二》，第403页。
⑥ （明）宋濂：《元史》卷六〇《地理志三》，第1451页。
⑦ （明）宋濂：《元史》卷一七《世祖纪十四》，第366页。
⑧ 胡小鹏：《元代河西出伯系诸王初探》，《西北师大学报》1991年第6期，第31页。

二　也火汝足立嵬迁移

至正十一年，也火石革立嵬之曾孙也火汝足立嵬状申甘肃行中书省要求复业，文书中未提及原因。据《也火汝足立嵬地土案卷》所载"也火耳立时常向也""元系亦集乃路站户有你曾祖""嵬于本处置到地土玖段"（M1.0650［F116：W27］）①，也火汝足立嵬的叔父也火耳立（亦作也火耳立布）时常向他诉说，汝足立嵬的曾祖也火石革立嵬曾在亦集乃路置有9段土地。这对后来也火汝足立嵬状申甘肃行中书省要求到亦集乃路复业形成了重要的影响。

在也火汝足立嵬状申复业之时，其家族尚有长辈健在，如叔父也火耳立等，为何是由也火汝足立嵬前去状申，而非其长辈。《也火汝足立嵬地土案卷》中编号M1.0642［F116：W541］②的文书提供了相应的解释，"宁夏娶到你阿婆蔡玉阿赛，所生二子，长男你父""到你母揽都奴伦所生到三子，长子是你，安名汝足立嵬"，可见从也火石革立嵬到也火汝足立嵬，其一直为家族长子系，在中国古代封建社会的宗法制度中，这是该家族所谓的正统血脉，这代表着继承权的归属。结合该案卷中所载其他也火汝足立嵬家族人员，"立嵬弟石监布""三男朵立赤""父阿玉……爹爹亦立吉"（M1.0638［F116：W186c］）、"叔耳立布所生到男一名"（M1.0643［F116：W116a］）③，基本可确定也火汝足立嵬家族谱系如下（符号□□代表家族成员名待考，括号中为女性）：

---

① 塔拉、杜建录、高国祥主编：《中国藏黑水城汉文文献》第4册，国家图书馆出版社2008年版，第827页。
② 塔拉、杜建录、高国祥主编：《中国藏黑水城汉文文献》第4册，第801页。
③ 塔拉、杜建录、高国祥主编：《中国藏黑水城汉文文献》第4册，第797、802页。

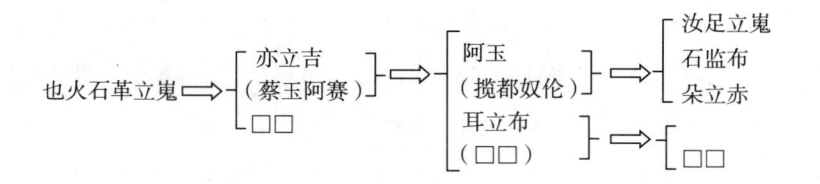

第五章　黑水城出土元代词讼文书中的罪案

```
                             ┌ 汝足立嵬
        ┌ 亦立吉      ┌ 阿玉       石监布
        │ (蔡玉阿赛) │ (揽都奴伦) └ 朵立赤
也火石革立嵬 ⇒ │            ⇒ │            ⇒
        │            │ 耳立布
        └ □□        └ (□□)    ⇒ └ □□
```

也火汝足立嵬复业案件经官司断处长达3年，期间官府派员照勘其曾祖原有土地情况，可以断定也火汝足立嵬家财力雄厚。最终官府准其归还亦集乃路进行复业，充当站户，并免去其在西凉州之差役，这与当时站户的签补、招复政策有着重要联系。从黑水城出土的文书中可以发现当时亦集乃路站户消乏、无力应役主要表现在以下4个方面：（一）站户所买驱口不应役。如《麦足朵立只答站户案卷》① 中站户麦足朵立只答控告其驱口亦称布等不应役案件。（二）站户土地被占。如M1.0606［F9：W34］② 中至正十八年站户汝中吉赴省状告所在尉官领人强夺其土地案件。（三）站户无财力补买驼只，无粮支应差役。"倒死牲畜过多，属于损毙马驼，则须由站户补买，站户无财力补买牲畜，也就成为消乏的重要原因。站户无粮支应差役，只得申请消乏"③。M1.0926［F116：W434］④ 中，至顺三年，杨小厮等站户因为"贫乏"，经过申报官府准予消乏。当时这种消乏站户很多，文书中言"今比比皆然"。（四）站户典质赡站地。如文书M1.0614［Y1：W37B］即户房呈关于曹阿立嵬告其父曹我称布存将赡站地典与任忍布的案件，文书M1.0616［Y1：W64］是至元三年撒兰伯控告抵奴将已死李典的赡站地典与阔阔歹耕种的案件⑤。

---

　　① 塔拉、杜建录、高国祥主编：《中国藏黑水城汉文文献》第4册，国家图书馆出版社2008年版，第773—792页。
　　② 塔拉、杜建录、高国祥主编：《中国藏黑水城汉文文献》第4册，第750页。
　　③ 李逸友：《黑城出土文书（汉文文书卷）》，科学出版社1991年版，第33页。
　　④ 塔拉、杜建录、高国祥主编：《中国藏黑水城汉文文献》第5册，第1143页。
　　⑤ 塔拉、杜建录、高国祥主编：《中国藏黑水城汉文文献》第4册，第757、759页。

站户的消乏逃亡，严重影响驿路畅通，于是要"以时签补，且加赈恤焉"①。黑水城出土文书 M1.0923 [F116：W433] 为元顺帝时期甘肃行中书省下达亦集乃路总管府的札付，内容为依据大都、昌平、榆林、涿州签补站户办法，对管内消乏逃亡进行签充，并"计不分上中下三等一概佥充"。文书 M1.0926 [F116：W543] 中"除怯薛丹驱口昔宝赤及各投下已籍应当军站户""官花园户匠户礼乐户晋山梁米户不许签补外令拘""应当差民户及除差祗候巡军弓手急递铺户内依验有抵业物力人丁之家签补""如是不敷应有析居放良还俗僧道漏籍等户亦检人丁事户"。文书 M1.0926 [F116：W434] 中"官司诸物户计内依验人丁事产物力高强依例佥""招诱复业"②。这 3 件文书的主旨就是要求亦集乃路总管府将"人丁事产物力高强"之户签补、招复为站户。而也火汝足立嵬的复业正是在这个背景下进行的，一旦其曾祖父原有土地归还，其便成为政府所需"富有事产地土之站户"。

　　正如之前研究也火石革立嵬逃移永昌路并非孤立现象一样，也火汝足立嵬的迁移也不是个体案例。除了与当时站户签补招复政策有关外，对也火汝足立嵬迁移的研究是作为对元末政局动荡所导致的居民逃移群体现象研究的一部分。从浑都海之乱后也火石革立嵬逃移永昌路到至正十一年其曾孙也火汝足立嵬状申甘肃行中书省要求复业，时间间隔了近百年，经历了河西从元世祖时期生产的恢复，"土地丰饶，岁多丰稔"，到顺帝时政局动荡，元朝的统治已风雨飘摇，河西已不再是一片乐土。元末社会矛盾凸显，至正十二年，"河南、陕西，腹里诸路，供给繁重，调兵讨贼"。③"（至正十三年）夏四月，以甘肃行省平章政事锁南班为永昌宣慰使，总永昌军马，仍给平章政事俸。先是，永昌愚鲁罢等为乱，锁南班讨平之，

---

① （明）宋濂：《元史》卷一〇一《兵志四》，中华书局 1976 年版，第 2583 页。
② 塔拉、杜建录、高国祥主编：《中国藏黑水城汉文文献》第 5 册，国家图书馆出版社 2008 年版，第 1137、1144、1143 页。
③ （明）宋濂：《元史》卷四二《顺帝纪五》，第 894 页。

第五章　黑水城出土元代词讼文书中的罪案

至是复起，故有是命"。此即至正十三年永昌爆发的大规模抗元活动。到至正十四年，"发陕西军讨河南贼，给钞令自备鞍马军器，合二万五千人，马七千五百匹，永昌、巩昌沿边人匠杂户亦在遣中"。① 此时的永昌路已大不如前，供给繁重、兵事繁多。《失林婚书案卷》中被告人闫从亮就是因为至正十九年红巾军起义攻破巩昌城（今甘肃陇西），先是逃避兵灾至永昌甘州住坐，后于至正廿一年避至亦集乃路。到至元二十八年，顺帝自大都北遁塞外，随之而来的是大量的内地官员、居民亟待安置的问题。黑水城出土的文书 TK226②《肃州路官员名录》很明显就是这样一份重新安排官员的名单。

综上所述，主要是对"也火汝足立嵬土地案"中也火石革立嵬、也火汝足立嵬祖孙两代迁移的原因及背景的考述。也火石革立嵬在浑都海之乱后逃移至永昌路，其曾孙也火汝足立嵬至正十一年要求到亦集乃路复业，迁移原因主要包括了战乱及站户签补、招复政策等方面。《也火汝足立嵬地土案卷》为研究元代西北战乱对基层民众产生的影响等问题提供了内容极为丰富的第一手史料。黑水城出土的这些文书有的可与古籍文献互证，有的可补其不足，对研究元代，尤其是元代中后期亦集乃路地区的历史有重要意义。

---

① （明）宋濂：《元史》卷四三《顺帝纪六》，中华书局 1976 年版，第 909、914—915 页。

② 史金波、魏同贤、克恰诺夫主编：《俄藏黑水城文献》第 4 册，上海古籍出版社 1997 年版，第 228 页。

附录　黑水城出土元代律令与词讼文书录文[①]

一　律令印本和写本

《大元通制·诏制》残件

元代印本，残件。高21.6厘米，宽10.8厘米。参见《元典章》卷三《圣政二》"减私租"与"赈饥贫"部分。黑水城出土，内蒙古文物考古研究所藏。图版见《中国藏黑水城汉文文献》第四册，第667页，编号M1.0530［F14∶W6B］。

一　　　给，各……，毋致失所。借过贷粮，丰年逐旋归还。田主无

二　　　……者治罪。

三　　　……大同山北等处外，大都周围各禁五

四　　　……山场河泊，依旧例并行开禁一年，

五　　　……得因而执把弓箭，二十人之上

六　　　……司提调，廉访司常加体察，违

---

①　本附录共收录了中国、俄罗斯、英国收藏的307个编号的黑水城出土元代律令与词讼文书。其中，部分中国藏文书的录文又见于《中国藏黑水城汉文文献释录·律令与词讼文书卷》（杜建录总主编，张笑峰分卷主编，中华书局2016年版）。本书除了增加了一些原来未编入律令与词讼类的文书外，还对原录文进行了校正，并重新进行了分类。

七   ……□
八   ……□面两平□□随即对
九   ……营余□□兼行追
一〇 ……取会给降

《大元通制·诏制》残件
元代印本，残件。高20.8厘米，宽11.7厘米。参见《通制条格》卷二十九《僧道·给据簪剃》、《元典章》卷三《圣政二·简诉讼》。黑水城出土，内蒙古文物考古研究所藏。图版见《中国藏黑水城汉文文献》第四册，第668页，编号M1.0531［F14：W7A］。

一   ……苟
二   ……民。今后……外
三   ……役不阙，及有□仲侍养父
四   ……当是实，申覆各路给据，方许簪
五   ……
六   ……繁滋，除巳到官见有文案，并典质
七   ……归结。其余在元贞元年正月已前者，
八   ……
九   ……□觊敛财……征嘉与群生同跻仁寿之域，故兹诏
一〇 示想宜而……   大德八年正月   日

《至正条格》残件
元代印本，残页。高13.4厘米，宽7.8厘米。参见《通制条格》卷二十八《杂令·扰民》。黑水城出土，内蒙古文物考古研究所藏。图版见《中国藏黑水城汉文文献》第四册，第669页，编号M1.0532［F20：W9A］。

一   ……营盘地土，却自九月……
二   ……大厨房内止纳二……
三   ……要诸物，搔扰……

《至正条格》残件

元代印本，残页。高 17.9 厘米，宽 7.1 厘米。参见《通制条格》卷十四《仓库·倒换昏钞》。黑水城出土，内蒙古文物考古研究所藏。图版见《中国藏黑水城汉文文献》第四册，第 669 页，编号 M1.0533 [F209：W1]。

一　　同，数目多者，就……

二　　钞开申。都省准拟。

三　　库藏被盗遇革……

四　　元统二年五月刑……

《至正条格》残件

元代印本，残屑。高 7.9 厘米，宽 5.1 厘米。参见《通制条格》卷二十八《杂令·地内宿藏》。黑水城出土，内蒙古文物考古研究所藏。图版见《中国藏黑水城汉文文献》第四册，第 670 页，编号 M1.0534 [F20：W7A]。

一　　条格卷四十一

二　　……元主。都省准拟……

三　　……年闰四月，刑……

《至正条格》残件

元代印本，残屑。高 7 厘米，宽 10.1 厘米。参见《通制条格》卷二十八《杂令·野火》。黑水城出土，内蒙古文物考古研究所藏。图版见《中国藏黑水城汉文文献》第四册，第 670 页，编号 M1.0535 [F20：W8B]。

一　　……相参住

二　　……究明白，除依

三　　……八

四　　……诸色人等，责

五　　……

附录　黑水城出土元代律令与词讼文书录文

《至正条格》残件

元代印本，残屑。高 5.6 厘米，宽 13.8 厘米。参见《元典章》卷二《圣政一·肃台纲》。黑水城出土，内蒙古文物考古研究所藏。图版见《中国藏黑水城汉文文献》第四册，第 670 页，编号 M1.0536［F19∶W16］。

一　……此
二　……八日钦……
三　……史、廉访司……
四　……邪询求……
五　……治功今……
六　……受赂……
七　……

《至正条格》残件

元代印本，残屑。高 6.1 厘米，宽 12.3 厘米。参见《通制条格》卷十六"田令·理民"条。黑水城出土，内蒙古文物考古研究所藏。图版见《中国藏黑水城汉文文献》第四册，第 671 页，编号 M1.0537［F210∶W5］。

一　……前侵害百姓
二　……一　沈……
　　　　　　四百……
三　……差税，禁止违……
四　……家，照依……
五　……违
六　……来，多……
七　……之意。

《至正条格》残件

元代印本，残屑。高 4.8 厘米，宽 3.2 厘米。黑水城出土，内蒙古文物考古研究所藏。图版见《中国藏黑水城汉文文献》第四册，第 671 页，编号 M1.0538［F20∶W6］。

黑水城出土元代律令与词讼文书整理研究

一　……□

二　……□各处

《至正条格》残件

元代印本，残屑。高8.3厘米，宽6.2厘米。黑水城出土，内蒙古文物考古研究所藏。图版见《中国藏黑水城汉文文献》第四册，第671页，编号M1.0539［F247：W2］。

一　……

二　……议拟

三　……

四　……

文书残件

元代写本，残屑。高12.3厘米，宽6.4厘米。黑水城出土，内蒙古文物考古研究所藏。图版见《中国藏黑水城汉文文献》第四册，第672页，编号M1.0540［F19：W21］。

一　已成，七十七下

二　……罪强已成者，五十七下

律令条文

元代写本，行书，残件。高15.4厘米，宽11.4厘米。与《元典章》卷二十《户部六·伪钞》"造伪钞不分首从处死"条内容略有不同。黑水城出土，内蒙古文物考古研究所藏。图版见《中国藏黑水城汉文文献》第四册，第672页，编号M1.0542［F114：W1］。

一　……造伪钞之人数内，起意底、雕板底、抄纸①……

---

① "纸"，原文书中作"帋"，为"纸"的俗写。

附录　黑水城出土元代律令与词讼文书录文

二　……家里窝藏著印造底、收①买颜色物……

三　……造皆合处死外，知是伪钞分使底、不……

四　……一百七下。捉事人依上给赏，应捕人……

律令条文

元代写本，行书，残件。高24.8厘米，宽11.1厘米。参见《通制条格》卷十四"仓库·附馀短少"条。黑水城出土，内蒙古文物考古研究所藏。图版见《中国藏黑水城汉文文献》第二册，第252页，编号 M1.0169 ［Y1：W66A］。

一　……各异，似难租补。拟

二　合钦依比照当年得代交割失陷

三　月日时估追征。都省准呈。

律令条文

元代写本，竹纸，行书，左右完整，左部有较多空白。高17.7厘米，宽45.5厘米。参见《元典章》卷九《吏部三·仓库官》"仓库官例"条。黑水城出土，内蒙古文物考古研究所藏。图版见《中国藏黑水城汉文文献》第五册，第1001页，编号 M1.0776 ［F114：W3］。

一　中书省谘：照得，各处钱粮造作，责在有司管领

二　俱有正官提调，每设有亏欠，省落追陪。其仓库

三　官员在前俱系各路自行选充，近年以来，本省

四　铨至，中间恐无抵业，若侵欺钱粮，追究无可折锉，

五　有累官府，除为未便，省府仰照验。今后照依

六　都省咨文内事理，于②各处见役司吏，或曾受三品

七　已上衙门文凭，历过钱谷官三界相应人员□

---

① "收"，原文书中作"収"，为"收"的俗写。

② "于"，原文书中作"扵"，为"于"的俗写。

八　　从共选用有低业无过之人充仓库官，遍谕各
九　　路，依例于路府请俸司吏，或有相应钱谷官内
一〇　抵业物力高强、通晓书算①者点差，齐年随
一一　粮交代，庶革官吏贪贿之弊，亦绝疲民积久
一二　之患，钦此

二　驱口案

宣光元年强夺驱口案

元代写本，竹纸，行楷书，残件，尾缺。高 27.8 厘米，宽 33.2 厘米。盖朱色印章。黑水城出土，内蒙古文物考古研究所藏。图版见《中国藏黑水城汉文文献》第四册，第 675 页，编号 M1.0543 [T9：W3]。

一　　宣光元年闰三月二十一日申，司吏崔文玉等
二　　坐鞫……强夺驱②口等事。
　　　（印章）
三　　亦集乃路总③管府推官闫
四　　亦集乃路总管府判官
五　　亦集乃路总管府治中
六　　同知亦集乃路总管府事（八思巴蒙古文签章）
七　　亦集乃路总管府总管
八　　亦集乃路总管府达鲁花赤（八思巴蒙古文签章）
九　　亦集乃路总管府达□□赤
一〇　奉议大夫、亦集乃路总管府达鲁花赤……脱欢

不兰奚人口案

元代写本，竹纸，草书，首尾完整。高 28.5 厘米，宽 29.1 厘米。黑水城

---

① "算"，原文书中作"筭"，为"算"的俗写。
② "驱"，原文书中作"駈"，为"驱"的俗写。
③ "总"，原文书中作"摠"，为"总"的俗写。

出土，内蒙古文物考古研究所藏。图版见《中国藏黑水城汉文文献》第四册，第676页，编号M1.0544［F125：W72］。

一　皇帝圣旨里，甘州路录事司照得：至顺四年

二　正月至六月终，上半年不兰奚人口头疋，

三　已行具申。

四　总府照验外，据七月至十二月终

五　下半年照勘得本司并无拘收到不兰奚

六　人口头疋。如申已后，却①有隐漏拘收到

七　不兰奚人口头目，依例当罪无词，卑司官

八　吏保结，合行具申，伏乞，

九　照验者。

捉拿逃驱忙古歹案

元代写本，竹纸，行书，残件。高22.5厘米，宽23.3厘米。黑水城出土，内蒙古文物考古研究所藏。图版见《中国藏黑水城汉文文献》第四册，第677页，编号M1.0545［F111：W31］。

（正面）

一　承管人也火着屈

二　今当

三　官承管，限今月初十日将本家

四　逃驱忙古歹捉拿到官。如违

五　甘当违限罪犯不词，承管执结

六　是实。伏取

七　台旨。

八　大德二年五月日承管人也火着屈（画押）狀

---

①　"却"，原文书中作"卻"，为"却"的俗写。

（背面）

一　　　拐逃

至元三年九月驱口

元代写本，竹纸，行草书，残件。高 28.4 厘米，宽 11.1 厘米。黑水城出土，内蒙古文物考古研究所藏。图版见《中国藏黑水城汉文文献》第四册，第 678 页，编号 M1.0546［Y1：W29］。

一　　　本人为驱，公事□李

二　　　及教化的等招词在官外，照得

三　　　至元三年九月十三日、十一月初四日

四　　　二次牒呈。

驱口逃跑案

元代写本，竹纸，行草书，残件。高 28.9 厘米，宽 21 厘米。黑水城出土，内蒙古文物考古研究所藏。图版见《中国藏黑水城汉文文献》第四册，第 679 页，编号 M1.0547［F192：W9］。

一　　　告首告人……

二　　　右阿里巴五十二岁……

三　　　站户，见在……渠住坐，伏为状首，于至正十

四　　　六年六月廿日夜□□急用庭衫逃□本家元买到驱男一名，唤合……

五　　　必……称十尺……都本家年五岁紫金甯行马一匹……

六　　　花扇马一匹，身穿青衫……一件□□□白□帽子一个，……俱为□都在逃……

七　　　绕，根寻不获，今来……皮靴……具

八　　　在外，别生事端……

家奴案

元代写本，竹纸，行草书，残件。高 28.2 厘米，宽 14.3 厘米。黑水城出

土，内蒙古文物考古研究所藏。图版见《中国藏黑水城汉文文献》第四册，第 680 页，编号 M1.0548 [Y1：W57]。

一　……单目多示……
二　家奴得获捕，府牢内监押施行。
三　在城巡检司
四　孔古列巡检司　昔宝赤巡检司
五　右各行

曹巴儿等告被卖案

元代写本，竹纸，楷书，残件。高 31.9 厘米，宽 26 厘米。黑水城出土，内蒙古文物考古研究所藏。图版见《中国藏黑水城汉文文献》第四册，第 681 页，编号 M1.0549 [F80：W12]。

一　曹巴儿①等告被卖
（八思巴蒙古文年款）（印章）

案卷残件

元代写本，麻纸，行草书，残件。高 27 厘米，宽 11.1 厘米。黑水城出土，内蒙古文物考古研究所藏。图版见《中国藏黑水城汉文文献》第四册，第 682 页，编号 M1.0550 [F130：W3]。

一　……夺驱……家驱使……
二　……计算，以致同伴李德甫妻韦氏将……
三　……来，今蒙取问，所供前词并无……
四　……勘得已供言词，稍有不实，至日甘……

皇庆元年认状文书

元代写本，行草书，微残。高 28.8 厘米，宽 40.7 厘米。黑水城出土，内

---

① "儿"，原文书中作"児"，为"儿"的俗写。

蒙古文物考古研究所藏。图版见《中国藏黑水城汉文文献》第四册，第715页，编号M1.0577［HF193B正］。背面为M1.0578［HF193B背］宣光元年偷盗案文书（《中国藏黑水城汉文文献》第四册，第716页）。

一　　与认状人古都不花
二　　一名古都不花年廿五岁，无病，系
三　　御位下昔宝赤头目哈剌帖伦次男，见在迤北党鲁地面住
四　　坐，前来亦集乃买卖寄居。
五　　一名识保人答失哈剌年四十六岁，无系，系曲典不花
六　　翼军人，见在本营住坐。
七　　右古都不花各开年甲在前，今当
八　　总府识认到本家元逃驱妇答失，如后但有诈
九　　认，不系本家驱口，至日古都不花等甘当诳官
一〇　罪不词，执结是实，伏取
一一　台旨
一二　皇庆元年十二月　　日与认状人古都不花　状
一三　达状识保人答失哈剌
一四　十三日

赵柏寿告状

元代写本，行草书，残件。高26.8厘米，宽20.5厘米。黑水城出土，俄罗斯科学院东方文献研究所藏。图版见《俄藏黑水城文献》第四册，第249页，编号TK239、TK239V。

（正面）

一　　刑　房　　浔［押］［押］
二　　呈据赵柏寿状告事。浔此□将被
三　　告人囊家歹状供事，又责得驱妇六
四　　月姐状事，浔此又责得驱女正
五　　月□姐即当家姐状□□□为此检会

六　到　经　同

（背面）

一　火立忽孙处买到今到官囊家歹为驱，□□火立忽孙正卖桑都火失作同卖

二　囊家歹伏卖□□□，陈子中等作知见，为

三　画讫手字，收驱囊家歹，分付

四　赵思聪驱□□□□不知其□□怀□□。今蒙取问，所供前词

五　□是的实，别无虚诳，执结是实。

六　初四日

麦足朵立只答站户案卷一

元代写本，麻纸，行书，五残件。第一件高 15.5 厘米，宽 5.9 厘米；第二件高 21.7 厘米，宽 14 厘米；第三件高 16.4 厘米，宽 5.4 厘米；第四件高 19.4 厘米，宽 4.5 厘米；第五件高 21.8 厘米，宽 10.1 厘米。黑水城出土，内蒙古文物考古研究所藏。图版见《中国藏黑水城汉文文献》第四册，第 775—777 页，编号 M1.0631 [F116：W467]。

（一）

一　……岁，无病。一名沙真布……

二　……年三十七岁，无病。一名梁汝□□

三　……火亦苦，年三十一岁，无病。一名戴……

四　……开写在前，俱系本路所管……

（二）

一　……人为妻，去讫至至正八（年）……

二　……你每……

三　……对前人乔沓布等前分付□

四　……答合……布同立，投下官乔沓

五　　……具各画手字，分付朵①立只答……

六　　……等三名依旧当役，不曾有误，至至正廿②年……内有本管在城

七　　……言说，你每如何不行赴站应役，此时朵立只答向本人回说，我的站……

八　　布等回言，你驱亦称布累次令人催赶，并不前来应役，说称不系

九　　……喂养官马，得此，朵立只答赴本路告过前因，蒙省会你是正身

一〇　……合将本站官给马一匹收管在站喂养，向驱亦称布等言说，既你不□

一一　给付与我，你依旧在家为驱，与我作活去来。说此，其驱□

（三）

一　　……站，于上驱李保、驱男亦称布、汝……

二　　……合干布于天……分付朵立只答等收执，本驱另居……

三　　……力交他李保……兄等五名依前当役节次，年月日期……

四　　……淡住哥财……

（四）

一　　……等劝说，这驱李保与你父麦足合干布出……年

二　　……兄二人应当军站。听此，朵立只答等思想驱李保本家……

三　　……牛一具、羊二十口，对众分□□驱李保等收管，本人自愿……

（五）

一　　当站文字同驱男亦称布等元立文字似才□相连……

二　　……取

---

① "朵"，原文书中作"朶"，为"朵"的俗写。

② "廿"，原文书中作"卄"，为"廿"的俗写。

麦足朵立只答站户案卷二

元代写本，麻纸，行书，十一残件。第一件高 20.3 厘米，宽 16.5 厘米；第二件高 19.8 厘米，宽 18.6 厘米；第三件由四残件裱在一起，高 12.9 厘米，宽 20.8 厘米；第四件高 21 厘米，宽 13 厘米；第五件高 20.2 厘米，宽 11.5 厘米；第六件由二残件裱在一起，高 19.5 厘米，宽 13.5 厘米；第七件高 20 厘米，宽 11.4 厘米；第八件高 19.9 厘米，宽 5.8 厘米；第九件高 18.3 厘米，宽 6.3 厘米；第十件由三残件裱在一起，高 20.5 厘米，宽 15.4 厘米；第十一件由三残件裱在一起，高 20.9 厘米，宽 26.7 厘米。黑水城出土，内蒙古文物考古研究所藏。图版见《中国藏黑水城汉文文献》第四册，第 778—787 页，编号 M1.0632［F116∶W242］。

（一）

一　……向……父……

二　……男亦称布、沙真

三　布、嵬兀、答合兀、答干布正立、也火统布、亦

四　卜汝中玉、梁瓦散玉等知见，各画手字

五　分付朵立只答等收执，本驱男居当

六　役去讫，次后有驱李保并驱妇单赤

七　节次病故，抛下驱男亦称布弟兄等伍

八　名依前，依前当役节次，年月日期不

九　等，朵立只答等与弟撒兰伯商议

一〇　……以此将□所生的

一一　一十五石……朵立只你自行

（二）

一　刑房

二　呈据①朵立只答状告，年六十八岁

---

① "据"，原文书中作"拠"，为"据"的俗写。

三　　无病，系本路所管在城站户，见在

四　　额迷渠住坐，自朵立只答省事

五　　以来，有故父兴都赤存日常向朵立

六　　只答学说，有你父麦足合干布根脚

七　　……甘或……

八　　……有你故父麦足合□……

九　　……间用……

一〇　……哥财礼钱□……

一一　……壹拾伍亩……

一二　……嫁……

（三）

一　　勒名布等向……

二　　将你所造……

三　　站，听此，朵立只答……

四　　出力年深，听从各……

五　　额迷渠……

六　　用价……

七　　次后所生男亦称……

八　　□答干布于……

九　　贰①拾两……

一〇　男壹名，唤李保……

一一　又用乳牛一只、土黄马……

一二　忽剌孩……

---

① "贰"，原文书中作"弍"，为"贰"的俗写。

附录 黑水城出土元代律令与词讼文书录文

（四）

一　……名，额迷渠地住坐，□□……

二　……对前人乔昝布等前劝付亦……

三　……人收管为主，应当军站一切……

四　……亦称布正立……

五　嵬兀、答合兀、答干布同立，投下官乔……

六　昝布、赵答麻劝和，亦卜汝宋玉、梁瓦……

七　……答合兀等知见各地土等物……

八　……为主耕种……

（五）

一　卖与各人……至正……

二　月内有驱亦称布等求令投下官乔昝

三　布等，向答立只答等劝说站役差发①

四　……地土大半硝碱，不堪耕

五　种，当役不前，你每弟兄二人再拨与他

六　……呵怎生，朵立只答等依从，又令不

七　……汉儿文字一纸，朵立只

八　……讫，本驱……

（六）

一　……农忙时月，恐耽

二　岁计，又驱亦称布与朵立只答等

三　当站已久，俱娶良人为妻，各有所

四　生男女，以此听从各人劝道，令亦

五　称布、沙真布、嵬兀等妻男俱各

---

① "发"，原文书中作"発"，为"发"的俗写。

六　　□良，将元与地土壹拾伍石依旧为

七　　当站役，听此，朵立……

（七）

一　　……真布等□下……

二　　……催赶，并不前来应役

三　　……称不系你驱口，与你无相干，因此我

四　　……你每当站喂养官马，以此，答

五　　……蒙省会你

六　　是正身，站役你当，你的驱口你区处去者，

七　　听此，朵立只答将本路官给马一匹收管

（八）

一　　病故，有亦称布等三名依旧当役，不曾

二　　有误①，至至正廿年正月内，有本管在城

（九）

一　　朵立只答言说，你每如何不行赴站

二　　应役，此时，朵立只答向本人回说，我的

三　　……亦称布等一面替我……

（一〇）

一　　……不知是何情意，言称我父李保

二　　元系良人，不系你每驱口，如此不伏，及

三　　将元要赡站地土等物亦不回付，若便

四　　捉拿称责，切恐因而别生事端，谋赖

---

① "误"，原文书中作"悮"，为"误"的俗写。

附录　黑水城出土元代律令与词讼文书录文

五　　昏争不便，今来若不状告，实是情理

六　　难容，今将元买驱李保文契并李

七　　……答合提……

八　　……于内该写驱李保并同驱男亦……

九　　……称布……本抄……在前

(一一)

一　　倒死，朵立只答□□、亦称布□□……

二　　伪钞定补买印烙，或有官降马料……

三　　只应其实……一面支用，如此……

四　　休和，前项词理委系朵立只答并……

五　　……同……等……

六　　……官吏占……

七　　……或有反拦之人，依……

八　　□当罪不词，今与劝和人等一同告……

九　　施行……麦足朵立只……

一〇　答并被词人亦称布等连名……

一一　……府官议得……

一二　……续据元驱……

一三　……连名告拦人……

麦足朵立只答站户案卷三

元代写本，竹纸，行书，三残件，第一件高20.6厘米，宽10.1厘米；第二件高20.6厘米，宽8.8厘米；第三件高21.1厘米，宽10.1厘米。黑水城出土，内蒙古文物考古研究所藏。图版见《中国藏黑水城汉文文献》第四册，第788—789页，编号 M1.0633 [F116：W237]。

(一)

一　　皇帝圣旨里亦集乃路总管府据麦足

二　朵立只答状告云云，为此，总府今

三　差人前去勾返状内一干人等

四　押来赴府，照验施行

（二）

一　亦称布　沙真布

二　干连人

三　梁汝中玉　也火答合兀

（三）

一　廿六日　（八思巴蒙古文印章）

麦足朵立只答站户案卷四

元代写本，竹纸，行书，残件。高 19.4 厘米，宽 12.9 厘米。黑水城出土，内蒙古文物考古研究所藏。图版见《中国藏黑水城汉文文献》第四册，第 790 页，编号 M1.0634 ［F116：W501］。

一　……布、沙真布、嵬兀各正身赴府。承此，依奉前去，将

二　……亦称布等正身前来，随呈前去，所呈如虚甘罪

三　□□伏取

四　□旨

五　□□也失哥　（画押）状

麦足朵立只答站户案卷五

元代写本，竹纸，行书，二残件。第一件高 19.5 厘米，宽 12.5 厘米；第二件由三残件裱在一起，高 21.4 厘米，宽 18.9 厘米。黑水城出土，内蒙古文物考古研究所藏。图版见《中国藏黑水城汉文文献》第四册，第 791—792 页，编号 M1.0635 ［F116：W502］。

（一）

一　……亦称布等将□元承站

二　……间有亲眷亦卜工卜巴，本站

三　……中间劝说，将你所告故驱李保男亦称布、沙真布、崑兀当站，多

四　……令亦称布等依旧为主耕种，朵立只答你逐年贴与亦称布等

五　……当站役。听此，朵立只答思忖得即目农忙时月，恐耽岁计，又驱亦

六　……久俱娶良人为妻，各有所生男女，以此听从各人劝道，令亦称布、沙

七　……壹拾伍石，依旧为主承当站役，朵立只答逐年贴补与亦

（二）

一　……等一同上告

二　……词　伏取

三　连状人　朵立只答　（画押）

四　亦称布　（画押）

五　沙真布　（画押）

六　梁汝中玉

三　婚姻案

答失帖木婚姻案

元代写本，竹纸，行书，残件。高 27.8 厘米，宽 25.4 厘米。黑水城出土，内蒙古文物考古研究所藏。图版见《中国藏黑水城汉文文献》第四册，第 685 页，编号 M1.0551〔F13：W301〕。

（正面）

一　兰，经过前去圣容寺井内取水，以

二　此答失帖木思想要以剌宰残病举

三　　发、眼目昏暗，无人缝补衣服，将忽都

四　　歹诈认系是姊妹，恐再告争若断

五　　从为良，就作妾妻不委。至正六年闰

六　　十月初八日，答失帖木在圣容寺门兰坐，

七　　间有帖木海牙元过房亲女忽都歹

八　　又行南来寺院井内取水。以此答失帖

（背面）

一　　右卷　准此

魏塔剌孩争婚案一

元代写本，行草书，残件。高 29 厘米，宽 15.3 厘米。黑水城出土，内蒙古文物考古研究所藏。图版见《中国藏黑水城汉文文献》第四册，第 686 页，编号 M1.0552 ［HF111 下层 A 正］。

一　　责出勺贴该写魏塔剌孩告李

二　　执杏等争婚公事，说十日王兴祖与厶等同座

三　　饮酒，不多时，王兴祖说：执杏姐妹见我来了，立木日赶我看行，
　　　　□有我今日见事好歹锁①他将去，说一月九日兴师妻达达说

四　　项上拴锁，说系是李执杏妻室，厶向前劝说

牲畜等账

元代写本，行草书，残件。高 29 厘米，宽 15.3 厘米。黑水城出土，内蒙古文物考古研究所藏。图版见《中国藏黑水城汉文文献》第四册，第 687 页，编号 M1.0553 ［HF111 下层 A 背］。

一　　自俻

二　　头匹：

----

① "锁"，原文书中作"鏁"，为"锁"的俗写。

三　　骗马一匹　牛一只

四　　马壹匹

五　　百户津□

六　　头匹

七　　骗马五匹　骆驼二匹

八　　牛壹只　羊一十口

魏塔剌孩

元代写本，行楷书，残件。高 17.9 厘米，宽 6.1 厘米。"魏塔剌孩"又见文书 M1.0552［HF111 下层 A 正］(《中国藏黑水城汉文文献》第四册，第 686 页)，以及文书 M1.0137［HF126 下面第二层内背］(《中国藏黑水城汉文文献》第二册，第 226 页)，涉及争婚案件。黑水城出土，内蒙古文物考古研究所藏。图版见《中国藏黑水城汉文文献》第四册，第 694 页，编号 M1.0560［84H. 文官府：W10/2907］。

一　　魏塔剌孩

魏塔剌孩争婚案二

元代写本，行草书，残件。高 28 厘米，宽 25.2 厘米。黑水城出土，内蒙古文物考古研究所藏。图版见《中国藏黑水城汉文文献》第二册，第 226 页，编号 M1.0137［HF126 下面第二层内背］。

一　　……行。据魏塔剌孩状告……

二　　将□是塔哉哉嫁娶与他人公事，取责问……得承断该

三　　总府官议得即目正是农忙之际，百姓一面种于农，一面

四　　大半干旱，□……到来……

五　　将元告、被论人……还……

六　　田禾去……

婚姻案

元代写本，麻纸，行草书，残件。高 22.5 厘米，宽 41 厘米。黑水城出土，内蒙古文物考古研究所藏。图版见《中国藏黑水城汉文文献》第四册，第 688 页，编号 M1.0554〔F111：W73〕。

一　……至今月……
二　……嵬妻夫二人各……
三　如违限不到之时，至日各……
四　甘当罪犯不词，执结……
五　台旨。
六　大德三年六月　日与承管人各丑昔　（画押）　状

拜忽伦婚姻案

元代写本，竹纸，行草书，残件。高 26.1 厘米，宽 23.8 厘米。黑水城出土，内蒙古文物考古研究所藏。图版见《中国藏黑水城汉文文献》第四册，第 689 页，编号 M1.0555〔F124：W10〕。

一　取状妇人拜忽伦
二　右拜忽伦年卅五岁，无疾孕。系本
三　路在城站户张唐兀乃子失列门驱
四　口。见在额迷渠□使□居，除备①细
五　词，因另行别立短状，招伏不合，于至正
六　八年正月廿二日听从使妻朵忽
七　脱，你向拜忽伦言说，我与沙立温八

拜都婚姻案

元代写本，竹纸，草书，残件。高 22.4 厘米，宽 18.5 厘米。黑水城出土，内蒙古文物考古研究所藏。图版见《中国藏黑水城汉文文献》第四

---

① "备"，原文中作"俻"，为"备"的俗写。

册，第 690 页，编号 M1.0556［F1：W65］。

一　取状人拜都

二　右拜都年四十三岁，无病。系

三　……干答儿大王位下怯薛丹户计，见……

四　渠住坐。今为也火都丁布位下委任昝官……朝鲁嫁与

五　……右乌朝鲁□男失列门为妻……

六　……取状……

七　……年九月初……

八　……女大……

改嫁赵外郎为妻案

元代写本，竹纸，行书，残件。高 22.6 厘米，宽 51.5 厘米。黑水城出土，内蒙古文物考古研究所藏。图版见《中国藏黑水城汉文文献》第四册，第 691 页，编号 M1.0557［F14：W7］。

一　妇改嫁赵外郎为妻……

二　还屯园聚。伏乞此合行具呈，仰

三　照详。□杨□塔赵外郎将

四　四十九发施行。

五　……申（八思巴蒙古文印章）

六　……甘肃等处行中书省

七　……提控案牍　冯

八　……知事　李　（画押）

九　……经历璀

　　　　（画押）

一〇　廿六日（八思巴蒙古文印章）

婚姻案

元代写本，行书，二残件。第一件高 10.3 厘米，宽 5.6 厘米；第二件高

10.7 厘米，宽 15.8 厘米。黑水城出土，内蒙古文物考古研究所藏。图版见《中国藏黑水城汉文文献》第四册，第 692 页，编号 M1.0558［F255：W34］。

（一）

一　……廿一日有妻……

二　……说将上项元立婚……纸分付，毋……

三　……于当年十二月十八日狗儿□……

四　……□

（二）

一　……寄居，伏为状告。至顺三年……

二　……□□□张伯坚男小张大为妻……

三　……即目无人恩养要……

四　……想婚……

五　……当□□巡检□……

六　……于上令只沙□婚……

七　……沙……

八　……向狗儿言……

黑麻争妻文卷

元代写本，草纸，楷书，残件。高 19.7 厘米，宽 8.6 厘米。黑水城出土，内蒙古文物考古研究所藏。图版见《中国藏黑水城汉文文献》第六册，第 1310 页，编号 M1.1054［84H.F117：W19/1811］。

一　……□黑麻争妻

二　……□黑麻争妻

失林婚书案卷一

元代写本，竹纸，行书，二残件。第一件由三部分缀合，高 18.2 厘米，宽50.9厘米;第二件高19.3厘米,宽9.7厘米。黑水城出土,内蒙古文物考古研究所藏。图版见《中国藏黑水城汉文文献》第四册,第872—873页,编号M1.0664 [F116:W117]。

(一)

一　　取状人小闫名从亮

二　　右从良年廿四岁,无病,系……

三　　巩西县所管军户,见在城……

四　　家寄居……阿兀……

五　　□□……

六　　的婚书呵,你收了者……

七　　将伊家去讫,从亮还……

八　　廿六日,从亮将失林……

九　　纸赍去,向史外……

一〇　才往东街等柴去来……

一一　字二纸,你与我看觑则……

一二　么文书,有史外郎将文……

一三　从亮言说一纸系失林合同……

一四　一纸是答孩元买驱妇倒……

一五　你的这文字……

一六　识认了时,取此……

一七　文字是人家中用的文字……

一八　得此,至廿七日从亮约妇……

一九　书一纸留下于本家房……

(二)

一　　倒剌契书贰纸,委系失林……

二　　递①与小闫文契，中间并无诈……

三　　识认是实，伏取

四　　台旨

失林婚书案卷二

元代写本，宣纸，楷书，四残件缀合。第一件高22.4厘米，宽10.9厘米；第二件高7.7厘米，宽16.8厘米；第三件高24.3厘米，宽21.1厘米；第四件高16.8厘米，宽9.4厘米。黑水城出土，内蒙古文物考古研究所藏。图版见《中国藏黑水城汉文文献》第四册，第875—876页，编号M1.0665［F116：W58］。

一　　告状人阿兀

二　　右阿兀，年三十岁，无病，系本府礼拜寺即奥丁哈的所管……

三　　……至正廿②二年十一月二十九日午时以来，阿兀前去街上因干事忙……

四　　史外郎于……向阿兀……里不见□文书……

五　　回说，恰才有……

六　　你每的文字……

七　　得于内短少……

八　　见当时阿兀……

九　　□□……

一〇　文字一纸有……

一一　于仓前徐……

一二　本妇……不见，若不状告有此事因，今将□到……

一三　具状上告

一四　亦集乃路总管府　伏乞

---

① "递"，原文书中作"逓"，为"递"的俗写。

② "廿"，原文书中作"卄"，为"廿"的俗写。

一五　详状施行。所告如虚，甘罪不词，伏取

一六　台旨　　（八思巴蒙古文印章）

一七　至正二十二年十一月　告状……

失林婚书案卷三

元代写本，竹纸，行楷书，二残件。第一件高 20.1 厘米，宽 41.1 厘米；第二件高 20.3 厘米，宽 11.5 厘米。黑水城出土，内蒙古文物考古研究所藏。图版见《中国藏黑水城汉文文献》第四册，第 877 页，编号 M1.0666［F116：W71A］。

（一）

一　　刑房

二　　呈：见行阿兀状告妾妻失林……

三　　书来偷递与闫从亮烧毁……

四　　此，责得闫从亮状招云云……

五　　责得妇人失林……

六　　总府官议得，既①闫从亮……

七　　失林已招明白，仰将闫从亮……

八　　责付牢子，亦拟如法监……

九　　据干照人帖木儿徐明善……

一〇　家者。承此，合行具呈者

一一　锁收男子一名　闫从亮

一二　散收妇人一名　……

（二）

一　　小木匣内锁放汉儿文字……

二　　偷递与从亮，赍夯令史……

---

①　"既"，原文书中作"旡"，为"既"的俗写。

三　　看过，将买人文契二纸回付……

四　　林收接外，将本妇失林……

五　　妻婚书一纸，从亮与失……

失林婚书案卷四

元代写本，行书，四残件。第一件高 18.4 厘米，宽 7.2 厘米；第二件高 18.4 厘米，宽 37 厘米；第三件高 16.2 厘米，宽 10.3 厘米；第四件高 17 厘米，宽 11 厘米，无字。黑水城出土，内蒙古文物考古研究所藏。图版见《中国藏黑水城汉文文献》第四册，第 878 页，编号 M1.0667。

（一）

一　　林只身前去到闫从亮……

二　　又于房内取到汉儿文字一……

三　　□这文字系你的婚书，妇人……

（二）

一　　良为驱……

二　　咱每两个永远做夫妻……

三　　罢。有闫从亮将失林合同……

四　　灶窟内用火烧毁了当。失林……

五　　至廿九日，有夫阿兀于元顿放……

六　　匣儿内检寻失林婚书，并……

七　　见有夫阿兀于失林处挨问……

八　　曾隐讳招说不……文字三纸……

九　　邻①人闫从亮……

一〇　文字二纸外，有我婚书一纸，有……

　　　（八思巴蒙古文印章）

---

① "邻"，原文书中作"隣"，为"邻"的俗写。

附录　黑水城出土元代律令与词讼文书录文

一一　火烧毁了也。失林将……
一二　纸分付夫阿兀收接……
一三　告发到官。今蒙取问，所供前……
一四　实，别无虚冒，如状结已后……
一五　隔别对问得已结言词，但与……
一六　差别不同。至日失林除……
一七　更□官罪犯不词，所据出……
一八　既系阿兀以礼求娶……
一九　与夫作活，却将合……

（三）

一　招伏，如蒙断罪，别无……
二　伏是实，伏取
　　（八思巴蒙古文印章）

失林婚书案卷五

元代写本，行书，八残件。第一件高18.8厘米，宽15.2厘米；第二件高20.1厘米，宽7.8厘米；第三件高20.7厘米，宽11.4厘米；第四件高12.3厘米，宽7厘米；第五件高13.8厘米，宽18.2厘米；第六件高13.5厘米，宽7.7厘米；第七件高20.7厘米，宽29.3厘米，右侧部分图版缺失，据《黑城出土文书》（汉文文书卷）可知前有"改嫁不曾得便本处又无亲戚人""居至至正廿二年正月内有邻社住人沈坊正家有"；第八件高18.4厘米，宽40.8厘米。黑水城出土，内蒙古文物考古研究所藏。图版见《中国藏黑水城汉文文献》第四册，第879—882页，编号M1.0668［F116：W71B］。

（一）

一　取状妇人失林
二　右失林，年廿四岁，无疾孕，系本府所管答失……

三　　阿兀妻室，见在城内与夫阿兀同居。今为□□……

四　　告失林将本家顿……

（二）

一　　上到官，当厅对问过取状，今来失林除备细词……

二　　招责外，今短状招伏不合，于至正廿二年十一月廿七日……

三　　失林于侧近井头拽水间，有今到官小闫前……

四　　说我前者与你说的文书，你将来了么……

（三）

一　　三……

二　　言说系失林合同婚书……又答□元买……

三　　契一纸，却行分付从亮收，系还家将失林合同婚……

四　　并未曾看读文字一纸，至廿七日　时，从亮赍去阿……

五　　门首见失林到院内立地，从亮向本妇唤叫……

六　　二纸分付失林收接，从亮又向本妇言说到……

七　　我交别人看来系你的婚书，我取了你明日……

（四）

一　　……失林……

二　　于房内取到汉儿文字一纸，向失林言说……

三　　婚书，如今我每烧了者，等候一二日，赴官……

四　　兀将你娶为妾妻，却行压良为驱，若……

五　　做筵会娶你，咱每两个永远做夫妻不好……

六　　林依从，有闫从亮将婚书一纸，对失林前□……

（五）

一　　言……门首……

附录　黑水城出土元代律令与词讼文书录文

二　　你家里不见了文书么？阿兀回说……
三　　史外郎回说：恰才有人与我根前将……
四　　我处看过，于内有你兄答孩并你的名字，系……
五　　文字，你且家里看去。听此，阿兀即回本家……
六　　内元顿放诸杂文字红匣儿内看覰，将于……
七　　买驱男木八剌并驱妇倒剌契书二纸文书……
八　　失林婚书一纸，俱各不见。当时阿兀言问……
九　　室，这匣儿内放的文字发①付在那里了……
一〇　文书三纸，是我取了，与邻人小闫看……
一一　与了我文字二纸。我插入这铺盖……
一二　闫不曾回付与我。说罢，有本妇于铺盖内……
一三　分付阿兀收接。赍去于仓前徐典处……
一四　元买驱男木八剌并兄答孩驱妇倒剌……
一五　妇婚书一纸不见，若不状告，有此……
一六　随状在前告乞……
一七　都住人张二……

（六）
一　　台旨
（八思巴蒙古文印章）
二　　至正廿二年十二月　取状妇人失林

（七）
一　　后知名小闫，名从亮，于沈坊正房上晒②晒熟造……
二　　生活，及于……

---

① "发"，原文书中作"襏"，为"发"的俗写。
② "晒"，原文书中作"曬"，为"晒"的俗写。

三　　识失林于闫从亮……

四　　阿兀前往岭北达达地面作买卖……

五　　因活，将前因文字说与闫从亮……

六　　阿兀元娶你婚书偷来，我交人看……

七　　告也不迟。说罢，有本妇回还伊家去讫，至……

八　　有夫阿兀回还本家。至十一月廿三日，失林……

九　　放诸杂文字红匣儿内汉儿文字叁……

一〇　至当日晌午后，失林于井上拽水间，有今到……

一一　向失林言说：我前者与你说的文书，你……

一二　林于怀内取出前项汉儿文字三纸，分付与闫……

一三　向本人言说：你交人看去，是我的婚书呵，你取了……

一四　人去讫，失林将水还家，至廿六日晚，失林于本家……

一五　闫从亮隔墙望见失林，有本人将失林呼……

一六　于闫从亮根前，有闫从亮赍出文字二纸，回付……

一七　说外有文字一纸，我交别□□来，系是你的婚……

一八　日，你我家里来，我每有商量的话说……

（八）

（画押）

一　　取识认状人闫从亮

二　　今当

三　　总府官识认得见到官阿……

四　　男木八剌并兄答孩元买驱……

五　　书贰纸，委系失林元偷递与……

六　　字中间并无诈冒，识认是实，……

七　　台旨

八　　至正廿二年十二月　取识认状人闫……

失林婚书案卷六

元代写本，竹纸，行书，残件。高 19.1 厘米，宽 37.9 厘米。黑水城出土，内蒙古文物考古研究所藏。图版见《中国藏黑水城汉文文献》第四册，第 883 页，编号 M1.0669［F116：W37］。

一　我家里来……

二　当日上灯后，从亮在家坐……

三　从亮于房内将元藏放汉儿……

四　林□说：文字系阿兀元娶你为□妾……

五　烧了者，等候一二日，我每赴官司告阿兀将你……

六　却行压良为驱，若将断出来，□我做……

七　每两个永远夫妻。说罢，有本妇……

八　一纸，对失林前于灶窟内用火烧毁了当。有……

九　还伊家去讫……

一〇　婚书不见，告发到官，今蒙取问所供前……

一一　的实，别无虚冒外，据从亮结定除充……

一二　至正廿二年十一月廿三日，有今告人阿兀字……

一三　从亮汉儿文字三纸收接。从亮于廿六日……

一四　二纸令史外郎看过，系妇人失林合同婚书……

一五　孩元买驱妇倒刺文契一纸，有本人却行……

一六　林收执。从亮将失林合同在家顿放外，将……

一七　廿七日分付失林收接，至当日上灯……

一八　来本家，从亮将失林婚书一纸……

一九　内用火烧毁了当，如状结已后，别经……

二〇　但□□□稍有差别不同，至日……

二一　诳官罪犯不词，执结是实，所……

二二　□西县所管军户，避兵前……

二三　至正廿一年正月廿一日，从亮……

失林婚书案卷七

元代写本，竹纸，行书，三残件。第一件高 18.1 厘米，宽 16.4 厘米；第二件高 16.2 厘米，宽 7.3 厘米；第三件高 17.8 厘米，宽 40.8 厘米。黑水城出土，内蒙古文物考古研究所藏。图版见《中国藏黑水城汉文文献》第四册，第 884—885 页，编号 M1.0670〔F116：W79〕。

（一）

一　　取识认状妇人失林

二　　今当

三　　总府官识认得见到官夫阿……

四　　买驱男木八剌并答孩……

（二）

一　　顿放契书偷递烧毁……

二　　厅对问过取状，今来从亮……

三　　细招词另行招责外，今短……

（三）

一　　亮……

二　　将文字二纸分付……收执……

三　　外，有文字一纸，我交别人看来……

四　　你的婚书，我取了，明日……

五　　来，我每有商量的话。说罢……

（八思巴蒙古文印章）

六　　家，至廿七日上灯时，从亮……

七　　间，有失林只身前往……

八　　于房檐内取出元藏……

九　　一纸，向失林言：这……

一〇　娶你为妾妻婚……

附录　黑水城出土元代律令与词讼文书录文

一一　者，等候一二日，我……

一二　兀将你做妾妻，却行……

一三　得断出来时，我做筵……

一四　每两个永远做夫妻，说罢……

一五　将婚书对失林前于灶……

一六　火烧毁……

失林婚书案卷八

元代写本，行书，二残件。第一件高20.3厘米，宽27.3厘米；第二件高18.8厘米，宽25.9厘米。黑水城出土，内蒙古文物考古研究所藏。图版见《中国藏黑水城汉文文献》第四册，第886页，编号M1.0671［F116：W78］。

（一）

一　刑房

二　呈：承奉

三　判在前，今蒙

四　总府官议得，妇人失林等各各……

五　一对款①开坐，合行具呈者：

六　犯人二名

（二）

（八思巴蒙古文印章）

一　呈

二　至正廿二年十二月　　吏 贾……
　　　　　　　　　　　　　　侯志……

三　阿兀告妾妻失林

四　提控案牍赵……

---

① "款"，原文书中作"欵"，为"款"的俗写。

五　　知事……

六　　经历……

七　　初□日

失林婚书案卷九

元代写本，竹纸，行书，二残件。第一件高 20.2 厘米，宽 33.4 厘米；第二件高 20 厘米，宽 48.5 厘米。黑水城出土，内蒙古文物考古研究所藏。图版见《中国藏黑水城汉文文献》第四册，第 887—888 页，编号 M1.0672 [F116∶W144]。

（一）

一　　小闫根前有本……

二　　接言说：外有一纸文书我交别人看来……

三　　你的婚书，我取了，明日，你我家里□□……

四　　商量的话，得此，各散还家，失林将小闫交

五　　付文字二纸，插于铺盖内……

六　　阿兀睡了，失林只身前去到小闫家□

七　　小闫于房檐内取出汉儿文字一纸□□

八　　言说：这文书系你的婚书，如今……

九　　烧了者，等候一二日，我每赴官司告状……

一〇　将你为妾妻，却行压良为驱……

一一　出来时，我做筵会娶你，咱每……

一二　妻，说罢，有小闫于灶窟内将……

一三　毁了当，失林即回本家。至廿九日，有夫阿兀……

一四　元顿放诸杂文字小红匣儿内觑……

（二）

一　　不曾隐讳……

二　　闫看去来，止回付与我文字二纸……

附录　黑水城出土元代律令与词讼文书录文

三　　一纸有小闫烧毁了也。至三十日，有夫阿兀□□

四　　到官。据失林有此，合得罪犯随状招……

五　　蒙断罪，别无词诉招伏……

六　　伏取

（八思巴蒙古文印章）

七　　台旨

八　　至正廿二年十二月　取状妇人……

九　　初二日　（八思巴蒙古文印章）

（画押）

失林婚书案卷十

元代写本，竹纸，行草书，四残件。第一件高21.4厘米，宽33.4厘米；第二件高21.5厘米，宽34.3厘米；第三件高19.2厘米，宽16.2厘米；第四件高19.7厘米，宽22.5厘米。黑水城出土，内蒙古文物考古研究所藏。图版见《中国藏黑水城汉文文献》第四册，第889—891页，编号M1.0673［F116：W32］。

（一）

一　　烧，告发到官，已蒙……

二　　锁收致蒙再行取状。今来从亮……

三　　正十九年间，被红巾贼人将巩昌城池残破……

四　　年正月内，从亮避兵前来永昌甘州住坐。至……

五　　廿一年正月廿一日到来亦集乃路东关①……

六　　近住坐。至正廿二年十一月十五日，从亮与在城住……

七　　坊正合□熟造油皮鞴生活。从亮日……

八　　坐，先不识今告人阿兀家门首井上拽水……

九　　妻失林，时常相见说话，有本妇于本家……

---

①　"关"，原文书中作"関"，为"关"的俗写。

一〇　至当年三月内，有阿兀前往岭北达达地……

一一　去讫，时常有妇人失林前来从亮安……

一二　从亮言说：我根脚元系大都住人张……

一三　张二母春花凭媒倒剌大姐说合……

一四　买卖客人脱黑……

一五　失林过房……

一六　木将失林并物货回还到亦……

（八思巴蒙古文印章）

一七　面去。失林恐怕本人将我作驱……

（二）

一　　廿三日晌午后，从亮因去井上拽水……

二　　从亮向本妇言说：我前者与你说……

三　　么时，有失林于怀内取……

四　　付从亮收系。有本妇……

五　　的婚书呵，取了者。说罢，从亮……

六　　月廿六日，从亮将失林元与文字三纸内……

七　　家顿放外，将二纸赍去，向史外郎……

八　　来往东街等柴拾得这文字……

九　　觑则个是甚么文字，有史外……

一〇　过，向从亮言说一纸系失林……

一一　答孩元买驱妇倒剌契书，你将……

一二　子上挑拿，有人识认……

（八思巴蒙古文印章）

一三　文字是人家中用的文字……

一四　史外郎将文字二纸却……

一五　亮将妇人失林合同婚书一纸于本家房内藏放……

一六　将文字二纸却行赍去阿兀家门首见失林……

一七　家院内立地，从亮将本妇唤叫出门，将文……

（三）
一　商量的话。说罢，至当日上灯后，有失林……
二　家，当时将元放失林合同婚书一纸取出与……
三　量。对本妇前将婚书一纸于灶窟内用……
四　了当。有失林回还去讫，以致阿兀……
五　从亮有此，合得罪犯随状招伏，如……
六　无词诉，招伏是实，伏取
（八思巴蒙古文印章）

（四）
（八思巴蒙古文印章）
一　台旨
二　至正廿二年十二月　取状人闫从亮
（八思巴蒙古文印章）
三　初二日

失林婚书案卷十一
元代写本，行草书，残件。高11.9厘米，宽35厘米。黑水城出土，内蒙古文物考古研究所藏。图版见《中国藏黑水城汉文文献》第四册，第892页，编号M1.0674［F116：W45］。
一　夜于从亮家灶窠内……
二　了当，有此不应，以致阿……
三　到官罪犯，量情……
四　下省，气毋令再犯……
五　右谨具
六　呈

七　　至正廿二年……

八　　仪妇人失……

九　　知事

（画押）

一〇　　初九日　　（印）

失林婚书案卷十二

元代写本，行草书，残件。两件文书裱在一起。高19.9厘米，宽52.5厘米。黑水城出土，内蒙古文物考古研究所藏。图版见《中国藏黑水城汉文文献》第四册，第893页，编号M1.0675［F116：W202］。

一　　取责……

二　　今当

三　　总府官责领到锁收男子……

四　　从亮，妇人一名失林，委得……

五　　去在牢，如法监收，毋致疏……

六　　违，当罪不词。责领是实，伏……

七　　台旨

八　　至正廿二年十二月　　取责领……

九　　初九日（八思巴蒙古文印章）

一〇　　取状人闫从亮

一一　　右从亮，年廿四岁，无病，系巩昌……

一二　　西县所管军户，见在……

失林婚书案卷十三

元代写本，行草书，二残件。第一件高18.3厘米，宽11厘米；第二件高18.7厘米，宽27.3厘米。黑水城出土，内蒙古文物考古研究所藏。图版见《中国藏黑水城汉文文献》第四册，第894页，编号M1.0676［F116：W107］。

附录　黑水城出土元代律令与词讼文书录文

（一）
一　……人阿兀

（二）
一　妾于怀①内藏……
二　于井上拽水间，有……
三　林将前项汉儿文字说：你交……
四　收接，失林又向本人言……
五　是我的婚书呵，取了……
六　去失林还家，得此……
七　内立间，有闫从亮将失林……
八　听此，失林前去到闫从亮前去……
九　人赍出文字二纸回付与失林收……
一〇　从亮又向失林言说：外有文字……
（八思巴蒙古文印章）
一一　别人看来系阿兀娶你的书……
一二　了，你明日……我有……
一三　话说罢，各……文字……
一四　铺盖内……

失林婚书案卷十四

元代写本，竹纸，行草书，二残件。第一件高20厘米，宽23.6厘米；第二件高20.3厘米，宽23.3厘米。黑水城出土，内蒙古文物考古研究所藏。图版见《中国藏黑水城汉文文献》第四册，第895—896页，编号M1.0677［F116：W185］。

---

①　"怀"原文书中作"懷"，为"怀"的俗写。

（一）

一　取状人徐典名……

二　右明善，年廿岁，无病，系本路……

三　仓官身役，见在在城寄居住……

四　为阿兀状告妾妻失林将本……

五　书等偷递与闫从亮一同烧……

六　善曾行将文字二纸看读事……

七　问过取状，今来明善……

八　二年十一月廿九日未时以来，明善前……

九　前干事，行至到礼拜寺门首逢……

一〇　不识后书名，今告人阿兀手赍汉儿……

一一　一纸问明善言说：这文字……

（二）

一　无虚诳。如结已后，对问不实……

二　甘当诳官重罪不词。执结是实，伏取

（八思巴蒙古文印章）

三　台旨

四　至正廿二年十二月　取状人……

失林婚书案卷十五

元代写本，竹纸，行草书，三残件。第一件高20.1厘米，宽24.1厘米；第二件高20.3厘米，宽10.9厘米；第三件高19.8厘米，宽37.6厘米。黑水城出土，内蒙古文物考古研究所藏。图版见《中国藏黑水城汉文文献》第四册，第897—898页，编号M1.0678［F116：W106］。

（一）

一　取状人史外郎名帖木儿

二　右帖木儿……

附录　黑水城出土元代律令与词讼文书录文

三　寿寺僧人户计……

四　状依实供说，至正廿二年十一月廿……

五　以来，帖木儿在家坐，间有今……

六　前来本家，于伊怀内取出文字……

七　帖木儿看这个甚么文字，我□……

八　前去东街等柴去来捡的这……

九　二纸，帖木儿接在手内看觑……

（二）

一　买到驱妇倒剌卖契一纸，阿兀……

二　人失林合同婚书一纸，帖木儿向本人……

三　说：这文字二纸你那里拾的来呵？只过……

四　子上挑着，有人寻来时，要他……

五　他是人家中用的文字，休毁坏……

（三）

一　蒙取问，所供前词，□是的实，并

二　无虚诳，所供执结是实，伏取

（八思巴蒙古文印章）

三　台旨

四　至正廿二年十二月　取状人……

五　初二日

（八思巴蒙古文印章）

（画押）

失林婚书案卷十六

元代写本，行草书，二残件。第一件高18厘米，宽27.2厘米；第二件高16.2厘米，宽13.4厘米。黑水城出土，内蒙古文物考古研究所藏。图版见《中国藏黑水城汉文文献》第四册，第899页，编号M1.0679〔F116：W206〕。

（一）

一　　取承管元告人阿兀

二　　今当

三　　总府承管委得日每须要赴府

四　　不致远离，一时唤脱，如违当罪，承

五　　管是实，伏取

六　　台旨

七　　至正廿二年十二月　　取承管元告人阿兀

八　　初二日

（八思巴蒙古文印章）

（二）

一　　（画押）

失林婚书案卷十七

元代写本，竹纸，行草书，三残件。第一件高20.8厘米，宽22.5厘米；第二件高20.9厘米，宽22.5厘米；第三件高20厘米，宽11.5厘米。黑水城出土，内蒙古文物考古研究所藏。图版见《中国藏黑水城汉文文献》第四册，第900—901页，编号M1.0680〔F116：W176〕。

（一）

一　　刑房

二　　呈：见行阿兀告妾妻失林……

三　　除已取讫犯人闫从亮……

四　　招词□……

五　　未曾取责，为此覆蒙

六　　总府官议得上项事理，仰将

（二）

一　　右谨具

（八思巴蒙古文印章）

二　　至正廿二年十二月吏$^{贾}_{侯}$……

三　　阿兀告妾妻失林

（三）

一　　给执照

二　　知事

（八思巴蒙古文印章）

三　　初二日

失林婚书案卷十八

元代写本，竹纸，行草书，四残件。第一件高 14.2 厘米，宽 11 厘米；第二件高 17.3 厘米，宽 14.2 厘米；第三件高 20.4 厘米，宽 39 厘米；第四件高 17.4 厘米，宽 10.3 厘米。黑水城出土，内蒙古文物考古研究所藏。图版见《中国藏黑水城汉文文献》第四册，第 902—904 页，编号 M1.0681［F116：W38］。

（一）

一　　兀状告妾妻失林……

二　　偷递与闫从亮……

三　　总府今差人前去……

（二）

一　　来……

二　　被告人

三　　失林　小闫

四　　干照人

五　　史外郎　徐典

（三）
一　　右差祗候李哈剌章……
（八思巴蒙古文印章）
二　　至正廿二年十二月　吏……
三　　阿兀告妾妻
四　　失林
五　　提控案牍赵……
六　　知事
七　　经历……
（画押）

（四）
一　　初二日
（八思巴蒙古文印章）
（画押）

失林婚书案卷十九
元代写本，行草书，三残件。第一件高 20.5 厘米，宽 43 厘米；第二件高 20.6 厘米，宽 33.1 厘米；第三件高 20.5 厘米，宽 15.4 厘米。黑水城出土，内蒙古文物考古研究所藏。图版见《中国藏黑水城汉文文献》第四册，第 905—907 页，编号 M1.0682 ［F116：W602］。

（一）
一　　初二日
（八思巴蒙古文印章）
（画押）
二　　刑房

三　呈：见行阿……

四　婚书等偷递与闫从亮烧……

五　得此，差据祗候李哈剌章……

六　依奉根勾到阿兀所告妾妻……

七　并小闫等各正身到官，如虚……

八　罪不词，为此覆蒙

九　总府官……

（二）

一　到……

二　行具呈者

三　元告人：阿兀

四　被词人：

五　失林　小闫

六　干照人：

七　史外郎　徐典

八　右　谨具

（八思巴蒙古文印章）

九　呈

一〇　至正廿二年十二月吏^贾侯……

一一　阿兀告妾妻失林引问

一二　提控案……

（三）

一　卅　（画押）

失林婚书案卷二十

元代写本，行草书，残件。高20.2厘米，宽34.5厘米。黑水城出土，内蒙古文物考古研究所藏。图版见《中国藏黑水城汉文文献》第四册，第908页，编号M1.0683［F116：W48］。

一　　合……

二　　与闫从亮……

三　　阿兀红小木……

四　　字三纸偷递……

五　　令人看读……

六　　人文契二纸，却……

七　　外有失林合同妾妻婚……

八　　纸，失林与闫从亮一同……

九　　夜从亮家灶稟内……

一〇　毁了当，以致夫阿兀告……

一一　官罪犯止以不应量……

一二　四十七下单……

一三　兀收管省，气……

一四　一名闫从亮状招……

一五　前件议得……

失林婚书案卷二十一

元代写本，行草书，残件。高18.5厘米，宽32厘米。黑水城出土，内蒙古文物考古研究所藏。图版见《中国藏黑水城汉文文献》第四册，第909页，编号M1.0684［F116：W143］。

一　　……别生事端……

二　　……责领是……

三　　台旨

四　　至正廿二年十二月　取责领人……

五　　初九日

（八思巴蒙古文印章）

失林婚书案卷二十二

元代写本，竹纸，行草书，三残件。第一件高 10.6 厘米，宽 8.2 厘米；第二件高 12.2 厘米，宽 13.2 厘米；第三件高 15.3 厘米，宽 15.8 厘米。黑水城出土，内蒙古文物考古研究所藏。图版见《中国藏黑水城汉文文献》第四册，第 910—911 页，编号 M1.0685［F116：W246］。

（一）

一　集乃路客人，今告……

二　与本人为妾妻，有文……

三　住坐。次后有夫阿兀将……

四　受苦难以过，遭以……

五　头官等……

（二）

一　与本人为……

二　否将我不以看……

三　我要将婚书偷取……

四　否将我压良为驱，与本人……

五　汉儿人氏，怎生与我作伴……

六　向本妇回说：若□将……

七　人看过……

（三）

一　□烧毁了当……

二　元顿放诸杂文字小红匣……

三　契书二纸俱各不见。有夫阿兀挨问……

四　隐讳招伏，是我将文字三纸取出……

五　来有本人止回付与我文字二纸，外有……

六　从亮用火烧毁了也。将契书……

七　　到官，招伏是实，得此，及责得……

八　　失林所招相同，为此除……

九　　毁一节拟合……

一〇　总府官……

失林婚书案卷二十三

元代写本，竹纸，行草书，二残件。第一件高 19.2 厘米，宽 14.8 厘米；第二件高 20.7 厘米，宽 5.2 厘米。黑水城出土，内蒙古文物考古研究所藏。图版见《中国藏黑水城汉文文献》第四册，第 912 页，编号 M1.0686 [F116：W37]。

（一）

一　　取状妇人失林

（二）

一　　讫迤西作买卖回回客人脱黑帖木恩养身……

二　　将失林过房与脱黑帖木作义女。次后有脱黑帖木……

三　　并物货回还到岭北地面，要往回回地面……

失林婚书案卷二十四

元代写本，竹纸，行书，残件。高 20.4 厘米，宽 24.9 厘米。黑水城出土，内蒙古文物考古研究所藏。图版见《中国藏黑水城汉文文献》第四册，第 913 页，编号 M1.0687 [F116：W148]。

一　　承差祇候李哈剌章

二　　谨呈：近蒙

三　　总府差哈剌章前去根勾阿兀所告妾妻失林并……

四　　婚书人小闫等各正身，押来赴府取问施……

五　　依奉根勾到阿兀妾妻失林并小闫，干……

六　　典各正身……

七　　台旨

八　　至正二十二年十二月……

失林婚书案卷二十五

元代写本，竹纸，行草书，二残件。第一件高 17.4 厘米，宽 8.2 厘米；第二件高 20.3 厘米，宽 11.5 厘米。黑水城出土，内蒙古文物考古研究所藏。图版见《中国藏黑水城汉文文献》第四册，第 914 页，编号 M1.0688 [F116：W162]。

(一)

一　　取承管人李哈剌章

二　　今当

三　　总府官承管委得限　日……

四　　妾妻失林并小闫、干照人史……

五　　□□根勾前……不致违……

(二)

(八思巴蒙古文印章)

一　　台旨

二　　□□日

失林婚书案卷二十六

元代写本，竹纸，行草书，六残件。第一件高 19.1 厘米，宽 36.3 厘米；第二件高 19.4 厘米，宽 25.8 厘米；第三件高 20.3 厘米，宽 7 厘米；第四件高 20.1 厘米，宽 34 厘米；第五件高 18.9 厘米，宽 6.3 厘米；第六件高 18.3 厘米，宽 15.6 厘米。黑水城出土，内蒙古文物考古研究所藏。图版见《中国藏黑水城汉文文献》第四册，第 915—918 页，编号 M1.0689 [F116：W205]。

(一)

一　　取状妇人失林

二　　右失林年二十四岁，无……

三　　纳包银①户计。今告人……

四　　与夫同居住坐。今为夫阿……

五　　元娶失林合同婚书偷递……

六　　通烧毁，告发到官，已蒙取讫……

七　　闫从亮短状招伏锁收，致蒙再……

八　　今来失林依实招责……

九　　人张二长女，有父张……

一〇　大姐为媒说合……

(二)

一　　黑帖木将失林并物货……

二　　要往回又地面去，以此失林恐怕太……

三　　驱使唤，不曾随顺，要行赴官……

四　　脱黑帖木却行写立合同婚书……

五　　林于婚书画字讫，得到亦集乃……

六　　今告夫阿兀财钱中统钞二十定……

七　　与本人为妾妻。有本人□失林……

八　　亦集乃本家住坐。次后，有夫阿兀……

九　　林不行看管，常时打骂，好生……

一〇　以过遣。以此失林思想，阿兀将失林……

(八思巴蒙古文印章)

一一　肯看管，若将阿兀元娶失林合同婚……

一二　烧，别无执把，赴官司告夫阿……

---

①　"银"，原文书中作"艮"，为"银"的俗写。

附录　黑水城出土元代律令与词讼文书录文

一三　良为驱，与阿兀相离，别行改嫁……

一四　便。本处又无亲戚人等，□□如与夫……

（三）

一　坊正家有先不识后知名小闫……

二　于沈坊正房上晒①晒熟造油皮……

三　活，及于本家门首井上拔水与失林……

（四）

一　同失林……

二　红匣儿内汉儿文字三纸付……

三　藏放。至当日晌午后，失林于井……

四　有令到官……

五　者与你说的文书……

六　取出前项汉儿文字三纸……

（八思巴蒙古文印章）

七　失林又向本人言说：你交人看去……

八　呵，你取了者，说罢，本人去讫。失林……

九　廿六日晚失林于本家院内立……

一〇　墙望见失林，有本人将失林唤叫……

一一　失林到于闫从亮根前，有……

一二　文字二纸回付失林收接。又说……

一三　我交别人看来，系是你的婚书……

一四　日你我家里来，我每有商量……

一五　罢，各散还家，失林将闫从亮元回付……

一六　插于铺盖内。至廿七日有灯时，有夫阿兀……

---

① "晒"，原文书中作"瞭"，为"晒"的俗写。

一七　　了。失林只身前去到小闫家……

一八　　于房檐内取出汉儿文字一……

（五）

一　　到家。至廿九日，有夫阿兀于本家元顿……

二　　杂文字小红匣儿内检寻到失林……

三　　一纸并契书二纸不见。有夫阿……

（六）

一　　字三纸□□分付邻①人闫从……

二　　来，有本人止回付与文字二纸……

三　　书一纸，有闫从亮用火烧毁……

四　　书二纸，分付夫阿兀收接。……

五　　据失林有此，合得罪犯……

六　　如蒙断罪，别无词诉……

（八思巴蒙古文印章）

四　斗杀案

王汉卿斗杀案

元代写本，竹纸，行书，残件。高 28.9 厘米，宽 29.4 厘米。黑水城出土，内蒙古文物考古研究所藏。图版见《中国藏黑水城汉文文献》第四册，第 697 页，编号 M1.0561［F116：W294］。

一　　取状人王汉卿

二　　右汉卿年四十六岁，无病，系冀宁路汾

三　　州孝义县附籍民户。家在□□□住坐，即目见在亦集乃

四　　屯田耳卜渠罗信甫家安下，今为务官西

---

① "邻"，原文书中作"隣"，为"邻"的俗写。

五　　卑禄寿状呈，汉卿等将伊毁骂，将拦

六　　头阿立鬼殴打等事已蒙取允，汉卿略

七　　节招伏。监收在禁，致蒙再责已来，汉

八　　卿依实招责，根脚元系冀宁路汾州

九　　孝义县附籍民户。

（画押）

殴斗案

元代写本，草纸，行草书，残件。高 22.5 厘米，宽 46 厘米。黑水城出土，内蒙古文物考古研究所藏。图版见《中国藏黑水城汉文文献》第四册，第 698 页，编号 M1.0562 ［F111：W74］。

一　　具位……状告云云，得此

二　　一下医工王世①茂　总府除外合

三　　下仰照验，速将被系人

四　　耳为立等浑身有无伤损、

五　　是何地，将殴打围固长

六　　阔指定明白，保结呈来

七　　毋得责备②、违错，须至于

八　　总府……今差祗候厶

九　　前去根勾状内合干人

一〇　等各各正身监押前来，赴

一一　府取问施行

一二　右各行

回回包银户亦不剌兴斗殴案

元代写本，竹纸，行草书，残件。高 26.4 厘米，宽 32.8 厘米。黑水城出

---

①　"世"，原文书中作"丗"，为"世"的俗写。

②　"备"，原文书中作"俻"，为"备"的俗写。

土，内蒙古文物考古研究所藏。图版见《中国藏黑水城汉文文献》第四册，第 699 页，编号 M1.0563［F80：W9］。

一　　右亦集……人　告状人亦不剌兴

二　　告状人亦不剌兴　右亦不剌兴年四十六岁，无病

三　　右亦不剌兴年四十六岁，无病，系本路所管回

四　　包银户计

五　　回包银户计，见……身后在……伏为状告。至治二年

六　　九月初三日

七　　……处取柴羊钱钞一十两，厶前去

八　　到在……逢见侄女婿乔典，厶向本人言说：你

九　　与马□使处说有羊钱钞一十两与我者，乔典不知因何便行发

一〇　怒，□付张哈三等将厶百端秽语□骂

一一　于厶之目前撞讫二头……

一二　二下……打讫……

一三　又用……柴……

一四　几……死……

唐兀人氏斗杀案

元代写本，竹纸，行草书，二残件，可缀合。第一件高 17 厘米，宽 17.5 厘米；第二件高 12.5 厘米，宽 21.2 厘米。黑水城出土，内蒙古文物考古研究所藏。图版见《中国藏黑水城汉文文献》第四册，第 700 页，编号 M1.0564［F2：W54］。

一　　……年卅六岁，无病，系……容寺……

二　　次男，唐兀人氏，在本渠种田住坐……为舍赤德告……耳落将厶等压良为驱，不与□……起意纠……

三　　口兀死语愿贾耳落打死……上当官面对揭，厶语……

四　　合帖竹为从同情将……舍赤德用縻糸□

五　　不要□上

六　　褐一卷口内填塞身死……蒙检验官将舍赤德

七　　申解到路，取札略招伏于……蒙取状，今来舍赤

八　　……从实招责，根脚元……路圣容寺前

九　　……前去□……

一〇　……说我根脚元系迤北……

王伯通斗殴案

元代写本，麻纸，行草书，残件。高 27.1 厘米，宽 14.3 厘米。黑水城出土，内蒙古文物考古研究所藏。图版见《中国藏黑水城汉文文献》第四册，第 701 页，编号 M1.0565〔F111∶W57〕。

一　　……次来有……

二　　……对剌麻巴等前日……

三　　……等向前劝散，又有□……

四　　歹炳、王伯通、黄庆各赍小雪木棍一条，亦将郑……

五　　□左胁膊等处乱行致打，又有王伯通将细绳……

六　　……上打讫一下。今蒙取问，所供……

七　　……已后，但与各人面……

八　　……是实，伏取

不兰奚弟子斗殴案

元代写本，竹纸，行草书，残件。高 26 厘米，宽 12.8 厘米。黑水城出土，内蒙古文物考古研究所藏。图版见《中国藏黑水城汉文文献》第四册，第 702 页，编号 M1.0566〔F146∶W23〕。

一　　往来间□……

二　　定下马，不兰奚弟子孩儿随于地上拾取到旧有

三　　撇放小雪柴一条，于本人左胁膊打讫

四　　一棍有伤，换有平常实□□不动教随

耳罗斗杀案

元代写本，夹竹纸，行楷书，二残件。第一件高 18.9 厘米，宽 15.8 厘米；第二件高 18.5 厘米，宽 15.6 厘米。黑水城出土，内蒙古文物考古研究所藏。图版见《中国藏黑水城汉文文献》第四册，第 703 页，编号 M1.0567［F17：W2］。

（一）

一　……本处邻……

二　……贯布思吉并伊男赞……

三　……以责令布一同前到敦古鲁家□……

四　……将耳罗用言毁骂：泼①杂种，你缘何赴……

五　罗依前毁骂，随有伊男赞布向前添……

六　立吉阿哥兀即等向前将行凶人赞布……

七　不止，切恐被伤损目，因此前来伸诉，有此……

八　亦集乃路总管府　伏乞

九　详状施行……

（二）

一　照过

（画押）

二　廿二日

泰定二年红柳棒打伤身死案

元代写本，竹纸，行楷书，残件。高 16.6 厘米，宽 24.4 厘米。黑水城出土，内蒙古文物考古研究所藏。图版见《中国藏黑水城汉文文献》第四册，第 704 页，编号 M1.0568［F166：W12］。

---

① "泼"，原文书中作"溌"，为"泼"的俗写。

（正面）

一　　壹拾名

二　　……招不合，于泰定二年二月初九日独……

三　　……等物罪犯，计枷收男□壹名李咬……

四　　……于泰定二年五月初七日将同伴郭伯通……

五　　……烧残红柳棒打伤身死罪犯计收男子玖名……

六　　……贵　乔德　马思恭　许五宝

（背面）

一　　申

斗杀案

元代写本，棉纸，行书，残件。高 21.1 厘米，宽 15.3 厘米。黑水城出土，内蒙古文物考古研究所藏。图版见《中国藏黑水城汉文文献》第四册，第 705 页，编号 M1.0569［F20：W22］。

一　　……顺娥与夫谭教化、李答……

二　　……路供讫词因，虚指男粪堆身……

三　　……咽喉等处俱有青赤伤痕外，咽喉……

四　　……探得银色青赤，如此虚词破□……

五　　……应有家私……

斗杀案

元代写本，竹纸，行书，残件。高 23.3 厘米，宽 16.2 厘米。黑水城出土，内蒙古文物考古研究所藏。图版见《中国藏黑水城汉文文献》第四册，第 706 页，编号 M1.0570［F21：W3］。该文书与《俄藏黑水城文献》第六册第 134 页《皇庆元年刑房奉诏赦除令》所载为同一案件。

一　　睡着不醒，约至三更以来，有奸夫……

二　　向忽都龙①说：先曾说将你夫……

三　　龙□从不令夫错卜知觉②，穿衣……

四　　睡□□，纳定咽喉上，用右手擒搭……

五　　忽都龙是曾出门外解……

六　　一条递与……

七　　只僧吉……

皇庆元年刑房奉诏赦除令

元代写本，行书，残件。高 27.3 厘米，宽 23.8 厘米。黑水城出土，俄罗斯科学院东方文献研究所藏。图版见《俄藏黑水城文献》第六册，第 134 页，编号 ДX1403。该文书与《中国藏黑水城汉文文献》第四册，第 706 页《斗杀案》所载为同一案件。

一　　刑房

二　　见行近获贼人令只僧吉杀死错卜公事

三　　施行间，皇庆元年十二月初十日钦奉

四　　诏书节③该：自皇庆元年十月廿九日昧爽以前，除

五　　谋反大逆，谋杀祖父母、父母，妻妾杀夫，奴婢

六　　杀主及故杀致命，但犯强盗伪造宝钞不

七　　赦外，其余罪犯已发觉未发觉，咸赦除

八　　之，敢以赦前事相告言者，以其罪罪之。钦

唐兀歹斗杀案

元代写本，棉纸，行书，残件。高 22.3 厘米，宽 13.4 厘米。黑水城出土，内蒙古文物考古研究所藏。图版见《中国藏黑水城汉文文献》第四

---

① "龙"，原文中作"竜"，为"龙"的俗写。
② "觉"，原文书中作"竟"，为"觉"的俗写。
③ "节"，原文书中作"苅"，为"节"的俗写。

册，第 707 页，编号 M1.0571［F135∶W48a］。

一　……你昝与伊弟……
二　……人回说有口袋都在……
三　……你昝便行发怒，言骂泼下……有他……
四　……百端秽……摔身倒地混身□□昝又行添力将唐兀歹……
五　……见本人如此……被见向……前……指各人为证……

文书残件

元代写本，棉纸，行书，残屑。高 7.3 厘米，宽 9.3 厘米。黑水城出土，内蒙古文物考古研究所藏。图版见《中国藏黑水城汉文文献》第四册，第 708 页，编号 M1.0572［F135∶W48b］。

一　……兀歹　（画押）　状……

打夺案残件

元代写本，行草书，二残屑。第一件高 15.3 厘米，宽 4.1 厘米；第二件高 21.3 厘米，宽 10.9 厘米。黑水城出土，内蒙古文物考古研究所藏。图版见《中国藏黑水城汉文文献》第四册，第 709 页，编号 M1.0573［84H.F125∶W59/1909］。

（一）

一　……打夺去位，更将秃亦不……

（二）

一　问得但与今状……
二　词之日，当罪不词，执结是……

伤杀案残件

元代写本，行书，残件。高 15.7 厘米，宽 5.4 厘米。黑水城出土，内蒙古文物考古研究所藏。图版见《中国藏黑水城汉文文献》第四册，第 710

页，编号 M1.0574［84H.F116：W6/1177］。

一　……粪出，项上赤紫伤痕一道……

毒杀案

元代写本，行书，残件。高 16.2 厘米，宽 7.5 厘米。黑水城出土，内蒙古文物考古研究所藏。图版见《中国藏黑水城汉文文献》第四册，第 693 页，编号 M1.0559［84H.F111：W32/1110］。

一　些小毒药①与他吃……
二　随奸夫……逃……

词诉状残件

元代写本，行草书，残屑。高 24.8 厘米，宽 16.5 厘米。黑水城出土，内蒙古文物考古研究所藏。图版见《中国藏黑水城汉文文献》第四册，第 932 页，编号 M1.0704［84H.F21：W9/0726］。该文书与 M1.0705［84H.F21：W4/0721］应系同一件文书。

一　管普失……
二　□今状结定，委……
三　廿一日晌午以来拘……
四　答海帖木前来……
五　头人不颜歹在……
六　如何身死，你是……

词诉状残件

元代写本，行草书，残屑。高 19.8 厘米，宽 15.3 厘米。黑水城出土，内蒙古文物考古研究所藏。图版见《中国藏黑水城汉文文献》第四册，第 933 页，编号 M1.0705［84H.F21：W4/0721］。该文书与 M1.0704

---

① "药"，原文书中作"薬"，为"药"的俗写。

［84H. F21：W9/0726］应系同一件文书。

一　　木，照得将人来见……

二　　泪①，我每各散了……

三　　等告发到官……

四　　一名答海，年一十六岁，无病……

五　　……实监宁肃王位下怯薛丹……

毒杀案

元代写本，草纸，楷书，残件。高 12.8 厘米，宽 7.6 厘米。黑水城出土，内蒙古文物考古研究所藏。图版见《中国藏黑水城汉文文献》第六册，第 1038 页，编号 M1.1051［84HF79A］。

一　　……等告殴打……

二　　……等告殴打……

督肃州路为何亲身死公事结案牍

元代写本，行楷书，残件。高 27.5 厘米，宽 12.5 厘米。黑水城出土，俄罗斯科学院东方文献研究所藏。图版见《俄藏黑水城文献》第四册，第 227 页，编号 TK224。

一　　据肃州路申：奉省劄为何亲身死公事，已经

二　　劄付本路，从公子细研穷，磨问明白，依例结案

三　　去讫。到今八个月余，迁筵亦不取问议，拟申省

四　　……□督勒本路取当该首领官吏

元残状

元代写本，行草书，残件。高 24 厘米，宽 9.6 厘米。黑水城出土，英国国家图书馆藏。图版见《斯坦因第三次中亚考古所获汉文文献》（非佛经

---

① "泪"，原文书中作"涙"，为"泪"的俗写。

部分）第一册，第 221 页，编号 OR.8212/748 K.K.I.0231（d）。

一　　□倒将□……

二　　骂□不□户弟□□□□的……

三　　门牙打折一齿，当此厶只帖木……厶不……

四　　……奉将厶……在彼饮酒，厶向告……

元残状

元代写本，行楷书，残件。高 20.4 厘米，宽 6 厘米。黑水城出土，英国国家图书馆藏。图版见《斯坦因第三次中亚考古所获汉文文献》（非佛经部分）第二册，第 56 页，编号 OR.8212/1131 K.K.0118.z。

一　　来，被死男子黄帖木赏夯伊所穿□

二　　番色牛皮靴一对，赤脚①前来本家

三　　……为黄

元残文书

元代写本，行楷书，残件。高 12.7 厘米，宽 12.9 厘米。黑水城出土，英国国家图书馆藏。图版见《斯坦因第三次中亚考古所获汉文文献》（非佛经部分）第二册，第 83 页，编号 OR.8212/1165 K.K.0150.g。

一　　……体及破骨等……

二　　……害己

三　　……正伤人……

五　盗贼案

至正十二年盗贼案

元代写本，竹纸，草书，残件。高 27.5 厘米，宽 19.6 厘米。黑水城出土，内蒙古文物考古研究所藏。图版见《中国藏黑水城汉文文献》第四

---

① "脚"，原文书中作"脚"，为"脚"的俗写。

附录　黑水城出土元代律令与词讼文书录文

册，第 713 页，编号 M1.0575［Y1：W86A］。

一　　总府指挥仰厶权悉司狱司事。奉此，

二　　除另等依外，至正十二年六月二十三日酉时以来，

三　　厶前去牢内点视到□有秃绵帖赤带酒

四　　不醉，将厶百端秽语毁骂。又以言说：我每要□

五　　你将我驱脱朵屯□、秃忽鲁每夜于匣床内切匣。不得商

六　　量随说，用伊项带帖索扯取在手，□须将

七　　□雄厶用帖索殴打，厶□□□□如此凶恶，奔走出牢。

八　　如蒙准呈，将邻囚张僧二并盗驼贼人前那

九　　黑巴之子车立帖木，张□□到官便见的实

至元五年盗物案

元代写本，竹纸，行楷书，残件。高 27.7 厘米，宽 20.4 厘米。黑水城出土，内蒙古文物考古研究所藏。图版见《中国藏黑水城汉文文献》第四册，第 714 页，编号 M1.0576［F1：W57］。

一　　至元五年二月吏赵　韩

二　　提控案牍兼照磨承发架阁倪

三　　兴即等被盗物件

四　　知　事　袁

宣光元年偷盗案

元代写本，行草书，残件。高 28.8 厘米，宽 40.7 厘米。黑水城出土，内蒙古文物考古研究所藏。图版见《中国藏黑水城汉文文献》第四册，第 716 页，编号 M1.0578［HF193B 背］。该文书背面为 M1.0577［HF193B 正］皇庆元年认状文书（《中国藏黑水城汉文文献》第四册，第 715 页）。

一　　……总管府达……

二　　伯忽前于宣光元年四月十九日有……

三　　所养驼三只内：驼一只，年十岁……

四　　年十岁；驼一只，年十岁……

五　　草地内牧放至不当将放□□□……

六　　人偷盗去讫，诸处根寻不获，差人

七　　移文，窃恐临时点验，败露到官，当职①

八　　合行移关，请

九　　照验者

偷盗案

元代写本，草纸，行草书，残件。高 22.1 厘米，宽 15.5 厘米。黑水城出土，内蒙古文物考古研究所藏。图版见《中国藏黑水城汉文文献》第四册，第 717 页，编号 M1.0579 [F111：W43]。

一　　年因解□□将同常迟滞承此当

二　　□移关叮咛省会百姓人等无致隐藏谋逆

三　　准此，当职引领巡检吾七耳布、

四　　贼人，更当催督军兵人等领功揖捉施行

五　　河渠官忻都、应捕官兵人等前去，于

六　　可疑停藏去处，同庄邻右亲戚人等

七　　揖捉贼人去来，到彼差河渠官等根捉到也火耳立

八　　四只，一就随此关发。

九　　戚亲、着魁妻并贼人沙剌妻哈朵

一〇　　果你赤、邻右人等并马五匹、驼

纵放盗贼在逃案

元代写本，麻纸，行楷书，残件。高 20.5 厘米，宽 13.8 厘米。黑水城出土，内蒙古文物考古研究所藏。图版见《中国藏黑水城汉文文献》第四册，第 718 页，编号 M1.0580 [Y1：W110]。

---

① "职"，原文书中作"戠"，为"职"的俗写。

附录　黑水城出土元代律令与词讼文书录文

一　　罗讫妙祥中统钞两定，年□……抛下罗锅
二　　等银两……罗春丙……取要中统钞
三　　壹定并□二十两，文字一纸，到于誓虎铺过
四　　夜，纵放本贼在逃，罪犯，招伏是实
五　　罗春丙状招，年二十六岁，无病，系纳溪县所管

阿思兰盗窃案残件
元代写本，竹纸，行草书，残甚。高18.6厘米，宽5.5厘米。黑水城出土，内蒙古文物考古研究所藏。图版见《中国藏黑水城汉文文献》第四册，第719页，编号 M1.0581［F1：W22a］。
一　　……乃居住，亦是生受，以此心生贼徒……

阿思兰盗窃案
元代写本，竹纸，行草书，残件。高28.9厘米，宽15.4厘米。黑水城出土，内蒙古文物考古研究所藏。图版见《中国藏黑水城汉文文献》第四册，第719页，编号 M1.0582［F1：W22b］。
一　　要行偷盗他人财物，阿思兰起意……
二　　思兰与阿厘、杜长寿、赍夯陈玉立、沙元带
三　　白羊角靶大刀子一把，抽夯与阿厘、杜长寿一同前去，以至在城永
四　　平坊今告事主刘译铺儿门首，听探得铺内无人
五　　看守睡卧，以此令阿厘、杜长寿四向的五人……
六　　……于到

偷盗案
元代写本，竹纸，行书，残件。高12.3厘米，宽11.3厘米。黑水城出土，内蒙古文物考古研究所藏。图版见《中国藏黑水城汉文文献》第四册，第720页，编号 M1.0583［F116：W171］。
一　　……路录事司据不答失里状告，……

— 223 —

二　……管畏兀儿户计，见在甘州豊乐坊住坐……

三　……有本家驱男普失的弟完者帖木……

四　……驱妇唐兀义将本家男子那……

五　……帖里一头，年七岁，儿驴一头……

六　……获，已行具状……

真布盗麦案

元代写本，行草书，残件。高 17.3 厘米，宽 20 厘米。黑水城出土，内蒙古文物考古研究所藏。图版见《中国藏黑水城汉文文献》第四册，第 721 页，编号 M1.0584 ［F207：W4］。

一　……各年甲开写在前，俱

二　……所管落不尅站提领。

三　……户吾即都的将驱口在吾即渠住

四　……今为着真布等盗事主完者忻

五　……木小麦口袋，罪贼捉拿到官，当于四月

六　……今来着真布等除备①细词

七　……今短状招伏，既系吾即

八　……虽是家贫，自令守分

九　……廿九年六月廿二日巳时以

一〇　……起意为首犯，令同使驱

一一　……木为从，着真布向沙真

盗马贼人案

元代写本，行草书，残件。高 27.7 厘米，宽 5.1 厘米。黑水城出土，内蒙古文物考古研究所藏。图版见《中国藏黑水城汉文文献》第四册，第 722 页，编号 M1.0585 ［F1：W62］。

---

① "备"原文书中作"俻"，为"备"的俗写。

一　　至正四年三月　日于本管社长高久石处责
二　　领到甘州路已断迤发徒役盗马贼人倒死

盗贼案
元代写本，行草书，残屑。高 18.9 厘米，宽 9.7 厘米。黑水城出土，内蒙古文物考古研究所藏。图版见《中国藏黑水城汉文文献》第四册，第 722 页，编号 M1.0586［83H.F1：W26/0026］。
一　　……合行，随吾事上取状……
二　　……普招伏，既系元首告贼……
三　　……只银盏等物……

盗贼案
元代写本，行草书，残件。高 28 厘米，宽 14.2 厘米。黑水城出土，内蒙古文物考古研究所藏。图版见《中国藏黑水城汉文文献》第四册，第 723 页，编号 M1.0587［84H.F36：W4/0763］。
一　　……交割外，合行移关……
二　　照验……将收管……
三　　杨□布
四　　公文回示施行
五　　一下录事司　来申解到不回，四日等彼
六　　……公事，责得首贼桑空

劄付亦集乃路总管府捕盗文书
元代写本，宣纸，行楷书，五残屑。第一件高 20.8 厘米，宽 28.1 厘米；第二件高 5.7 厘米，宽 4.4 厘米；第三件高 21.2 厘米，宽 10.9 厘米，无字；第四件高 9.5 厘米，宽 11.2 厘米；第五件高 43 厘米，宽 9.5 厘米。黑水城出土，内蒙古文物考古研究所藏。图版见《中国藏黑水城汉文文献》第四册，第 724—725 页，编号 M1.0588［F131：W4］。

（一）

一　……平……

二　□若袭至……

三　作过其里之……

四　贼徒不能得获，主盗……

五　指出窝主捉拿下狱……

六　或不伤事主，已看明……

七　物之贼。今止以……

八　善骑射者杀之……

九　追袭至近何由事……

一〇　与以草莽林木……

一一　贼盗或死或……

一二　合各从前……

（二）

一　……众①相拽……

二　……头王人……

（四）

一　……行盗及行……

二　……或经断怙……

三　……请照验，依上……

（五）

一　　右劄付亦集乃路总管府准

---

① "众"，原文书中作"眾"，为"众"的俗写。

附录　黑水城出土元代律令与词讼文书录文

盗马贼人案

元代写本，竹纸，楷书，二残屑。第一件高15.3厘米，宽18.2厘米；第二件高15.4厘米，宽17.3厘米。黑水城出土，内蒙古文物考古研究所藏。图版见《中国藏黑水城汉文文献》第四册，第726页，编号M1.0589［F116：W288a］。

（一）

一　　……等公事除将盗马贼人娄朋布等……

二　　……管押前去亦集乃路交割后□□□……

三　　……奉此，卑司除将已断盗马贼人娄朋……

四　　……管押前赴

五　　……伏乞

六　　……须至申者

七　　……肆名

八　　……马忽鲁丁　李狗儿　兀……鲁思不花

九　　……伏

（二）

一　　……廿日

二　　……具　申

盗贼案残件

元代写本，楷书，三残屑。第一件高10.5厘米，宽11.1厘米；第二件高2.7厘米，宽2.4厘米；第一件高6.9厘米，宽4.5厘米。黑水城出土，内蒙古文物考古研究所藏。图版见《中国藏黑水城汉文文献》第九册，第2046页，编号M1.1807［84H.F116：W149/1321］。

（一）

一　　……亦集……

二　　……贼人娄朋布……

（二）

一　　……牒……

（三）

一　　三月初七……

二　　初七日巳……

盗贼案

元代写本，草纸，行草书，残屑。高15.9厘米，宽18.3厘米。黑水城出土，内蒙古文物考古研究所藏。图版见《中国藏黑水城汉文文献》第四册，第727页，编号M1.0590［F204：W1］。

一　　装盛那孩……

二　　向囚贼罪犯……

三　　至廿三日被事主……

四　　官理问、巡检者踏验……

五　　赃①搜捉拿，随状告……

六　　伏是实，故牒……

七　　罪家奴义……

盗贼案残件

元代写本，行书，二残屑。第一件高15.3厘米，宽10.2厘米；第二件高11.8厘米，宽5.9厘米。黑水城出土，内蒙古文物考古研究所藏。图版见《中国藏黑水城汉文文献》第四册，第728页，编号M1.0591［84H.F116：W305/1477］。

（一）

一　　……□发贼人兀南帖木……

---

① "赃"，原文书中作"賍"，为"贓"的俗写。

（二）

一　得此□□……

二　发来由本……

文书残件

元代写本，行楷书，五残屑。第一件高6.6厘米，宽4.4厘米；第二件高9.8厘米，宽5.5厘米；第三件高8.6厘米，宽11.8厘米；第四件高8.9厘米，宽5.7厘米；第五件高8厘米，宽4.9厘米。黑水城出土，内蒙古文物考古研究所藏。图版见《中国藏黑水城汉文文献》第四册，第729页，编号M1.0592。

（一）

一　丙……

二　纸该……

（二）

一　不□□来……

二　于不老答……

三　物斛□……

（三）

一　……十七下，徒……

二　……亦集乃路居役，……

三　……各贼重审……

（四）

一　一□……

二　三匹山布……

三　□口袋约有……

（五）

一　……判决①

案卷残表一

元代写本，行书，残件。高 27.2 厘米，宽 7.2 厘米。黑水城出土，内蒙古文物考古研究所藏。图版见《中国藏黑水城汉文文献》第六册，第 1313 页，编号 M1.1060 ［F125：W44］。

由头	一	总计		一　元发事由		盘行
				一　取到犯人招词	一　状	强盗
		强盗	一　起		一　名	窃②盗
		窃盗	一　起			

案卷残表二

元代写本，行书，残件。高 21.4 厘米，宽 8.6 厘米。黑水城出土，内蒙古文物考古研究所藏。图版见《中国藏黑水城汉文文献》第六册，第 1322 页，编号 M1.1072 ［HF117 背］。

□□	旧管						
	□取	窃③盗	保起				七□
	开保	杂犯		一起	□□	男子	
	见禁	人命	保起		移□		

盗贼案残件

元代写本，行楷书，二残件。第一件高 10.9 厘米，宽 9.1 厘米，无字；

---

① "决"，原文书中作"夬"，为"决"的俗写。
② "窃"，原文书中作"切"，从前后文判断应为"窃"。
③ "窃"，原文书中作"切"，通"窃"。

附录　黑水城出土元代律令与词讼文书录文

第二件高 13.8 厘米，宽 7.5 厘米。黑水城出土，内蒙古文物考古研究所藏。图版见《中国藏黑水城汉文文献》第九册，第 1925 页，编号 M1.1642［84H.F116：W308/1480］。

（二）

一　　皇帝圣旨里甘州路达……

二　　盗一起，任讹狗等①……

三　　状招不合，于……

盗衣物案残件一

元代写本，行书，残件。高 9.6 厘米，宽 8.3 厘米。黑水城出土，内蒙古文物考古研究所藏。图版见《中国藏黑水城汉文文献》第十册，第 2272 页，编号 M1.2167［84HF135 炕内 M］。与 M1.2168［84HF135 炕内 N］字迹一致。

一　　……□一……

二　　……花，暗花面□……

三　　……毛索扎裢……

盗衣物案残件二

元代写本，行书，残件。高 15.9 厘米，宽 10.7 厘米。黑水城出土，内蒙古文物考古研究所藏。图版见《中国藏黑水城汉文文献》第十册，第 2272 页，编号 M1.2168［84HF135 炕内 N］。

一　　……前来同贼阿立加三……

二　　……元盗衣服内，都剌□

三　　……袖

四　　……袖

---

① "等"，原文书中作"萚"，为"等"的俗写。

— 231 —

防贼禁约令

元代写本，行楷书，残件。高 27.5 厘米，宽 12.5 厘米。黑水城出土，俄罗斯科学院东方文献研究所藏。图版见《俄藏敦煌文献》第十七册，第 309 页，编号 ДХ.189992。

一　……旨里，亦集乃路总管府照得：本路置在极逆人民……

二　……亦怜只实监宁肃王统领各翼军马，为民相参……

三　……外□时，盗贼生发，若不设发禁约，深为未便。为……

四　……下仰照验。省谕各家排门粉壁，大字书写所禁……

五　……绰，敢有违犯之人，捉拿呈府施行。须至……

六　……处递发到配役贼徒并本路□□□警贼……

至元二年捕盗文

元代写本，行草书，残件。高 24.5 厘米，宽 39.8 厘米。黑水城出土，俄罗斯科学院东方文献研究所藏。图版见《俄藏黑水城文献》第四册，第 242 页，编号 TK231。

一　至十八日到即的站被本路公使人马剌麻……

二　见将也速答儿、难的盘问为文等，出路支引……

三　当回至廿九日□□□，以致忻都先已先发，今蒙

四　取问，历召……□□也速答儿□□，自……

五　□本犯的□□精，并不是官吏，上下抑……

六　……教化，如此招责，别无虚诳，今来也速

七　答儿……犯，不合于至元二年五月

八　十二日信从首贼阿立浑、从贼帖木儿

九　纠合也速答儿、杨耳梅班的知情，不曾

一〇　上盗，先去长堠子等候，至十七日，有贼人阿

一一　立浑、帖木儿偷到便使忻都怗镯府署马毡

一二　……匹□，令阿立浑□将元

一三　次……

一四　　□被本路公使人马……

一五　　……未指同谋共盗……

捕盗文

元代写本，草书，残件。高24.5厘米，宽39.8厘米。黑水城出土，俄罗斯科学院东方文献研究所藏。图版见《俄藏黑水城文献》第四册，第243页，编号TK231V。

一　　拾□□佰……

二　　捉拿到官……

三　　□……

四　　今□□□于人烟□□□

五　　处□□□□□捉拿到官

六　　今为……

七　　□……

八　　□……

九　　□……

皇庆二年文书

元代写本，行楷书，残件。高23.5厘米，宽19.5厘米。黑水城出土，俄罗斯科学院东方文献研究所藏。图版见《俄藏黑水城文献》第四册，第206页，编号TK202。

一　　……你赤……

二　　……不当厅引……

三　　……枷收取状□备①□招词，另行招责□……

四　　□□招伏，既系脱忽帖木儿所管怯怜□……

五　　……守分，不合于皇庆二年二月初……

---

① "备"，原文书中作"俻"，为"备"的俗写。

六　　……蛮具都□、答义儿、张歹同情盗……

七　　……圈内□□马一匹、黑□……

八　　……羺羊二口□□……

盗驼贼人朵剌等残文书

元代写本，行草书，残件。高 23.7 厘米，宽 4.5 厘米。黑水城出土，英国国家图书馆藏。图版见《斯坦因第三次中亚考古所获汉文文献》（非佛经部分）第一册，第 212 页，编号 OR.8212/737 K.K.0150（m）。

一　　……头目人等，勘当盗驼贼人朵剌等三名……

二　　……□□有□拱

西番达达贼人诡称使臣犯隘事文书残片

元代写本，楷书，残件。高 14.1 厘米，宽 7.8 厘米。黑水城出土，英国国家图书馆藏。图版见《斯坦因第三次中亚考古所获汉文文献》（非佛经部分）第一册，第 216 页，编号 OR.8212/742 K.K.0117（s）。

一　　……□前……

二　　……□半夜□□□□□贼□……

三　　……居兀吉隘口内高声呼叫，你每开门交我……

四　　……里来的使臣，有甚么印信文字，言……

五　　……□□觑得各贼系西番达达……

刑房追问贼人残呈（试笔）

元代写本，行草书，残件。高 18.7 厘米，宽 16.8 厘米。黑水城出土，英国国家图书馆藏。图版见《斯坦因第三次中亚考古所获汉文文献》（非佛经部分）第一册，第 217 页，编号 OR.8212/743 K.K.0150（f）（i）。

（正面）

一　　刑房　　试笔

二　　呈见行，追问贼人忽都……

附录　黑水城出土元代律令与词讼文书录文

三　　得贼人忽都不花状招……

四　　阿黑班答大王位下怯薛丹……

五　　东街杨兄厶同居，见在亦集乃……

六　　家口住，除高曾父母不记名……

（背面）

一　　友月

刑房追问亦速等被盗驼马公事残呈

元代写本，行书，残件。高 26.4 厘米，宽 13.5 厘米。黑水城出土，英国国家图书馆藏。图版见《斯坦因第三次中亚考古所获汉文文献》（非佛经部分）第一册，第 218 页，编号 OR.8212/745 K.K.0231（c）。

一　　刑房

二　　呈见行，追问亦速等被盗驼马公事，

三　　未将贼人教化状招，不合，与首

四　　贼哈果①歹，从贼别乞列迷失、亦速、答立巴□

根捉盗马贼人事封签

元代写本，楷书，二残件。尺寸一致，均高 20.7 厘米，宽 3.6 厘米。黑水城出土，英国国家图书馆藏。图版见《斯坦因第三次中亚考古所获汉文文献》（非佛经部分）第二册，第 53 页，编号 OR.8212/1122 正背 K.K.0118.p。

（一）

一　　根捉盗马贼人事

---

① "果"，原文书中作"菓"，为"果"的俗写。

（二）

一　　根捉盗马贼人事

不花残片（2-1）

元代写本，行书，残件。高9.6厘米，宽3.3厘米。黑水城出土，英国国家图书馆藏。图版见《斯坦因第三次中亚考古所获汉文文献》（非佛经部分）第二册，第93页，编号OR.8212/1185 K.K.0150.ff。

一　　……不花□……

不花残片（2-2）

元代写本，行书，残件。高10.2厘米，宽5.4厘米。黑水城出土，英国国家图书馆藏。图版见《斯坦因第三次中亚考古所获汉文文献》（非佛经部分）第二册，第94页，编号OR.8212/1188 K.K.0150.ii。与OR.8212/1185 K.K.0150.ff字迹、纸质相同，应为同一文书。

一　　……不花盗……

六　财物案

财物案

元代写本，竹纸，行书，残件。高27.2厘米，宽24.7厘米。黑水城出土，内蒙古文物考古研究所藏。图版见《中国藏黑水城汉文文献》第四册，第733页，编号M1.0593［F73：W16］。

一　　……知何处借到

二　　旧损不堪鞍子一付，俱各将马备了，又收拾到

三　　粮食黄米五碗①、孔立麻五碗，弓箭二付，铜锣

四　　锅一口，元盖卧旧毡二片，羊皮被二张，将粮、饭②

---

① "碗"，原文书中作"椀"，为"碗"的俗写。
② "饭"，原文书中作"飰"，为"饭"的俗写。

五　　用答连毛口袋盛放，俱各缚抓定，在彼等候。至

六　　一更前后，有今相识刘丑僧背夯旧鞍子一付、

七　　辔头一付前来。有忙古歹向丑僧言说：既来了

八　　呵，去来将应有行李稍带作一驮，于陈忠小青

九　　白扇马上驼讫。忙古歹与来保重骑乌花……

僧人任义儿状告案

元代写本，麻纸，行草书，残件。高 28.9 厘米，宽 28.2 厘米。黑水城出土，内蒙古文物考古研究所藏。图版见《中国藏黑水城汉文文献》第四册，第 734 页，编号 M1.0594 ［F234：W9］。

一　　取状人罗信甫

二　　右奉取状者见年四十八岁，无病，系

三　　御位下安西路刘万户所管祗候，府□勾当。

四　　见于亦集乃在城价赁到王豚月将土房一间，

五　　计凡肆定，……住坐，今为僧人任义儿状告，伊

六　　……本年五月初二日向厶

七　　……到官取状，具实□□先于

八　　……揭问……

九　　……交质典玉带内一……

一〇　……在官司直，五月初二日早……

一一　……了，至当日……

陈礼状告孙直欠少伊货钱不肯归案

元代写本，麻纸，行草书，残件。高 23.9 厘米，宽 32.8 厘米。黑水城出土，内蒙古文物考古研究所藏。图版见《中国藏黑水城汉文文献》第四册，第 735 页，编号 M1.0595 ［F193：W12］。

一　　皇帝圣旨里，亦集乃路总管府据甘州路

二　　录事司状申云云，得此，更行官议，准甘州路

三　　关，亦为此事，准此，照得，先据在司申

四　　陈礼状告孙直欠少伊货钱不肯归

五　　还公事，已将本人发下在司取问明白，依理

六　　归结去讫，今准前因，总府今差本

七　　役前……孙直正身押来

八　　赴府……施行

亦集乃路在城圣阴寺住人状告案

元代写本，草纸，行草书，残件。高21.2厘米，宽17.5厘米。黑水城出土，内蒙古文物考古研究所藏。图版见《中国藏黑水城汉文文献》第四册，第736页，编号M1.0596［F4：W7］。

一　　……告年三十六岁，无病，系

二　　……亦集乃在城圣阴寺前住坐，伏为状告，近于

三　　……壹名，唤爱的斤，与贝宁①普挥赶驴五

四　　……麦□斛□米，至当月二十六日到贝宁普

五　　……的斤存留驴三头，止在屯田渠朱和尚家

六　　……驮小麦前来，赴城还家，至直九月初二日

七　　……贰头，赍夯口袋二对前

八　　……驴二头俱备驼鞍，复

九　　……家一口，得罗

王七弟王旭赍夯客货钱案

元代写本，竹纸，行楷书，三残件。第一件高11.2厘米，宽6.9厘米；第二件高31.2厘米，宽7厘米；第三件高6.2厘米，宽6.3厘米。黑水城出土，内蒙古文物考古研究所藏。图版见《中国藏黑水城汉文文献》第四册，第737页，编号M1.0597［F144：W6］。

---

①　"宁"，原文书中作"寕"，为"宁"的俗写。

（一）

一　……户，见在本路在城与徐提领……

（二）

一　王七令弟王旭赍夯客货……帖……有余，王七弟伏不肯归……

二　难以取嗦，今来若不状告，思忖浔王七令弟王旭赍夯客货钱，不知何往去讫，甘州买卖去讫，故意推……

三　下街客货钱私下实□……此情理难容，今不无具状上诉

四　亦集乃路总管府　乞赐……

（三）

一　告状人……

朵立赤赶去黑花牛案

元代写本，竹纸，行楷书，残件。高29.1厘米，宽37.5厘米。黑水城出土，内蒙古文物考古研究所藏。图版见《中国藏黑水城汉文文献》第四册，第738页，编号 M1.0598［F79：W41］。

一　……徐□等……至十七日杨宝与

二　……朵立赤元赶去黑花牛一只，上驮麦面

三　……便取问，所责前词，并是的实，别

四　无……磨问，伏与各人□对，与上状稍

五　有不同……重罪不词，诳官……执结是

六　实伏取

七　裁……

八　大德六年十二月　日取状人杨宝　（画押）状

九　十四日

财物案

元代写本，麻纸，行书，残件。高 21.7 厘米，宽 21.7 厘米。黑水城出土，内蒙古文物考古研究所藏。图版见《中国藏黑水城汉文文献》第四册，第 739 页，编号 M1.0599［F111：W70］。

一　　取状人也火却丁…

二　　……取状者见年……

三　　……无病，系本府吾即合……

四　　管站户，今为厶与本管百户吾即

五　　合合状招，指却丁布与伊一同

六　　赴行省宣使乌麻儿等处，买讫和籴小麦，价

七　　钱中统钞……厶却行赴官陈告，昏赖乌马儿

丢失骆驼案

元代写本，麻纸，楷书，残件。高 30.3 厘米，宽 6.1 厘米。黑水城出土，内蒙古文物考古研究所藏。图版见《中国藏黑水城汉文文献》第四册，第 740 页，编号 M1.0600［Y1：W32］。

一　　……回泉水边止宿，将驼只于彼草地内撒放，至二十八日巳时以来，只帖等将……

二　　将赶点觑得，于内不见讫驼一十三只内，只帖驼七只，内七岁黄母驼一只，左腮上有▇如此印记，□……

三　　只，左后腿上有▇如此印记，七岁黑母驼一只，十岁黄扇驼二只，七岁……

四　　记，五岁黄母驼一只，左眼瞎，左后腿上有▇如此印记……

财物案残件

元代写本，草纸，行书，残屑。高 14.9 厘米，宽 12.9 厘米。黑水城出土，内蒙古文物考古研究所藏。图版见《中国藏黑水城汉文文献》第四册，第 741 页，编号 M1.0601［F180：W4］。

附录 黑水城出土元代律令与词讼文书录文

一　……典钱钞定向何贤……
二　……孩具议赴亦集乃路……
三　……壹拾陆定责付何保奴……
四　具呈甘肃行省……
五　……□借断……

词讼状残件

元代写本，行书，三残屑。第一件高7.7厘米，宽8.8厘米；第二件高5厘米，宽8.1厘米；第三件高4.4厘米，宽7.7厘米。黑水城出土，内蒙古文物考古研究所藏。图版见《中国藏黑水城汉文文献》第四册，第931页，编号M1.0703［84H.F43：W5/0795］。

（一）

一　……月廿七日告状人杨

（二）

一　……圆夺了□……
二　……屈舍根递……
三　……人不立脚……

（三）

一　……□……

词讼文书残件

元代写本，行书，残屑。高8厘米，宽10厘米。黑水城出土，内蒙古文物考古研究所藏。图版见《中国藏黑水城汉文文献》第四册，第937页，编号M1.0711［84H.F124：W3/1829］。

一　元夺不……
二　壹歹答……

— 241 —

三　　今将元夺……

四　　状告，乞施行……

五　　本路盐池站……

朵只昔吉等诉状

元代写本，行楷书，残屑。高29.1厘米，宽4.3厘米。黑水城出土，内蒙古文物考古研究所藏。图版见《中国藏黑水城汉文文献》第四册，第947页，编号M1.0729［84H.F205：W1/2291］。

一　　朵只昔吉等状□……

二　　耳足于吾即阿失处喫到财钱、地土……

三　　……申奉

文书残件

元代写本，行草书，残屑。高15.3厘米，宽4.1厘米。黑水城出土，内蒙古文物考古研究所藏。图版见《中国藏黑水城汉文文献》第四册，第959页，编号M1.0746［84HF125A］。与《中国藏黑水城汉文文献》第四册，第709页，编号M1.0573［84H.F125：W59/1909］文书第一件相同，应为重复收录。

一　　……打夺去位，更将秃亦不……

捌落状告抽分案申文

元代写本，宣纸，行楷书，残件。高41.9厘米，宽25.4厘米。黑水城出土，内蒙古文物考古研究所藏。图版见《中国藏黑水城汉文文献》第一册，第102页，编号M1.0066［Y5：W11a］。

一　　……等处行中书省据肃州路申：捌落状告年五十三岁，□……

二　　火儿麻思所管伉俪人户，见在肃州阿儿八都地面住……

三　　捌落等一般人户俱在肃州所管阿儿八都地面住……

四　　凡为一切和顾和买仓粮杂犯差役抽分羊畜俱隶本

五　……管应纳，至今不曾有阙，与亦集乃路并无干涉，昨

六　……内有亦集乃路所委抽分羊官……

至正卅年四月责领状

元代写本，麻纸，行草书，残件。高20.2厘米，宽30.8厘米。黑水城出土，内蒙古文物考古研究所藏。图版见《中国藏黑水城汉文文献》第二册，第236页，编号M1.0147［F21：W12］。

一　今当

二　守御官处责领……前项正赃……

三　仓斗肆石柒斗，中间并无差错……

四　责领是实，伏取

五　台旨

六　至正卅年四月取责领人傅示　（押）状

七　连状人　李买　状　（押）

景朵歹吓要驼只等物案

元代写本，竹纸，行书，残件。高29.6厘米，宽38.2厘米。背为印制契本。黑水城出土，内蒙古文物考古研究所藏。图版见《中国藏黑水城汉文文献》第六册，第1227页，编号M1.0960［F1：W94背］。

一　此世明……

二　儿字收附一纸，于内□……

三　讫，手字分付景朵歹收接去讫。世明欲要前来赴官伸诉，为是

四　患害病证，直至到今，若不状告其，景朵歹等二次妄行执谋

五　吓要驼只等物，实是情理生受，今不免具状赴

六　亦集乃路总管府　伏乞

七　详状施行，如虚，甘罪不词。伏取

黑水城出土元代律令与词讼文书整理研究

忽都帖木儿拐驼

元代写本，竹纸，楷书，残件。高 22.1 厘米，宽 10.4 厘米。黑水城出土，内蒙古文物考古研究所藏。图版见《中国藏黑水城汉文文献》第六册，第 1314 页，编号 M1.1061 ［84H.F123：W3/1821］。

一　忽都帖木儿拐驼

二　忽都帖木儿拐驼

胡文整出首文书一

元代写本，竹纸，楷书，残件。高 28.7 厘米，宽 25.3 厘米。黑水城出土，内蒙古文物考古研究所藏。图版见《中国藏黑水城汉文文献》第七册，第 1413 页，编号 M1.1135 ［F234：W10］。

一　亦集乃路儒学①教授所学录胡文整

二　谨呈，自到任以来，为本路急阙儒学教授、学校堕废□……

三　总府劝谕儒户人民良家子弟学习诗书去后，至四月……

四　杨只立古前来向文整言说，杨只立古有学生一名汝勇布，交□府学读书……

五　日将来，为文整不肯收接，却将钱一十两分付本学生员许仲明收接，随有耳卜渠……

六　……如今这张太平奴有孩儿一个，名昌娥儿，入学读书，后头选日将来……

七　……从，回说，你每学生不来，没体例要你钞两，当……

八　……不见生员前来习学诗书……社长王朵只巴并杨只立古、胡不鲁罕、张太平……

九　……说嘱实是不便，今将各人元与学课钱……

---

① "学"，原文书中作"斈"，为"学"的俗写。

附录　黑水城出土元代律令与词讼文书录文

胡文整出首文书二

元代写本，竹纸，楷书，二残件。第一件高 33.3 厘米，宽 19.8 厘米；第二件高 2.4 厘米，宽 6 厘米，无字。黑水城出土，内蒙古文物考古研究所藏。图版见《中国藏黑水城汉文文献》第七册，第 1419 页，编号 M1.1142［正］。

（一）

一　　……向文整……如今先与你学课钱……
二　　两，文整亦□……平奴等将……两分付……仲明
三　　收接，无敢……，文整思忖……交与文整学课钱中统……十两，却将生员不行
四　　赴府读□……□此出首前去，合行具呈
五　　亦集乃路总管府伏乞
六　　详察施行须至呈者
七　　右谨具

胡文整出首文书三

元代写本，竹纸，楷书，残件。高 32.9 厘米，宽 20.6 厘米。黑水城出土，内蒙古文物考古研究所藏。图版见《中国藏黑水城汉文文献》第九册，第 1948 页，编号 M1.1671［正］。前三行与 M1.1142［正］末尾重复，为照片押行部分。

一　　亦集乃路总管府伏乞
二　　详察施行须至呈者
三　　右谨具
四　　呈

胡文整出首文书四

元代写本，竹纸，楷书，二残屑。第一件高 3.8 厘米，宽 2.8 厘米；第二件高 5.9 厘米，宽 10.4 厘米。黑水城出土，内蒙古文物考古研究所藏。

— 245 —

图版见《中国藏黑水城汉文文献》第十册，第 2100 页，编号 M1.1855［84H.F150：W5/2096］。

（一）

一　……学课钱……

（二）

一　……□已于……

二　……本路所……

三　……先与……

文书残件

元代写本，行楷书，残件。高 17 厘米，宽 8 厘米。黑水城出土，内蒙古文物考古研究所藏。图版见《中国藏黑水城汉文文献》第十册，第 2209 页，编号 M1.2056［84H.F224：W39/2461］。

一　……使作活，依……

二　……拐带讫伊使梁耳合……

三　……黑□骟□……

阿剌不花等口粮文卷一

元代写本，竹纸，行楷书，残件。高 20.4 厘米，宽 66.5 厘米。黑水城出土，内蒙古文物考古研究所藏。图版见《中国藏黑水城汉文文献》第二册，第 315 页，编号 M1.0216［F116：W594］。

一　劄子

二　呈今蒙

三　甘肃行省所委官并本路……

四　分拣到迤北哄散……

五　小口数，若使知……

六　成就人户饥饿……

附录　黑水城出土元代律令与词讼文书录文

七　　大小二麦时估价……

八　　人户自行收籴……

九　　行具呈者

一〇　右谨□

一一　呈

一二　延祐四年八月……

阿剌不花等口粮文卷二

元代写本，竹纸，行楷书，残件。高 18.9 厘米，宽 99.1 厘米。黑水城出土，内蒙古文物考古研究所藏。图版见《中国藏黑水城汉文文献》第二册，第 316—319 页，编号 M1.0217 ［F116：W574］。

一　　取状人阿剌不花

二　　一名阿剌不花，年四十八岁……

三　　察歹下

四　　一名秃忽鲁，年五十五岁，无……

五　　阿黑不花宁肃王位下

六　　右阿剌不花等各年甲间开写在……

七　　取问阿剌不花是否系哄散人……

八　　家口从实供报事上取状，今……

九　　等将实有迤北哄散人……

一〇　报，中间并无不系迤北……

一一　捏合不实，亦不系……

一二　……立内，如蒙官……

一三　旦有差别……

一四　□□更行甘……

一五　词，保结是实，今……

一六　总计伍拾柒户……

一七　大口……

一八　小口……

一九　右伏取

二〇　台旨

二一　延祐四年八月　日　取……

二二　连状……

阿剌不花等口粮文卷三

元代写本，竹纸，行楷书，残件。高 19.3 厘米，宽 109.2 厘米。黑水城出土，内蒙古文物考古研究所藏。图版见《中国藏黑水城汉文文献》第二册，第 320—323 页，编号 M1.0218［F116：W83］。

一　　取状人阿立嵬

二　　右阿立嵬等各年壮无病……

三　　察歹位下迤北哄散前来开……

四　　取问阿立嵬等……

五　　供报事上取状，今来……

六　　执结，委系迤北哄散……

七　　不实，如虚情愿将……

八　　行，甘当重罪不词……

九　　开于右

一〇　□□……

一一　右伏取

一二　台旨

一三　延祐四年八月……

一四　十三日　　（八思巴文印章）

阿剌不花等口粮文卷四

元代写本，竹纸，行楷书，三残件。第一件高 16.6 厘米，宽 24.5 厘米；第二件高 20.8 厘米，宽 26.6 厘米；第三件高 20.8 厘米，宽 20.3 厘米。

黑水城出土，内蒙古文物考古研究所藏。图版见《中国藏黑水城汉文文献》第二册，第 324 页，编号 M1.0219［F116：W99］。

（一）

一　皇帝圣旨里承务郎同知……

二　海牙准　来文为分拣到……

三　不花等接济大小二麦……

四　……行省所委官一同……

五　……粮数保结……

六　……官一同……

七　……□□……

（二）

一　如蒙给价自……

二　得此，议得买景人户若住……

三　不能成熟，人户饥饿生受……

四　时直给散价钱，令人户自……

五　于当职今将　省委官……

六　讫粮数价钱保结，合行……

七　照验，施行。

八　一总计

（三）

一　……月　吏……

二　六日（八思巴文印章）

七　土地案

陈伴旧等争地案

元代写本，竹纸，楷书，三残件。第一件高 35.2 厘米，宽 23.5 厘米；第二件高 29.5 厘米，宽 22.9 厘米；第三件高 22.9 厘米，宽 25 厘米。黑水城出土，内蒙古文物考古研究所藏。图版见《中国藏黑水城汉文文献》第四册，第 745—747 页，编号 M1.0603［F116：W98］。

（一）

一　甘肃等处管军万……

二　万户府委差镇……

三　旧处，将各人劝说休……

四　扰乱官司，李文通众人等商量告拦文状，以……情愿当官告拦休和，将上项

五　元争地土壹石均分叁分，内分与孙占住贰分，陈伴旧分与壹分，意愿将孙占住元种地小麦叁斗，陈伴旧收持碾

六　到市斗小麦壹石陆斗，就交付与孙占住了当，如蒙准，告于民相□□，告拦休和之后，占住永无再行经官陈

七　告争竞，如后不依告拦，却有二人争竞之日，占住情愿当官罚骟马叁匹，白米壹拾石，充本管官司公

八　用，更甘当重罪，不词，执结是实得此，

九　告拦状人陈伴旧等

一○　一名被告人陈伴旧，年四十三岁，无病

一一　一名被人陈六月狗，年三十八岁，无病

一二　一名孙占住，年三十一岁，无病

一三　告拦劝和人

一四　一名李文通，年五十五岁，无病

一五　一名闵用，年六十三岁，无病

（二）

一　……年三月　日

（三）
一　　廿七日　　（八思巴蒙古文印章）　　（画押）

债钱主逼取站户吾七玉至罗土地案
元代写本，竹纸，楷书，残件。高36.1厘米，宽14.9厘米。黑水城出土，内蒙古文物考古研究所藏。图版见《中国藏黑水城汉文文献》第四册，第748页，编号M1.0604［F17：W1］。

一　　告状人吾七玉至罗
二　　右玉至罗年三十岁，无病，系本路所管落卜尅站户，见在沙立渠住坐，伏为状告累年以来节次
三　　月日不等揭借他人钱债，钱主日逐逼取，无可打兑，今将忽鲁地面元占到开荒地一段计地伍拾
四　　亩①，已开熟地叁拾亩，生地贰拾亩，其地东至徐答失帖木儿地为界，南至卖……
五　　丁伯沙乞答地为界，北至梁耳债地为界，四至分明，欲……
六　　擅……具状上告

俵水纠纷案
元代写本，麻纸，行书，残件。高28厘米，宽21厘米。黑水城出土，内蒙古文物考古研究所藏。图版见《中国藏黑水城汉文文献》第四册，第749页，编号M1.0605［Y1：W66B］。

一　　均俵讹屈自合依奉，却不合
二　　不遵官司区处讹屈主意，都领汝足梅，
三　　吾即驱汝中玉、亦称布、买驴并鬼如法师雇
四　　人班的等二十余人将水搀夺，尽行闸浇讫，讹屈
五　　并吾即、汝足梅、鬼如法师等大小二麦糜谷　　拾

---

①　"亩"，原文书中作"畒"，为"亩"的俗写。

六　……至二十日，有马旺前来向讹屈言说，你

七　……遵官司自下而上均俵水分……

强夺站户汝中吉土地案

元代写本，草纸，楷书，残件。高 26.4 厘米，宽 18.2 厘米。黑水城出土，内蒙古文物考古研究所藏。图版见《中国藏黑水城汉文文献》第四册，第 750 页，编号 M1·0606［F9：W34］。

一　……前去归断回……

二　……本人所赍排年纳粮……

三　……拟……鲁……□彻……

四　文炳已断站户，依旧为主相应

五　一次，至正十八年四月十九日，又据站户汝中吉等赴省状告，将

六　前项地土有小的□尉□□领人众强行夺

七　占布种，除已差检校席敬前去归断，

八　回据委官呈上项地土幺争二年，虽……

九　二次拟断，文繁逗□□□□杜绝，将站

一〇　户汝中吉等地土照依元统二年元租岁

一一　结执照内靠西石川枣忽鲁，汉语沙

一二　枣树，□□五百余石，依旧佃种纳税外

昔宝赤军户在城地界案

元代写本，草纸，行楷书，残件。高 25.4 厘米，宽 31 厘米。黑水城出土，内蒙古文物考古研究所藏。图版见《中国藏黑水城汉文文献》第四册，第 751 页，编号 M1·0607［F209：W55］。

一　忙哥帖木儿大王位下理问马元帅所管昔宝

二　赤军户见在亦集乃在城住坐伏为状为本

三　……蒙本路申奉

四　甘肃……省劄张科文降召

附录　黑水城出土元代律令与词讼文书录文

五　　暮诸人户盖创①立街衢，承此汝林踏巡

六　　到在城天牢南无主□地基一段，其地东

七　　至陈大房……西至李洪宝房，北至天

八　　牢城墙为界……外凿人工起……

九　　住坐，缘在予别无官给公凭，私下……

一〇　便告……却行将此……

一一　前去后回……依□无干照……

一二　告上项地土……

一三　结呈乞照验，得此，及虚得……

一四　供，即与□告取问，得此，□□……

一五　……仰照验，别无违处……

吾即朵立只等争地案

元代写本，竹纸，行楷书，三残屑，可拼合。第一件高 12.5 厘米，宽 24.2 厘米；第二件高 4.4 厘米，宽 5.9 厘米；第三件高 18.4 厘米，宽 20.8 厘米。黑水城出土，内蒙古文物考古研究所藏。图版见《中国藏黑水城汉文文献》第四册，第 752 页，编号 M1.0608［F245：W31］。

一　　总……

二　　丑……等并地土典……

三　　勾唤……朵立只弟□一干人等赴官取……

四　　行具呈□

五　　吾即朵立只所告弟

六　　莎……束不来　答干布

七　　嵬……答　也火朵立只……

八　　……　阿不来……

九　　……　吾即沙真布……

---

① "创"，原文书中作"刱"，为"创"的俗写。

一〇　……布　梁耳罗　许……

一一　……立布　麦足合真布……

质佃土地案

元代写本，麻纸，行楷书，残件。高19.9厘米，宽20.9厘米。黑水城出土，内蒙古文物考古研究所藏。图版见《中国藏黑水城汉文文献》第四册，第753页，编号M1.0609［F14：W14］。

一　……硕三十七亩二分

二　一块一十亩二分

三　长七十步　阔三十五步

四　一块二十七亩

五　长一百步……

六　本渠地贰伯捌拾柒亩

七　除渠垅伍亩贰分柒厘肆毛

八　质佃捌拾贰亩陆分贰厘陆毛

无得耕种浇溉地内偷种糜子案

元代写本，麻纸，楷书，残件。高18.3厘米，宽20.8厘米。黑水城出土，内蒙古文物考古研究所藏。图版见《中国藏黑水城汉文文献》第四册，第754页，编号M1.0610［F116：W491］。

一　……又蒙

二　达鲁花赤省会，僧人梁日立合只见告令只将前项……

三　无得耕种浇溉煞地内有令只偷种讫糜子……

四　朵立赤不即再行前去踏验，曾无怖种糜……

五　……各人无令耕种并……

六　……朵立赤不即……

七　称前项煞地五石，委系僧人日立合只去……

八　失赤马合麻、令只二人割种糜子，约有四……

九　　司断与我的地土，因此，令只与古失赤马合麻割……
一〇　　……府，伏乞

吴子忠告地土案卷
元代写本，竹纸，行楷书，残件。高18.2厘米，宽15.8厘米。黑水城出土，内蒙古文物考古研究所藏。图版见《中国藏黑水城汉文文献》第四册，第755页，编号M1.0611［F9：W9］。
一　　吴子忠告地土
二　　至正五年　月　日

撒立吉思地土事文卷
元代写本，宣纸，行楷书，残件。高29.7厘米，宽13.1厘米。黑水城出土，内蒙古文物考古研究所藏。图版见《中国藏黑水城汉文文献》第四册，第756页，编号M1.0612［F116：W10］。
一　　为撒立吉思地土事
二　　大德三年　月　日

争地案残件
元代写本，行草书，残件。高16.8厘米，宽3.8厘米。黑水城出土，内蒙古文物考古研究所藏。图版见《中国藏黑水城汉文文献》第四册，第756页，编号M1.0613［84H. 大院内 a6：W62/2851］。
一　　……道仲文元告见争地……

赡站地典押案
元代写本，竹纸，行草书，残件。高27.4厘米，宽14.1厘米。黑水城出土，内蒙古文物考古研究所藏。图版见《中国藏黑水城汉文文献》第四册，第757页，编号M1.0614［Y1：W37B］。
一　　户房

二　　呈：见行曹阿立嵬告父曹我称布存
三　　已将赡站地廿石作钞八定典与任忍布……

土地案

元代写本，竹纸，行楷书，二残屑。第一件高 16 厘米，宽 16.3 厘米；第二件高 13.6 厘米，宽 20 厘米。黑水城出土，内蒙古文物考古研究所藏。图版见《中国藏黑水城汉文文献》第四册，第 758 页，编号 M1.0615〔F13：W115〕。

（一）

一　　于远年间蒙
二　　……有檩拨当差地土伍拾……
三　　……从不曾有……近年……
四　　拾亩大半水碱生发，（不）……
五　　……地东至使水小渠……
六　　……孙关僧地为界……
七　　……鲁孙地土……

（二）

一　　……拾伍亩……
二　　……地一段，沙河……
三　　……拾伍亩余，东南至……
四　　……如蒙怜悯，乞将上（项）……
五　　……所生受告讫，详状事
六　　……前去所告地内呼来……
七　　……得及照勘，本人水……
八　　……事，须至指……
九　　……下……

赡站地典与阔阔歹耕种案

元代写本，麻纸，行书，残件。高 34.3 厘米，宽 22.4 厘米。黑水城出土，内蒙古文物考古研究所藏。图版见《中国藏黑水城汉文文献》第四册，第 759 页，编号 M1.0616［Y1：W64］。

一　奉
二　总府官台旨，据撒兰伯告李典病故，伊……抵奴将
三　赡站地典与阔阔歹耕种，将站……应当事，凭
四　今发①信牌壹面，仰……抵奴，限十一月初九日早赴
五　……奉此
六　右仰
七　忙不及印
八　至元三年十一月初七日发②行

土地案

元代写本，竹纸，草书，残件。高 26.8 厘米，宽 13.7 厘米。黑水城出土，内蒙古文物考古研究所藏。图版见《中国藏黑水城汉文文献》第四册，第 760 页，编号 M1.0617［F123：W6］。

一　据冯春等　　连名状告云云，得此，
二　总府合下仰照验，速为照勘冯春等所告前项
三　地土是实速仰是否系官荒地土，合行速拟，得见
四　……甘保结呈府各行

文书残卷

元代写本，行书，残件。高 15 厘米，宽 17.4 厘米。黑水城出土，内蒙古文物考古研究所藏。图版见《中国藏黑水城汉文文献》第四册，第 761

---

① "发"，原文书中作"彂"，为"发"的俗写。
② "发"，原文书中作"発"，为"发"的俗写。

页，编号 M1.0618 [F245：W16]。

一　　石朵立只……

二　　火即合地七石，并……

三　　渠地一段一十石，并弟……

四　　马黑牟地一十石，也火……

五　　布地二石，许六十地一十石……

六　　罗要讫炉鏊一付，红白……

七　　门三合、窗①二付，答立麦要讫……

八　　妇女一名，兀那昔俱各隐……

九　　丑……有朵立只委系……

一〇　……所……关行，据经历……

一一　□内该古忒却系吾即丑……

一二　明白，所据一干人等未曾到……

一三　总府官议得，既籍内□（管）……

土地案

元代写本，行草书，残件。高24.3厘米，宽13.8厘米。黑水城出土，内蒙古文物考古研究所藏。图版见《中国藏黑水城汉文文献》第四册，第762页，编号 M1.0619 [Y1：W55]。

一　　取问，所供……

二　　班的据答干玉等给定，今争前项地土

三　　先于至正二年四月委系故父忽都，达鲁花赤存日于

四　　今则渠占到荒闲地土……

五　　来耕种

---

① "窗"，原文书中作"窻"，为"窗"的俗写。

附录　黑水城出土元代律令与词讼文书录文

土地案

元代写本，行草书，残件。高 27.6 厘米，宽 14.4 厘米。黑水城出土，内蒙古文物考古研究所藏。图版见《中国藏黑水城汉文文献》第四册，第 763 页，编号 M1.0620 [F114：W9a]。

一　……事关完备，回付□□敬此，敬他将……
二　……等地土二百亩，其地东至……
三　南至　西至
四　修理
五　北至……拨付李万贵……种……
六　为无人……将□不必意
七　……有李万贵因病身故，将圣容寺不曾……

文书残件

元代写本，草书，残屑。高 15.5 厘米，宽 15.3 厘米。黑水城出土，内蒙古文物考古研究所藏。图版见《中国藏黑水城汉文文献》第四册，第 764 页，编号 M1.0621 [F114：W9b]。

一　将元侄李□
二　……掌管酒事，本官与李朵立只□……
三　……我□□李朵立只苦父李束答……
四　……□你每修……
五　……从①将发押……

文书残件

元代写本，草书，四残屑。第一件高 12.4 厘米，宽 4.7 厘米；第二件高 6.1 厘米，宽 2.5 厘米；第三件高 8.3 厘米，宽 5.4 厘米；第一件高 5.8 厘米，宽 4.9 厘米。黑水城出土，内蒙古文物考古研究所藏。图版见《中

---

①　"从"，原文书中作"従"，为"从"的俗写。

国藏黑水城汉文文献》第四册，第765页，编号 M1.0622 ［F114：W9c］。

（一）

一　……交付李……

二　……因此……

（二）

一　……□□□……

（三）

一　……浥勒令……

（四）

一　……交……

二　……有我……

三　……父李……

诸色人户地土案

元代写本，宣纸，行楷书，二残屑。第一件高 17.4 厘米，宽 8.9 厘米；第二件高 17.6 厘米，宽 8.2 厘米。黑水城出土，内蒙古文物考古研究所藏。图版见《中国藏黑水城汉文文献》第四册，第 766 页，编号 M1.0623 ［F245：W15］。

（一）

一　　照讫　（官印）

（二）

一　……奉

二　……诸色人户地土从实供报，无得

三　……式结罪文状供报外，今又

至正二年土地案

元代写本，竹纸，行楷书，残件。高 11.4 厘米，宽 20.3 厘米。黑水城出土，内蒙古文物考古研究所藏。图版见《中国藏黑水城汉文文献》第四册，第 767 页，编号 M1.0624［F116：W476］。

一　　买……

二　　长玖拾步，东西……

三　　西至城角回回坟墓，四……

四　　亦集乃路总管府　伏（乞）

五　　照验施行，须至呈者……

六　　右　谨　具

七　　呈

八　　至正二年　五……

土地案残件

元代写本，行楷书，残件。高 29.7 厘米，宽 19 厘米。黑水城出土，内蒙古文物考古研究所藏。图版见《中国藏黑水城汉文文献》第四册，第 768 页，编号 M1.0625［F178：W4］。

一　　……前项地土……

二　　……四至分明，委是本人已业中间并……

三　　……今为沙兰古等结罪文状在官外逃□，合行具呈，伏乞

四　　……须至呈者

争地案残件

元代写本，竹纸，行书，二残屑。第一件高 13.7 厘米，宽 7.8 厘米；第二件高 14.2 厘米，宽 8.3 厘米。黑水城出土，内蒙古文物考古研究所藏。图版见《中国藏黑水城汉文文献》第四册，第 769 页，编号 M1.0626［F245：W20］。

(一)

一　　至顺三年……

二　　提（控）……

(二)

一　　……朵立只争地……

二　　知（事）……

地界案残件

元代写本，行书，残屑。高 8.3 厘米，宽 4 厘米。黑水城出土，内蒙古文物考古研究所藏。图版见《中国藏黑水城汉文文献》第四册，第 770 页，编号 M1.0627［84H. F124：W5/1831］。

一　　…至□要歹地为界

二　　北至镇直你地为界

三　　南至□□歹地为界

官地案残件

元代写本，行草书，三残屑。第一件高 10.3 厘米，宽 4.8 厘米；第二件高 7.1 厘米，宽 4.2 厘米；第三件高 4.7 厘米，宽 4.4 厘米。黑水城出土，内蒙古文物考古研究所藏。图版见《中国藏黑水城汉文文献》第四册，第 770 页，编号 M1.0628［84H. 大院内 a6：W64/2853］。

(一)

一　　……他人房……

二　　……北系官地……

三　　……至……

(二)

一　　……麻巴南……

二　……为主，行告……

（三）
一　……哈剌……
二　……系……

地土案残件

元代写本，行草书，残件。高26.8厘米，宽6.3厘米。黑水城出土，内蒙古文物考古研究所藏。图版见《中国藏黑水城汉文文献》第四册，第771页，编号M1.0629［HF111（下层）B正］。

一　……去为仆，据额迷渠麦子卅石
二　……二年……□兰不曾耕种，□有合只立嵬□□……
三　地一段，今□圣容寺……耳布……种……

文书残件

元代写本，行草书，残件。高26.8厘米，宽6.3厘米。黑水城出土，内蒙古文物考古研究所藏。图版见《中国藏黑水城汉文文献》第四册，第772页，编号M1.0630［HF111（下层）B背］。

一　□丁和尚租阿□往屯田室□
二　□与教化耆者了在教□至大德三年四月

达达田地案

元代写本，行楷书，残件。高28.7厘米，宽9.4厘米。黑水城出土，内蒙古文物考古研究所藏。图版见《中国藏黑水城汉文文献》第五册，第1065页，编号M1.0839［84H.F111：W42/1124］。

一　皇帝圣旨里，亦集乃路达鲁花赤总管府据察立马……
二　麻苔□□状告……田被□诸□……
三　达达田地

元为强行闸去本家地内浇溉事残状

元代写本,行书,残件。高14.4厘米,宽4.2厘米。黑水城出土,英国国家图书馆藏。图版见《斯坦因第三次中亚考古所获汉文文献》(非佛经部分)第一册,第211页,编号OR. 8212/735 K. K. I. 0232(cc)。

一　……强行闸去本家地内浇溉,乞施行……
二　……不花台亲诣所指地内相视淂元闸水……
三　……外将水……

文书残件

元代写本,行书,残件。高11.5厘米,宽5.1厘米。黑水城出土,英国国家图书馆藏。图版见《斯坦因第三次中亚考古所获汉文文献》(非佛经部分)第一册,第256页,编号OR. 8212/780 K. K. IV. 04(i)。

一　诣地眼同相视……
二　告空闲草地一块……

文书残件

元代写本,行书,残件。高16.2厘米,宽6.6厘米。黑水城出土,英国国家图书馆藏。图版见《斯坦因第三次中亚考古所获汉文文献》(非佛经部分)第一册,第257页,编号OR. 8212/781 K. K. 0118(b)。

一　……亦卜阿巴为界,南至张召柱……
二　……西至戚八狗地为界,北至……
三　……□霍二地为……

元附籍偷种残状

元代写本,行书,残件。高14.1厘米,宽12.9厘米。黑水城出土,英国国家图书馆藏。图版见《斯坦因第三次中亚考古所获汉文文献》(非佛经部分)第一册,第257页,编号OR. 8212/782 K. K. I. 03(b)(i)。

一　……状结□□□……

附录　黑水城出土元代律令与词讼文书录文

二　　　虽称累蒙
三　　　……附籍明见，隐占……
四　　　……给地日偷种罪犯□□……
五　　　……百户　人
六　　　……卷
七　　　……将□迷渠一段二顷一十七厶断付
八　　　……段四至顷亩

也火汝足立嵬地土案卷一

元代写本，宣纸，行书，残件。高19厘米，宽15.7厘米。黑水城出土，内蒙古文物考古研究所藏。图版见《中国藏黑水城汉文文献》第四册，第795页，编号M1.0636 [F116：W186a]。

一　　　……省来申据也火汝足……
二　　　……站户，见当永昌路扎……
三　　　……如今前来亦集乃……
四　　　……火耳立时常……
五　　　……曾祖父……

也火汝足立嵬地土案卷二

元代写本，宣纸，行书，残件。高29.5厘米，宽26.7厘米。黑水城出土，内蒙古文物考古研究所藏。图版见《中国藏黑水城汉文文献》第四册，第796页，编号M1.0637 [84H.F116：W366/1538]。

一　　　……将各各块数……
二　　　……见年七十五岁，□因占地后附籍时役……
三　　　……革立嵬转写石革阿立嵬，取勘户……
四　　　……石革立嵬抛下地土，供报到官，吾即渠……
五　　　……顷在后，经遇浑都孩军马叛乱后……
六　　　……等将应有庄业各家抛弃，逃移……

七　　……也火汝足前来复业，有石革立嵬元抛……

八　　……绝荒闲拨作公地，人户占种在后，于不……

九　　……府干事于彼见有前人石革立嵬……

一〇　……凉州地面……

也火汝足立嵬地土案卷三

元代写本，宣纸，行书，残件。高 28.2 厘米，宽 23.6 厘米。黑水城出土，内蒙古文物考古研究所藏。图版见《中国藏黑水城汉文文献》第四册，第 797 页，编号 M1.0638 [F116：W186c]。

一　　……生二子，长……

二　　……立嵬弟石监布……

三　　……到你母揽都奴伦……

四　　……明次，三男朵立赤……

五　　……年间蒙

六　　……前来取勘无差役人户将我每签……

七　　……听此，汝足立嵬记怀在心，后有父阿玉……

八　　……爹爹亦立吉你，俱各节次亡殁，每年……

九　　……文内坐到汝足立嵬曾祖父石革立嵬

一〇　……十一年十月内汝足立……

也火汝足立嵬地土案卷四

元代写本，宣纸，行书，残件。高 27.9 厘米，宽 34.3 厘米。黑水城出土，内蒙古文物考古研究所藏。图版见《中国藏黑水城汉文文献》第四册，第 798 页，编号 M1.0639 [F116：W186d]。

一　　……签充永昌路扎剌儿……

二　　……亦集乃路差人将汝足立嵬……

三　　……前来复业，应当祖上差役……

四　　……父石革立嵬元抛地土作绝户拨……

五　……只住为主，如蒙怜悯，揭照……

六　……拨付汝足立嵬复业，应……

七　……定立扎剌儿站役除免……

八　……种人户姓名开坐告乞……

九　……官当厅将元顿木柜开锁，揭照到……

一〇　……兀沙来元拱廿五户人数内一……

一一　……有户口站百户卜兀沙来……

一二　……今将全籍户面地土……

也火汝足立嵬地土案卷五

元代写本，宣纸，行书，残件。高 28.4 厘米，宽 38.1 厘米。黑水城出土，内蒙古文物考古研究所藏。图版见《中国藏黑水城汉文文献》第四册，第 799 页，编号 M1.0640 ［F116：W186e］。

一　……于至元廿四……

二　……革阿立嵬地亩册……

三　……所管逃移站户，延祐元年取……

四　……立嵬前后虽有姓名单□始……

五　……异，又兼本人即目见在西凉州住坐……

六　……路西凉州取勘，破调不曾……

七　……地土拨付却缘公田子粒并永昌……

八　……未敢擅专，宜从省府……

九　……事相开全籍户面拨付公地……

一〇　……明降付下施行。得此若便准仰……

一一　……管系亦集乃路附籍站户，远年……

一二　……元置地土抛弃，惊移前……

也火汝足立嵬地土案卷六

元代写本，宣纸，行书，残件。高 21 厘米，宽 11.5 厘米。黑水城出土，内蒙古文物考古研究所藏。图版见《中国藏黑水城汉文文献》第四册，第 800 页，编号 M1.0641［F116：W186f］。

一　……七十五亩三分一……

二　……三块一顷令一亩，一段九块二……

三　……五亩六分，远年取……

四　……地土抛弃，今……

也火汝足立嵬地土案卷七

元代写本，楷书，二残件。第一件高 25.2 厘米，宽 21.4 厘米；第二件高 8.7 厘米，宽 7.1 厘米。黑水城出土，内蒙古文物考古研究所藏。图版见《中国藏黑水城汉文文献》第四册，第 801 页，编号 M1.0642［F116：W541］。

（一）

一　……宁夏娶到你阿婆蔡玉阿赛，所生二子，长男你父……

二　……到你母揽都奴伦所生到三子，长子是你，安名汝足立嵬……

三　……剌儿站户应当差役，听此汝足立嵬记怀在心，后有父阿玉、叔父耳……

四　……累次差人前来关文，内坐到汝足立嵬曾祖父石革立嵬名字，将汝足立嵬等起……

五　……根脚元系亦集乃路站户，为本处军马叛乱，抛弃地土，全家躲①避西凉州杂木……

六　……差人将汝足立嵬起遣，实是重并，以此汝足立嵬情愿前来复业，应当祖上差……

七　……管公地及贺哥哥等见今朦胧占种为主，如蒙怜悯，揭照汝足立嵬曾祖父石革立……

八　……移永昌路将定立扎剌儿站除免，不致重役生受，今将曾祖元抛

---

① "躲"，原文书中作"趡"，为"躲"的俗写。

附录　黑水城出土元代律令与词讼文书录文

地土条段……

九　　……吾迷僧判地，南至沙滩……

一〇　……实为照陈……

（二）

一　　……凉州杂木口杜善善社下住坐……

二　　……系曾祖父也火石革立嵬……

三　　……九亩一分，一段一块壹顷八十九……

四　　……军马经过月……

也火汝足立嵬地土案卷八

元代写本，竹纸，行书，残件。高 23 厘米，宽 44 厘米。黑水城出土，内蒙古文物考古研究所藏。图版见《中国藏黑水城汉文文献》第四册，第 802 页，编号 M1.0643［F116：W116a］。

一　　……年廿七岁……

二　　……役在西凉州杂木口……

三　　……自汝足立嵬省事以来

四　　……每根脚元系亦集乃……

五　　……于本处置到地土九段，内吾即……

六　　……块伍拾亩壹分……

七　　……块柒拾玖亩壹分，壹段……

八　　壹顷令壹亩，壹段玖块贰顷贰亩……

九　　及渠地一段贰块柒拾伍亩陆分……

一〇　过有祖父石革立嵬将前项地土抛……

一一　杂木口置买到地土耕种住坐为……

一二　婆蔡玉阿赛所生二子，长男你……

一三　革立嵬，弟石监布所生男亦立吉……

一四　到你母揽都伦所生到叁子，长男是你……

一五　……你叔耳立布所生到男一名……

一六　……孩院判前来取勘无差役人户……

一七　……当差役，听此，汝足立嵬记怀在……

一八　……祖叔爹爹亦立吉你俱……

一九　……文内坐汝足立嵬曾祖父石……

二〇　……永昌路遮当至至正十一年……

二一　……嵬根脚元系亦集乃路站户，为……

也火汝足立嵬地土案卷九

元代写本，竹纸，行书，残件。高20.2厘米，宽21.3厘米。黑水城出土，内蒙古文物考古研究所藏。图版见《中国藏黑水城汉文文献》第四册，第803页，编号M1.0644［F116：W116b］。

一　　右谨具

二　　初二日　（印章）

也火汝足立嵬地土案卷十

元代写本，宣纸，楷书，八残件。第一件高26.8厘米，宽21厘米；第二件高25.6厘米，宽22.7厘米；第三件高26.2厘米，宽20.9厘米；第四件高10.5厘米，宽7.5厘米；第五件高8.5厘米，宽7.5厘米；第六件高15.2厘米，宽8.2厘米，无字；第七件高7.9厘米，宽6.6厘米；第八件高8厘米，宽5.2厘米。黑水城出土，内蒙古文物考古研究所藏。图版见《中国藏黑水城汉文文献》第四册，第804—808页，编号M1.0645［F116：W479］。

（一）

一　　……奉

二　　总府指挥窎也火汝足立嵬告复业公事，早窎于本……

三　　立嵬有无姓名，是何站户并元拱地土籍册得见明白，具上检……

四　　施行。奉此依上于

五　　提调官当厅将元顿木柜开锁，揭照到至元廿四年地顷册，内揭得……

六　　人妻口一户石革立嵬，地土顷亩，上挨下靠条段数目，外有户口站在……

七　　坐站户也火失革阿立嵬姓名，今将全籍户面地土条段顷亩宽……

八　　亦集……管府伏乞

九　　……已籍人户外未抄申来……

（二）

一　　贰拾伍亩

二　　长壹伯步……

三　　一段柒拾玖亩壹分未耕……

四　　一块陆拾贰亩伍分

五　　长壹伯伍拾步……

六　　一块壹拾陆亩陆分

七　　长壹伯……

八　　一段壹顷捌拾玖亩……

九　　长叁伯陆拾……

一〇　　一段壹顷令壹亩未耕水……

一一　　一块捌亩伍分

一二　　长……

一三　　一块贰拾亩……

（三）

一　　长贰……

二　　一段贰顷令贰亩肆分

三　　见佃壹顷伍拾陆亩叁……

四　　一块贰拾壹亩伍分

五　长壹伯……

六　一块叁拾肆亩捌分

七　长叁伯壹拾步……

八　一块叁拾叁亩叁分

九　长壹伯陆拾……

一〇　一块叁拾陆亩柒分

一一　长壹伯……

（四）

一　一块贰拾亩令……

二　长壹伯壹拾

三　未耕碱硬叁拾玖亩

四　长……

（五）

一　一块伍拾

二　长……

三　一块贰亩柒分

四　长……

（七）

一　……土自俭已……

（八）

一　……叁……

二　……作三块

也火汝足立嵬地土案卷十一

元代写本，竹纸，楷书，残件。高 26.1 厘米，宽 19.3 厘米。黑水城出土，内蒙古文物考古研究所藏。图版见《中国藏黑水城汉文文献》第四册，第 809 页，编号 M1.0646 ［F116：W474］。

一　　革前创行未绝壹件，也火汝足立嵬告复业……

二　　至当日行检①为尾，讫……

三　　至正十三年正月　　日司吏张世雄等

也火汝足立嵬地土案卷十二

元代写本，楷书，残件。高 18.1 厘米，宽 20.3 厘米。黑水城出土，内蒙古文物考古研究所藏。图版见《中国藏黑水城汉文文献》第四册，第 810 页，编号 M1.0647。

一　　……置买到……

二　　不曾回还我于宁夏……

三　　阿赛所生二子，长男……

四　　父耳立有曾祖父……

五　　布所生到男亦……

六　　父亲阿玉娶到你母揽……

七　　长子是你，安名……

也火汝足立嵬地土案卷十三

元代写本，楷书，残件。高 17.9 厘米，宽 21.4 厘米。黑水城出土，内蒙古文物考古研究所藏。图版见《中国藏黑水城汉文文献》第四册，第 811 页，编号 M1.0648。

一　　耳立布，祖父耳……

二　　各节次亡殁，每……

---

①　"检"，原文书中作"檢"，为"检"的俗写。

三　　人前来关文，内坐……

四　　立㝵名字，将汝足立……

五　　遮当至至正十一年十月……

六　　得曾父石革立㝵根……

七　　□户，为本处军马……

八　　……来到……

也火汝足立㝵地土案卷十四

元代写本，宣纸，行书，十五残件。第一件高 28 厘米，宽 10.4 厘米；第二件高 27.4 厘米，宽 11.3 厘米；第三件高 23.6 厘米，宽 11.1 厘米；第四件高 22.1 厘米，宽 11.7 厘米；第五件高 27.8 厘米，宽 11.8 厘米；第六件高 28 厘米，宽 13.7 厘米；第七件高 27.3 厘米，宽 13.8 厘米；第八件高 27.2 厘米，宽 10.7 厘米；第九件高 27.3 厘米，宽 13.8 厘米；第十件高 27.7 厘米，宽 10.6 厘米；第十一件高 28.6 厘米，宽 11.4 厘米；第十二件高 27.4 厘米，宽 11.9 厘米；第十三件高 28.2 厘米，宽 14 厘米；第十四件高 28.7 厘米，宽 10.8 厘米；第十五件高 27.2 厘米，宽 10.7 厘米。黑水城出土，内蒙古文物考古研究所藏。图版见《中国藏黑水城汉文文献》第四册，第 812—826 页，编号 M1.0649［F116∶W104］。

（一）

一　　……革立㝵有无元抛各各地土得见以……

二　　……准此当职依准将引司吏张归……

三　　……照勘□□地土占种人户已经年深……

四　　……汝足立㝵曾祖父……

（二）

一　　……即耳梅地，南至……

二　　地，西至吾……玉赤伯地并白沙山，北至来来……

三　　你曾祖父因病亡殁，上项地土我……

附录　黑水城出土元代律令与词讼文书录文

四　　父贺汝足亦是病故抛下来……

（三）

一　　不知去向，至今大半不曾……

二　　公地，此时将本处逃移人户……

三　　地叁拾□亩拨付达鲁花赤……

四　　……行改挑渠道耕……

五　　……认状于前……

（四）

一　　……四至内每……

二　　……伍斗，大麦贰石伍……

三　　……到今以□体勘过，今蒙取问所……

四　　邻人许闻僧等状结……

（五）

一　　有父吾即令只时常向令只……

二　　都孩军马叛乱逃移，不知去所。后蒙……

三　　石革立嵬元抛本渠下支水合即小渠麦子地柒……

四　　……□地壹拾壹亩，共计玖……

五　　……□□北至……

（六）

一　　……每系邻人……

二　　……承纳大小二麦壹拾……

三　　伍石……壹拾驮，得此语句后，有父何……

四　　狗依前送纳以致体勘过，今蒙取问所供……

五　　及责得邻人梁令当布等……

（七）

一　……玉立嵬开占讫……

二　……拾亩令捌分并拨付公地……

三　亩令□分，其地东至卜观音宝，南至……

四　宝，北至卜观音宝，四至内……已开……

五　以致体勘过，今蒙取问……

（八）

一　人卜玉立嵬开占讫地……

二　叁拾亩令捌分，其地东至……宝……

三　观音宝，北至观音宝，四至内见今观音……

四　……所供，执结是实，得……

五　……官蒙……

（九）

一　……有伊侄①男卜孔都……

二　手……过，今蒙取问所供，执结是实……

三　人卜观音宝状结，即与梁汝中布所供……

四　一块地壹顷贰拾柒亩肆分，始初计□块……

五　种地人卜观音……

（一〇）

一　都赤所供相同

二　一段地贰顷令贰亩肆分，九块踏验过，为是荒闲之……

三　将……分作二块

四　……开耕作一块，责得……

---

①　"侄"，原文书中作"姪"，为"侄"的俗写。

五　……有故父梁……

（一一）

一　九段计壹拾顷……拾玖亩壹分
二　吾即渠地一段，计壹顷壹拾伍亩陆分，计伍块为是抛故
三　作一段，踏验过，责得种地人乔昝布……
四　以来有故父乔……

（一二）

一　后有叔父……
二　壹顷贰拾柒亩令肆分，其地东至……
三　至孔都□的，北至沙山，并令告人也火汝……
四　……墙痕支小渠为界，内次北……
五　……可以耕种地陆拾……

（一三）

一　……□结是实，得此……
二　……沙罗所供相同
三　吾即渠地六段内屯田，合即渠地三段计壹拾壹块，该……
四　令肆分。本渠下支水合即小□地三段计……
五　拾伍亩肆分。

（一四）

一　了当，每岁承纳子粒大小二麦壹拾……
二　斗，大麦柒石伍斗，穰草壹拾伍驮，逐年……
三　内……铺子一座，以致体勘过……
四　……邻人徐镇抚，男……

(一五)

(八思巴蒙古文)

也火汝足立嵬地土案卷十五

元代写本，竹纸，楷书，四残件。第一件高 16.2 厘米，宽 5.5 厘米；第二件高 19.7 厘米，宽 21.1 厘米；第三件高 11.7 厘米，宽 4.1 厘米；第四件高 14.6 厘米，宽 7.5 厘米。黑水城出土，内蒙古文物考古研究所藏。图版见《中国藏黑水城汉文文献》第四册，第 827—828 页，编号 M1.0650［F116：W27］。

(一)

一　皇帝圣旨里，亦集乃……

二　案呈……

(二)

一　集乃路站户，见当永昌……

二　木口杜善社下住，见今前……

三　居，伏为状告，自汝足立嵬省事……

四　也火耳立时常向汝……

五　元系亦集乃路站户，有你曾祖……

六　嵬于本处置到地土玖段……

七　伍块壹顷壹拾伍亩六分，本渠……

八　……合即渠地六段内一段……

九　……拾玖亩一……

(三)

一　……复业……

二　……乃路将汝足立嵬……

（四）

一　……府官议得……

二　也火汝足立……

三　……站户并……

也火汝足立冕地土案卷十六

元代写本，宣纸，行楷书，十二残件。第一件高12.3厘米，宽10.1厘米；第二件高8.5厘米，宽9.5厘米；第三件高6.7厘米，宽8.5厘米；第四件高6.9厘米，宽9厘米；第五件高9.1厘米，宽11.8厘米；第六件高16.5厘米，宽23.3厘米；第七件高15.3厘米，宽10.5厘米；第八件高15.3厘米，宽8.3厘米；第九件高15.3厘米，宽9.5厘米；第十件高13.7厘米，宽10.7厘米；第十一件高16.3厘米，宽8.5厘米；第十二件高10.9厘米，宽6.1厘米。黑水城出土，内蒙古文物考古研究所藏。图版见《中国藏黑水城汉文文献》第四册，第829—834页，编号M1.0651［F116：W93］。

（一）

一　为军马宁息……

二　不曾前来复业……

三　元抛吾即渠麦……

（二）

一　一块壹……

（三）

一　赴……

二　元……

（四）

一　有地……

二　以致……

（五）

一　回……

（六）

一　年深开耕……

二　孔都……

三　地壹……

四　卜沙……

五　渠麦子地肆拾……

六　另居于忘记年……

七　躲不知去向，大半不曾……

（七）

一　□纳子粒到今，以致……

二　责得邻人嵬名能……

三　一段柒拾玖亩壹分……

四　责得……

（八）

一　屯田……

二　一段计地……

三　供先于远年……

四　家逃移，不曾回……

五　人元抛屯田合即渠……

（九）
一　任脱脱亦为气力……
二　项公地内踏验得……
三　赴官将任脱脱……
四　壹顷……

（一〇）
一　顷伍拾玖亩贰分……
二　文德赴官与讫认……
三　壹石伍斗大……
四　子……

（一一）
一　开耕作一段，责得……
二　□省事以来有故……

（一二）
一　本渠下……
二　一段计地四块……

也火汝足立嵬地土案卷十七
元代写本，行楷书，六残件。第一件高8.2厘米，宽5.7厘米；第二件高11.4厘米，宽3.7厘米；第三件高8.8厘米，宽5.9厘米；第四件高3.9厘米，宽3.9厘米；第五件高9.6厘米，宽5.7厘米；第六件高10.5厘米，宽6.5厘米。黑水城出土，内蒙古文物考古研究所藏。图版见《中国藏黑水城汉文文献》第四册，第835—836页，编号M1.0652〔84H.F116：W213/1385〕。

(一)

一　公地……

(二)

一　州杂口……

(三)

一　一□……

(四)

一　……答失……

(五)

一　也火汝足……

(六)

一　渠，将汝……

也火汝足立嵬地土案卷十八

元代写本，行楷书，三残件。第一件高5厘米，宽3.6厘米；第二件高3.2厘米，宽2.1厘米；第三件高9.1厘米，宽8.3厘米。黑水城出土，内蒙古文物考古研究所藏。图版见《中国藏黑水城汉文文献》第四册，第837页，编号M1.0653［84H.F116：W214/1386］。

(一)

一　……立嵬将……

(二)

一　……麦……

（三）

一　……移永昌路……

二　……役生受，今将……

也火汝足立嵬地土案卷十九

元代写本，竹纸，行楷书，十二残件。第一件高 18.8 厘米，宽 21.6 厘米；第二件高 18.8 厘米，宽 28.5 厘米；第三件高 19.4 厘米，宽 21.1 厘米；第四件高 20.7 厘米，宽 26 厘米；第五件高 20.8 厘米，宽 18.9 厘米；第六件高 19 厘米，宽 21.4 厘米；第七件高 19.6 厘米，宽 17.2 厘米；第八件高 15 厘米，宽 7.6 厘米；第九件高 14 厘米，宽 8.6 厘米；第十件高 19.1 厘米，宽 21.8 厘米；第十一件高 14.6 厘米，宽 12 厘米；第十二件高 19.4 厘米，宽 25.2 厘米。黑水城出土，内蒙古文物考古研究所藏。图版见《中国藏黑水城汉文文献》第四册，第 838—848 页，编号 M1.0654［F116：W24］。

（一）

一　……靠，条段数……

二　元呈西凉州住坐站户……

三　今将全籍户面地土条段、顷亩、宽……

四　呈乞照验。得此，照得……

五　嵬于至元廿四年站户除附……

六　元供已前逃移西凉州住坐……

七　亩册内揭示得别无也火石革……

八　石革立嵬姓名册全籍地顷……

九　□□官园议得，仰行下照……

一〇　……站户也火汝足立……

（二）

一　沙剌渠地……

二　　至元廿四年……

三　　一户……

四　　拾玖亩……

五　　见佃肆顷捌……

六　　除渠……

七　　陆兀……

（三）

一　　吾即渠

二　　一段柒拾伍亩

三　　一块叁拾捌亩

四　　长壹伯叁拾贰……

五　　一块陆亩捌分

六　　长……

七　　一块……

（四）

一　　一段贰顷……

二　　顷拨作……

三　　一段壹顷拨作府……

四　　一段叁拾亩河渠司……

五　　于占种

六　　一段……

七　　二段……

（五）

一　　一块叁拾……

二　　长壹伯陆……

三　一段壹顷叁拾亩令捌分
四　长叁伯陆拾壹步
五　沙立渠
六　一段柒拾伍亩
七　见佃……
八　一块……

(六)
一　一块……
二　一段……

(七)
一　一段肆拾亩……
二　人状结自省……
三　贺嵬赤……
四　何处得……
五　荒闲无……

(八)
一　未耕……
二　吾……

(九)
一　一段……

(一〇)
一　不知下……
二　沙剌渠地一段二块陆……

三　　屈曲……

（一一）

一　　至正十一年十二月……

（八思巴文墨戳）

二　　汝足立嵬告……

（一二）

一　　□三日　（印章）

也火汝足立嵬地土案卷二十

元代写本，竹纸，行楷书，十一残件。第一件高18.3厘米，宽18厘米；第二件高21.3厘米，宽16.5厘米；第三件高16.9厘米，宽10.4厘米；第四件高20.4厘米，宽20.7厘米；第五件高21厘米，宽26.1厘米；第六件高17.1厘米，宽9.4厘米；第七件高21.4厘米，宽31.8厘米；第八件高19.7厘米，宽26.3厘米；第九件高13.7厘米，宽10.4厘米；第十件高17.3厘米，宽22.4厘米；第十一件高18.9厘米，宽22.7厘米。黑水城出土，内蒙古文物考古研究所藏。图版见《中国藏黑水城汉文文献》第四册，第849—859页，编号M1.0655［F116：W25］。

（一）

一　　抛地土作绝户拨付各官……

二　　朦胧占种为主，如蒙怜……

三　　石革立嵬籍面挨究勘验……

四　　应当曾祖父石革立……

五　　立扎剌儿站除免，不致重役生受……

六　　条段占种人户姓名开坐……

七　　阁库呈，依上于提调官……

（二）

一　条段……

二　备细缘由……

三　公文回示施行……

四　一下架阁库来呈为也……

五　复业公事缴呈……

六　勘户绝地土文……

七　十四张随呈……

（三）

一　一段……

二　观音宝……

三　音宝拨付……

四　一段柒拾伍亩，东至……

五　小渠，西至梁……

六　孔都……

（四）

一　坟墓……

二　石革立嵬……

三　至大沙土地……

四　合即渠地陆段……

五　见……

六　一段拨付……

七　一段……

八　一段……

(五)

一　一段壹……

二　一段约麦子地……

三　中布地，南至李……

四　下支水小渠，西至……

五　梁令只拨付总管……

六　吾即渠一段壹顷壹拾伍……

七　接，南至大沙……

八　又布，北至……

(六)

一　……碱硬叁拾玖……

二　长壹伯肆拾肆步

三　河渠司大使帖木立不……

四　□究不见……

(七)

一　长壹伯步

二　一段壹顷捌拾玖亩贰……

三　长叁伯陆拾……

四　壹段壹顷令壹亩

五　一块捌拾……

六　长……

七　一块……

八　一块柒……

九　长贰伯壹拾□……

一〇　一段贰顷令贰亩肆分

一一　见佃壹顷伍拾

附录　黑水城出土元代律令与词讼文书录文

一二　一块贰拾壹亩……

一三　长壹伯……

一四　一块叁拾……

（八）

一　一块贰……

二　长壹伯……

三　未耕碱……

四　一块贰拾……

五　长壹伯步

六　一段柒拾玖亩壹分未耕……

七　一块陆拾贰亩伍分

八　长壹伯伍拾步

九　……陆面陆分

一〇　……步

（九）

一　与秃古……

二　一段捌拾亩……

——————（骑缝章）——————

三　一段伍拾畒

（一〇）

一　沙立渠

二　一段……

（一一）

一　一块……

— 289 —

二　　长……

三　　合即渠

四　　一段……

五　　长……

也火汝足立嵬地土案卷二十一

元代写本，竹纸，行楷书，二残件。第一件高12.9厘米，宽9厘米；第二件高16.4厘米，宽11.4厘米。黑水城出土，内蒙古文物考古研究所藏。图版见《中国藏黑水城汉文文献》第四册，第860页，编号M1.0656［F116：W97］。

（一）

一　　下住坐。见……

二　　为状告，自汝……

三　　耳立时常向汝足……

四　　……路站户有……

（二）

一　　……次男什的为……

二　　……立布所生到男一名，息你……

三　　……那孩院判前来取勘……

四　　……每签充永昌路扎……

也火汝足立嵬地土案卷二十二

元代写本，行草书，残件。高25.6厘米，宽9.5厘米。黑水城出土，内蒙古文物考古研究所藏。图版见《中国藏黑水城汉文文献》第四册，第861页，编号M1.0657［84H.Y1采：W99/2769］。

一　　……状人也火汝足立嵬

二　　……汝足立嵬年廿七岁，无病，系……

三　……杂木口杜善善社下……

也火汝足立鬼地土案卷二十三
元代写本，行草书，残甚。高 18.6 厘米，宽 11.6 厘米。黑水城出土，内蒙古文物考古研究所藏。图版见《中国藏黑水城汉文文献》第四册，第 862 页，编号 M1.0658。

一　……足立鬼告……
　　（八思巴文戳印）

也火汝足立鬼地土案卷二十四
元代写本，宣纸，行书，四残件。第一件高 14.3 厘米，宽 3.6 厘米；第二件高 14.6 厘米，宽 3.9 厘米；第三件高 14.6 厘米，宽 5.6 厘米；第四件高 14.5 厘米，宽 5 厘米。黑水城出土，内蒙古文物考古研究所藏。图版见《中国藏黑水城汉文文献》第四册，第 863 页，编号 M1.0659〔F116：W231〕。

（一）

一　……蒙取问所供，执结是实，外……

（二）

一　……至撒的，四至内为贺来……
二　……大麦捌石伍……

（三）

一　……付本路总管公地有……
二　……纳大小二麦伍石内□……

（四）

一　……回还复业外有……

二　……蒙亦集乃路取勘公地……

也火汝足立嵬地土案卷二十五

元代写本，宣纸，行书，二残件。第一件高13.6厘米，宽6.5厘米；第二件高14.2厘米，宽6.4厘米。黑水城出土，内蒙古文物考古研究所藏。图版见《中国藏黑水城汉文文献》第四册，第864页，编号M1.0660〔84H.F116：W231/1403〕。

（一）

一　……革立嵬元抛吾即、沙立等……

二　……阿立嵬别因事前……

（二）

一　……吾即令只黑巴所供相同……

二　……令壹亩，计叁块踏验过……

三　……伏供……

也火汝足立嵬地土案卷二十六

元代写本，竹纸，楷书，二残件。第一件高18.9厘米，宽12厘米；第二件高12.4厘米，宽10.8厘米。黑水城出土，内蒙古文物考古研究所藏。图版见《中国藏黑水城汉文文献》第四册，第865—866页，编号M1.0661〔F116：W23〕。

（一）

一　一名息你立嵬，至顺……

二　朝廷官那孩院判前来取……

三　每签充永昌路……

四　火汝足立嵬记怀……

（二）

一　　……汝足立嵬年……

二　　……乃路站户，见当永昌……

三　　……杂木口杜善善社下……

四　　……寄居，伏为状……

也火汝足立嵬地土案卷二十七

元代写本，行书，六残屑。最大高 9.7 厘米，宽 2.9 厘米；最小高 7.4 厘米，宽 2.3 厘米。黑水城出土，内蒙古文物考古研究所藏。图版见《中国藏黑水城汉文文献》第四册，第 867 页，编号 M1.0662 ［84H.F116：W227/1399］。

（二）

一　　……革立嵬地土……

（四）

一　　一段……

也火汝足立嵬地土案卷二十八

元代写本，行书，三残屑。最大高 7.1 厘米，宽 3.2 厘米；最小高 3.4 厘米，宽 3 厘米。黑水城出土，内蒙古文物考古研究所藏。图版见《中国藏黑水城汉文文献》第四册，第 868 页，编号 M1.0663 ［84H.F116：W259/1431］。

（一）

一　　始……

（二）

一　　等□□……

(三)

一　……年……

二　……父石革立……

也火汝足立甍地土案卷二十九

元代写本，行书，四残屑。第一件高 6.3 厘米，宽 5 厘米；第二件高 11.2 厘米，宽 3.8 厘米；第三件高 14.9 厘米，宽 5.4 厘米；第四件高 11.2 厘米，宽 6.6 厘米。黑水城出土，内蒙古文物考古研究所藏。图版见《中国藏黑水城汉文文献》第十册，第 2214 页，编号 M1.2066［84H.F116：W215/1387］。

(一)

一　……□碱硬壹块……

二　……□转主开耕……

(二)

一　……宁息□……

二　……公地时，将本处人……

(三)

一　……终体勘过，今蒙取问所……

二　……□内渠口……

(四)

一　……段计壹顷叁拾……

二　……知事公地为用四……

三　……大小二麦……

附录　黑水城出土元代律令与词讼文书录文

也火汝足立嵬地土案卷三十

元代写本，行书，三残屑。第一件高10.8厘米，宽7.7厘米；第二件高18.4厘米，宽8.8厘米；第三件高8.7厘米，宽5.2厘米。黑水城出土，内蒙古文物考古研究所藏。图版见《中国藏黑水城汉文文献》第十册，第2219页，编号M1·2073［大院北墙下B］。

（一）

一　……□□□……

二　……每签充永昌……

三　听此，汝足立嵬……

四　立布祖父……

（二）

一　……台旨□……

二　……得此（八思巴文戳印）

（三）

一　……□□……（八思巴文戳印）

八　其他

审理罪囚文卷

元代写本，楷书，残件。高36.1厘米，宽22.4厘米。黑水城出土，内蒙古文物考古研究所藏。图版见《中国藏黑水城汉文文献》第四册，第665页，编号M1·0528［F125∶W71］。

一　皇帝圣旨里，亦集乃路总管府：今蒙

二　河西陇北道肃政廉访司甘肃永昌等处分司按临到路，照刷文卷、审理罪囚，仰将审理过见禁已、未断放罪

三　囚起数、元发事由、犯人招词、略节情犯、前件议拟，开坐保结牒司。承此，府司今将审理过……

— 295 —

四　……事由、犯人招词、略节情犯逐一对款，议拟已、未断放起数开
　　　坐，前去，保结牒呈，伏乞

五　照验施行，须至牒呈者

六　一总……

审判文书残件

元代写本，行草书，残件。高 27.9 厘米，宽 7.8 厘米。黑水城出土，内蒙古文物考古研究所藏。图版见《中国藏黑水城汉文文献》第四册，第 666 页，编号 M1.0529［84H．大院内 a6：W90/2879］。

一　命　立　报

二　检会到

三　大元通□　检会到此此□□□

四　大元通制内一款请会□交米粉□□到

文书残件

元代写本，行书，残件。高 23.1 厘米，宽 18.9 厘米。黑水城出土，内蒙古文物考古研究所藏。图版见《中国藏黑水城汉文文献》第四册，第 742 页，编号 M1.0602［F111：W65］。

一　之际，田禾将熟时月，比及玉的解到来，仰将被论

二　人员责羁管省会，运割收刈田禾，

三　……各人，到府施行，奉此合行

四　具呈者

五　各人

责领人文状

元代写本，行草书，二残件。第一件高 10.8 厘米，宽 10.5 厘米；第二件高 20.7 厘米，宽 30.8 厘米。黑水城出土，内蒙古文物考古研究所藏。图版见《中国藏黑水城汉文文献》第四册，第 921 页，编号 M1.0690

附录　黑水城出土元代律令与词讼文书录文

[F116：W238]。

（一）

一　　……根勾得曹

二　　……内干照人

三　　……呈乞照验

四　　……到

（二）

一　　间不致……

二　　是实，伏取

三　　台旨

四　　……七月责领人王巴赤……

　　　（画押）

五　　□□日

词诉状残件

元代写本，行草书，二残件。第一件高 8.2 厘米，宽 6.6 厘米；第二件高 14.8 厘米，宽 15.5 厘米。黑水城出土，内蒙古文物考古研究所藏。图版见《中国藏黑水城汉文文献》第四册，第 922 页，编号 M1.0691。

（一）

一　　……本人二十八……

二　　……牢里……

（二）

一　　……□□……

二　　□罪作侳赟遣外……

三　　数回付令只为……

四　　词，执结是实……

五　……至大四年三月……

　　　（印章）

词讼状

元代写本，行草书，二残件。第一件高 26.4 厘米，宽 5.4 厘米；第二件高 26.5 厘米，宽 12.2 厘米。黑水城出土，内蒙古文物考古研究所藏。图版见《中国藏黑水城汉文文献》第四册，第 923 页，编号 M1.0692〔84H. F249：W12/2545〕。

（一）

一　……赟□□……

（二）

一　……判官不为恩□调，致有违犯初犯……

二　……招□议定罪□□，照得，先前…

三　……此事……本路判官阿干普承……

四　牒，依上……回准牒该，依上……

取状文书

元代写本，草书，残件。高 28.8 厘米，宽 19.2 厘米。黑水城出土，内蒙古文物考古研究所藏。图版见《中国藏黑水城汉文文献》第四册，第 924 页，编号 M1.0693〔F114：W13〕。

一　取状人厶

二　右厶，年岁无病，系本路所管本社长，身

三　……今为官司总府□□□仰将本管

四　……实有当管人户尽行供报到

五　……隐漏不实，如已后

附录　黑水城出土元代律令与词讼文书录文

取状文书残件

元代写本，行书，残件。高 28.5 厘米，宽 7 厘米。黑水城出土，内蒙古文物考古研究所藏。图版见《中国藏黑水城汉文文献》第四册，第 925 页，编号 M1.0694［84H. Y1 采：W35/2705］。

一　　取状人董厶

二　　右厶，年三五岁，无病，系本路……

词讼文书残件

元代写本，楷书，残件。高 19.3 厘米，宽 9 厘米。黑水城出土，内蒙古文物考古研究所藏。图版见《中国藏黑水城汉文文献》第四册，第 926 页，编号 M1.0695［84H. F249：W39/2572］。

一　　取状人刘华严①奴

二　　……严奴，年五十六岁

取承管状人谢道英等

元代写本，行草书，残件。高 22.3 厘米，宽 6.6 厘米。黑水城出土，内蒙古文物考古研究所藏。图版见《中国藏黑水城汉文文献》第四册，第 926 页，编号 M1.0696［84H. 文官府：W15/2912］。

一　　取承管状人谢道英等

词诉状残件

元代写本，行草书，残件。高 25.6 厘米，宽 13.8 厘米。黑水城出土，内蒙古文物考古研究所藏。图版见《中国藏黑水城汉文文献》第四册，第 927 页，编号 M1.0697［84H. 大院内 a6：W71/2860］。

一　　□

二　　……文书

---

① "严"，原文书中作"厳"，为"严"的俗写。

三　……年卅四岁，无病孕，系本路……

四　……眷地后个□□也火……

五　……唐兀……年廿五岁，无病孕，系本路……

六　……后个□□也火□□不花□□

七　右□□□……

词诉状残件

元代写本，草书，二残件。第一件高 16.7 厘米，宽 15 厘米；第二件高 13.4 厘米，宽 8.6 厘米。黑水城出土，内蒙古文物考古研究所藏。图版见《中国藏黑水城汉文文献》第四册，第 928 页，编号 M1.0698［84H.F116：W95/1267］。

（一）

一　……元来……

二　……准此，依据录事司……

三　……此事，得此，行据巡检王山驴

四　……□将元逃驱男普失的等七

五　……并驴一头捉拿□□到官，责

六　……逃驱普失的等七名状招

七　……于□……普失

（二）

一　……号

词诉文书残件

元代写本，楷书，残件。高 12.6 厘米，宽 8.3 厘米。黑水城出土，内蒙古文物考古研究所藏。图版见《中国藏黑水城汉文文献》第四册，第 929 页，编号 M1.0699［F111：W60］。

一　……答歹一同于本使家睡卧至……

二　……撒答歹说与也蜜立着每……

三　……不骑，将甚头口去，撒……

四　……多时说与撒答……

词诉文书残件

元代写本，行书，残件。高 9.1 厘米，宽 8.2 厘米。黑水城出土，内蒙古文物考古研究所藏。图版见《中国藏黑水城汉文文献》第四册，第 929 页，编号 M1.0700 [84H.F111：W36/1114]。

一　……不词执结是

词讼状残件

元代写本，行书，残件。高 27.3 厘米，宽 7.6 厘米。黑水城出土，内蒙古文物考古研究所藏。《中国藏黑水城汉文文献》第四册，第 930 页图版印刷有误。参见《中国藏黑水城汉文文献释录》第六册，第 280 页，编号 M1.0701 [84H.F73：W15/0928]。

一　□□施行所告是实，如虚当罪不词……

二　裁旨

三　……状人吾即朵列秃（画押）状

词讼状残件

元代写本，楷书，六残屑。最大高 7.8 厘米，宽 4.8 厘米；最小高 3.9 厘米，宽 0.9 厘米。黑水城出土，内蒙古文物考古研究所藏。图版见《中国藏黑水城汉文文献》第四册，第 930 页，编号 M1.0702 [84H.F43：W6/0796]。

（一）

一　……仰取讫告……

(三)

一　……条，各长六十……

(四)

一　……去讫……

(五)

一　……获……

(六)

一　……呈此……

词诉状残件

元代写本，行草书，残件。高 20.2 厘米，宽 7.3 厘米。黑水城出土，内蒙古文物考古研究所藏。图版见《中国藏黑水城汉文文献》第四册，第 934 页，编号 M1.0706［84H.F13：W117/0468］。

一　取复审状人阿立嵬

二　右阿立嵬，年……管……

词诉状残件

元代写本，行草书，残件。高 10.8 厘米，宽 5.3 厘米。黑水城出土，内蒙古文物考古研究所藏。图版见《中国藏黑水城汉文文献》第四册，第 934 页，编号 M1.0707［84H.F8：W1/0251］。

一　……罪无词……

词讼文书残件

元代写本，行草书，五残件。最大高 10.3 厘米，宽 9.8 厘米；最小高 3.3 厘米，宽 2.7 厘米。黑水城出土，内蒙古文物考古研究所藏。图版见

《中国藏黑水城汉文文献》第四册，第 935 页，编号 M1.0708 [84H.F117：W23/1815]。

(一)

一　……立嵬……

(二)

一　……粮斛□……

(三)

一　人户将来……

(四)

一　承此，照得同知……

二　上□驱鸭鹘去……

三　……□□□……

四　……所欠……

(五)

一　……□……

二　……年四日内赴……

三　……厶典……

四　……人等近……

五　……又无可送纳，百姓生受……

六　……状告人厶等……

词诉文书残件

元代写本，行书，三残件。第一件高 9.7 厘米，宽 14.2 厘米；第二件高 2.9 厘米，宽 7.2 厘米；第三件高 5.3 厘米，宽 7.2 厘米。黑水城出土，内蒙古文物考古研究所藏。图版见《中国藏黑水城汉文文献》第四册，第 936 页，编号 M1.0709 ［84H.F125：W24/1874］。

（一）

一　　取状人拜帖……

二　　右拜帖……

三　　路总管……

四　　因另行招责……

（二）

一　　……拾定

二　　……五

（三）

（画押）

词讼文书残件

元代写本，行楷书，二残件。第一件高 7.5 厘米，宽 8.6 厘米；第二件高 12.8 厘米，宽 4.1 厘米。黑水城出土，内蒙古文物考古研究所藏。图版见《中国藏黑水城汉文文献》第四册，第 937 页，编号 M1.0710 ［84H.F125：W6/1856］。

（一）

一　　……温布　罗贯术思……

二　　……状招不合，于至顺元年……

三　　……布、罗贯术思吉……

四　　……短袄……

五　　……贯……

附录　黑水城出土元代律令与词讼文书录文

(二)
一　　……行未

词讼文书残件

元代写本，行草书，残件。高 28 厘米，宽 5.5 厘米。黑水城出土，内蒙古文物考古研究所藏。图版见《中国藏黑水城汉文文献》第四册，第 938 页，编号 M1.0712〔84H. 大院内 a6：W95/2884〕。

一　　总
二　　……今差人前去勾返所告

词讼文书残件

元代写本，行草书，残件。高 36.8 厘米，宽 8.8 厘米。黑水城出土，内蒙古文物考古研究所藏。图版见《中国藏黑水城汉文文献》第四册，第 938 页，编号 M1.0713〔84H. 大院内 a6：W48/2837〕。

一　　……花□赤渠住坐，今为厶……合将……
二　　……答合儿□□出货非理破卖事上根勾到官，当厅对问□取状，□厶今状……
三　　……依实结讫，对词……至元三年……
四　　三年四月与夫答合……

文书残件

元代写本，行书，残件。高 22 厘米，宽 8.1 厘米。黑水城出土，内蒙古文物考古研究所藏。图版见《中国藏黑水城汉文文献》第四册，第 939 页，编号 M1.0714〔84H. F51：W6/0831〕。

一　　……使民之长法，理宜①当然缘动□……

---

①　"宜"，原文书中作"冝"，为"宜"的俗写。

二　　……米价徒益富①豪反害贫民或亲……

词讼文书残件
元代写本，行书，残件。高 11.7 厘米，宽 10 厘米。黑水城出土，内蒙古文物考古研究所藏。图版见《中国藏黑水城汉文文献》第四册，第 940 页，编号 M1.0715 ［84H.F144：W7/2040］。
一　　……作……
二　　……出文状……
三　　令只大王位下圣容寺……

词讼文书残件
元代写本，行书，残件。高 16.8 厘米，宽 5 厘米。黑水城出土，内蒙古文物考古研究所藏。图版见《中国藏黑水城汉文文献》第四册，第 940 页，编号 M1.0716 ［84H.F126：W1/1924］。
一　　诚恐伤损姓名，临时难以分诉□……
二　　随状上告

词讼文书残件
元代写本，行书，残件。高 11.8 厘米，宽 5.7 厘米。黑水城出土，内蒙古文物考古研究所藏。图版见《中国藏黑水城汉文文献》第四册，第 941 页，编号 M1.0717 ［84H.F197：W18/2268］。
一　　……年四十三岁，无……
二　　……□□村站户，东……

取状文书残件
元代写本，行书，残件。高 15.4 厘米，宽 7.2 厘米。黑水城出土，内蒙

---

① "富"，原文书中作"冨"，为"富"的俗写。

古文物考古研究所藏。图版见《中国藏黑水城汉文文献》第四册，第941页，编号 M1.0718 ［84H. Y1 采：W12/2682］。

一　　取状人邵伯颜等
二　　一名邵伯颜，年……

词讼文书残件

元代写本，行草书，残件。高 22.9 厘米，宽 2.5 厘米。黑水城出土，内蒙古文物考古研究所藏。图版见《中国藏黑水城汉文文献》第四册，第942 页，编号 M1.0719 ［84H. Y1 采：W53/2723］。

一　　责得李教化的状供云云，得此……

告状文书残件

元代写本，行书，二残件。第一件高 12.9 厘米，宽 5.3 厘米；第二件高 9 厘米，宽 6.4 厘米。黑水城出土，内蒙古文物考古研究所藏。图版见《中国藏黑水城汉文文献》第四册，第 942 页，编号 M1.0720 ［84H. Y1 采：W83/2753］。

（一）

一　　告状僧人□□失监布

（二）

一　　……文卷……

词讼文书残件

元代写本，行书，残件。高 8.9 厘米，宽 14.6 厘米。黑水城出土，内蒙古文物考古研究所藏。图版见《中国藏黑水城汉文文献》第四册，第943 页，编号 M1.0721 ［84H. F249：W29/2562］。

一　　告状人史……
二　　右各直……

三　户计，见……

四　八年□月计斗……

取状文书残件

元代写本，行草书，残件。高 12.6 厘米，宽 14.5 厘米。黑水城出土，内蒙古文物考古研究所藏。图版见《中国藏黑水城汉文文献》第四册，第 943 页，编号 M1.0722 [84H.F209：W24/2322]。

一　取状人陈……

二　右文□年五十……

三　……王位下匠人户计……

四　右妇人也立……

五　……陈佛……

六　勾返……

诉讼文书残件

元代写本，楷书，三残件。第一件高 7.2 厘米，宽 6.8 厘米；第二件高 11.2 厘米，宽 5.8 厘米；第三件高 8.5 厘米，宽 13.7 厘米。黑水城出土，内蒙古文物考古研究所藏。图版见《中国藏黑水城汉文文献》第四册，第 944 页，编号 M1.0723 [84H.F126：W6/1929]。

（一）

一　百户……

二　官……

三　盗……

（二）

一　元你说将……

二　我从小买你为……

三　是……

附录　黑水城出土元代律令与词讼文书录文

（三）

一　……四十岁，无……
二　……状告乞答说……
三　……答女哉哉说与……
四　……说先……

诉讼文书残件

元代写本，行书，残件。高 12.6 厘米，宽 16.5 厘米。黑水城出土，内蒙古文物考古研究所藏。图版见《中国藏黑水城汉文文献》第四册，第 945 页，编号 M1.0724 ［84H. F20：W43/0692］。

一　来申，奉通政……
二　告故父……
三　所生……
四　次三男□长……

文书残件

元代写本，行书，残件。高 10.6 厘米，宽 13 厘米。黑水城出土，内蒙古文物考古研究所藏。图版见《中国藏黑水城汉文文献》第四册，第 945 页，编号 M1.0725 ［84H. Y5 采：W9/2972］。

一　……亡殁，脱黑帖木儿依前……
二　……为见同宗房叔祖父……
三　……当役昔宝赤……
四　……内后……
五　……嗣是不花……
六　……你各羌……
七　……作干……

词讼文书

元代写本，楷书，残件。高7.3厘米，宽10.8厘米。黑水城出土，内蒙古文物考古研究所藏。图版见《中国藏黑水城汉文文献》第四册，第946页，编号M1.0726［F1：W24b］。

一　……先……
二　……后行至白空巴地面……
三　……等前来将黑狗并……
四　……是实
五　……山丹州法塔寺僧户……
六　……弓手既至元四年四月……

词讼文书

元代写本，楷书，残件。高9.5厘米，宽8.5厘米。黑水城出土，内蒙古文物考古研究所藏。图版见《中国藏黑水城汉文文献》第四册，第946页，编号M1.0727［F1：W24a］。

一　……延祐三年
二　……同居时因为阿撒
三　……出军去了，彼处饥
四　……□都迭灭亦引领伊眷属
五　……觅衣食住坐，至蛇儿
六　……忽鲁说与□□给

诉状

元代写本，行楷书，残件。高24.6厘米，宽7.8厘米。黑水城出土，内蒙古文物考古研究所藏。图版见《中国藏黑水城汉文文献》第四册，第947页，编号M1.0728［84H.F209：W20/2318］。

一　皇帝圣旨里，亦集乃路总管府据□汝
二　林状告，年三十二岁，无病，系

附录 黑水城出土元代律令与词讼文书录文

妇人纽林等状

元代写本，行书，三残屑。第一件高9.4厘米，宽5厘米；第二件高8.6厘米，宽4.9厘米；第三件高2.7厘米，宽6.8厘米。黑水城出土，内蒙古文物考古研究所藏。图版见《中国藏黑水城汉文文献》第四册，第948页，编号M1.0730［84H.F125：W52/1902］。

（一）

一　　……□□……

（二）

一　　……取状妇人纽林□（画押）　状……

（三）

一　　……奉此

二　　……取勘

三　　……发①

诉状

元代写本，楷书，二残件。第一件高8.3厘米，宽13.1厘米，无字；第二件高11.8厘米，宽14.8厘米。黑水城出土，内蒙古文物考古研究所藏。图版见《中国藏黑水城汉文文献》第四册，第949页，编号M1.0731［84H.F116：W490/1662］。

（二）

一　　……散　观　布　（画押）　状

二　　……□　布　（画押）

---

① "发"，原文书中作"発"，为"发"的俗写。

任文秀状

元代写本，行书，残件。高 9.1 厘米，宽 21.8 厘米。黑水城出土，内蒙古文物考古研究所藏。图版见《中国藏黑水城汉文文献》第四册，第 950 页，编号 M1.0732［84H. 大院内 a6：W56/2845］。

一　　……任文秀　（画押）　状

文书残件

元代写本，行楷书，四残件。最大高 12.9 厘米，宽 8.6 厘米；最小高 12.6 厘米，宽 3.8 厘米。黑水城出土，内蒙古文物考古研究所藏。图版见《中国藏黑水城汉文文献》第四册，第 951 页，编号 M1.0733［84H. F117：W24/1816］。

（一）

一　　知事处分……

二　　府祠诚又初……

三　　经此怎生□……

四　　皮靴……

五　　托侯和尚……

（二）

一　　……前来本家向仁杰……

二　　……支梁卜若心名……

（三）

一　　……同知小云赤不花的……

二　　……日将躬问，以致收受入仓在后，不记日有……

三　　……言伤……

(四)
一　……赴官司告去当……
二　……脱黑不花向仁杰家……

巡河官捉拿到官

元代写本，楷书，残件。高16.8厘米，宽5.2厘米。黑水城出土，内蒙古文物考古研究所藏。图版见《中国藏黑水城汉文文献》第四册，第952页，编号M1.0734［84HF135 炕内C］。
一　……□省委巡河官捉拿到官取……
一　……问……

文书残件

元代写本，楷书，残件。高10.4厘米，宽7.9厘米。黑水城出土，内蒙古文物考古研究所藏。图版见《中国藏黑水城汉文文献》第四册，第952页，编号M1.0735［84HF135 炕内D］。
一　……却行循情议拟……
二　……法之人不知警……

文书残件

元代写本，行楷书，残件。高15.7厘米，宽7厘米。黑水城出土，内蒙古文物考古研究所藏。图版见《中国藏黑水城汉文文献》第四册，第952页，编号M1.0736［84H.大院内a6：W16/2805］。
一　……本府官各各正身押……
二　……省。奉此，差委本路判官倒剌沙承……
三　……王傅官哈昝赤阿立嵬……

文书残件

元代写本，行草书，残件。高26.3厘米，宽6.5厘米。黑水城出土，内蒙古文物考古研究所藏。图版见《中国藏黑水城汉文文献》第四册，第953页，编号 M1.0737［83H. F6：W79/0239］。

一　　至三月终春季三个月□□□……

二　　军各各正名开坐……中间并……

三　　如虚，甘罪不词，保结□□，乞照验……

文书残件

元代写本，楷书，残件。高 16.1 厘米，宽 7 厘米。黑水城出土，内蒙古文物考古研究所藏。图版见《中国藏黑水城汉文文献》第四册，第953页，编号 M1.0738［83H. F13：W100/0451］。

一　　……无病，系宁夏路附籍□……

二　　……亦集乃作……

文书残件

元代写本，行草书，残件。高 16.8 厘米，宽 9.7 厘米。黑水城出土，内蒙古文物考古研究所藏。图版见《中国藏黑水城汉文文献》第四册，第954页，编号 M1.0739［84H. Y1 采：W62/2732］。

一　　……曹住令……

二　　……□□如违治罪。奉此

文书残件

元代写本，楷书，残件。高 7.9 厘米，宽 23.1 厘米。黑水城出土，内蒙古文物考古研究所藏。图版见《中国藏黑水城汉文文献》第四册，第954页，编号 M1.0740［84H. F19：W20/0557］。

一　　……私……

二　　……人数……

三　　盘捉不致……

四　　地面但有……

附录　黑水城出土元代律令与词讼文书录文

五　　后诸人有……
六　　付充赏差……
七　　倒验其络过……
八　　科断再犯加……
九　　□妾妙疆……

文书残件

元代写本，行草书，残件。高 15.7 厘米，宽 15.5 厘米。黑水城出土，内蒙古文物考古研究所藏。图版见《中国藏黑水城汉文文献》第四册，第 955 页，编号 M1.0741［84H.F116：W310/1482］。

一　　……执结是实……

至正十五年十月取状

元代写本，楷书，残件。高 21.3 厘米，宽 14.6 厘米。黑水城出土，内蒙古文物考古研究所藏。图版见《中国藏黑水城汉文文献》第四册，第 956 页，编号 M1.0742［84H.F192：W8/2228］。

一　　至正十五年十月　取状人　脱……
二　　连状人　帖……

文书残件

元代写本，行书，残件。高 21.6 厘米，宽 11.6 厘米。黑水城出土，内蒙古文物考古研究所藏。图版见《中国藏黑水城汉文文献》第四册，第 957 页，编号 M1.0743［F145：W13］。

一　　……岁，无病，系亦集乃路请俸司吏……

取状人谈政与连状人顾德

元代写本，楷书，残件。高 27.8 厘米，宽 15 厘米。黑水城出土，内蒙古文物考古研究所藏。图版见《中国藏黑水城汉文文献》第四册，第 958

页，编号 M1.0744［F1：W55］。

一　　台旨
二　　至□□年　月　取状人　谈政　状
三　　连状人　顾德

至正十一年三月取状

元代写本，行草书，残件。高 26.5 厘米，宽 10.1 厘米。黑水城出土，内蒙古文物考古研究所藏。图版见《中国藏黑水城汉文文献》第四册，第 959 页，编号 M1.0745［F9：W20］。

一　　至正十一年三月　取状人　刘……

至正十三年取状

元代写本，行草书，残件。高 34.9 厘米，宽 17.5 厘米。黑水城出土，内蒙古文物考古研究所藏。图版见《中国藏黑水城汉文文献》第四册，第 960 页，编号 M1.0747［F150：W9］。

一　　台旨
二　　至正十三年　月　取状人　白思伐（画押）　状

取状文书残件

元代写本，行书，残件。高 23.6 厘米，宽 8.2 厘米。黑水城出土，内蒙古文物考古研究所藏。图版见《中国藏黑水城汉文文献》第四册，第 961 页，编号 M1.0748［84H. 大院内 a6：W41/2830］。

一　　取状人王山驴
二　　右山驴年三十岁，无病

文书残件

元代写本，楷书，三残件。第一件高 9.5 厘米，宽 10.4 厘米，无字；第二件高 10 厘米，宽 10.7 厘米，无字；第三件高 8.3 厘米，宽 5.7 厘米。

黑水城出土，内蒙古文物考古研究所藏。图版见《中国藏黑水城汉文文献》第四册，第 962 页，编号 M1.0749［84H.F116：W530/1704］。

（三）

一　　……□状人孤老李元僧……

取承管人状残件

元代写本，行草书，二残件。第一件高 17 厘米，宽 4.5 厘米；第二件高 15.5 厘米，宽 3 厘米。黑水城出土，内蒙古文物考古研究所藏。图版见《中国藏黑水城汉文文献》第九册，第 1943 页，编号 M1.1663［84H.F224：W32/2454］。

（一）

一　　……□月　取承管人梁素黑　状

（二）

一　　……伦布未……

二　　也火……

取承管人状残件

元代写本，行草书，残件。高 25.7 厘米，宽 4.3 厘米。黑水城出土，内蒙古文物考古研究所藏。图版见《中国藏黑水城汉文文献》第九册，第 1943 页，编号 M1.1664［84H.Y1 采：W37/2707］。

一　　至元三年十月　取承管人杨天福（押）状

取承管人状残件

元代写本，行草书，残件。高 36.5 厘米，宽 5 厘米。黑水城出土，内蒙古文物考古研究所藏。图版见《中国藏黑水城汉文文献》第九册，第 1944 页，编号 M1.1665［84H.大院内 a6：W5/2794］。

一　　取承管人马令只等

责领状残件

元代写本，行草书，残件。高 26.8 厘米，宽 15.5 厘米。黑水城出土，内蒙古文物考古研究所藏。图版见《中国藏黑水城汉文文献》第九册，第 1947 页，编号 M1.1670［F2∶W49］。

一　　□……
二　　至正八年　月　责领状人□颜哥　状

文书残件

元代写本，草书，残件。高 25 厘米，宽 5.8 厘米。黑水城出土，内蒙古文物考古研究所藏。图版见《中国藏黑水城汉文文献》第九册，第 2044 页，编号 M1.1804［83H.F6∶W78］。

一　　合得罪犯随状招伏□□□罪□□……
二　　招伏是实，伏取

文书残件

元代写本，行草书，二残件。第一件高 10 厘米，宽 11.5 厘米；第二件高 11.5 厘米，宽 3.4 厘米。黑水城出土，内蒙古文物考古研究所藏。图版见《中国藏黑水城汉文文献》第九册，第 2045 页，编号 M1.1806［84H.F135∶W70/2021］。

（一）

一　　逃①□□……

（二）

一　　……承管人张才富……

---

① "逃"，原文书中作"迯"，为"逃"的俗写。

文书残件

元代写本,行书,残件。高 10.7 厘米,宽 6 厘米。黑水城出土,内蒙古文物考古研究所藏。图版见《中国藏黑水城汉文文献》第九册,第 2047 页,编号 M1.1808 [84H.文官府:W18/2915]。

一　　取承管……

文书残件

元代写本,行书,二残件。第一件高 4.9 厘米,宽 9.7 厘米;第二件高 5.1 厘米,宽 9.9 厘米。黑水城出土,内蒙古文物考古研究所藏。图版见《中国藏黑水城汉文文献》第九册,第 2047 页,编号 M1.1809 [84H.F197:W21/2271]。

(一)

(八思巴文印章)

(二)

一　　……状

文书残件

元代写本,行书,二残件。第一件高 11.4 厘米,宽 18.5 厘米;第二件高 11.7 厘米,宽 21.3 厘米。黑水城出土,内蒙古文物考古研究所藏。图版见《中国藏黑水城汉文文献》第九册,第 2051—2052 页,编号 M1.1818 [F116:W102+F116:W103]。

(一)

一　　劄子奉

二　　判在前……

三　　曰钦□……

四　　诏敕节该□……

（二）

　　一　　典……

　　二　　沙……

　　三　　倍减佼……

　　四　　诏敕已□……

　　五　　相应□……

　　六　　照□……

文书残件

元代写本，行书，二残件。第一件高 12.2 厘米，宽 23.6 厘米；第二件高 11.8 厘米，宽 14.3 厘米。黑水城出土，内蒙古文物考古研究所藏。图版见《中国藏黑水城汉文文献》第十册，第 2079 页，编号 M1.1819 [F116：W101]。

（一）

　　一　　□□……

　　二　　延祐□……

　　三　　巳□……

　　四　　主典之手□……

　　五　　总府□……

　　六　　右文合□……

　　七　　诏敕已□□……

　　八　　省府照□……

　　九　　右谨具

（二）

　　一　　劄子

　　二　　承奉……

　　三　　甘肃等……

附录 黑水城出土元代律令与词讼文书录文

四　□□……

文书残件

元代写本，行书，二残件。第一件高 10.9 厘米，宽 20.2 厘米；第二件高 10.5 厘米，宽 16.9 厘米。黑水城出土，内蒙古文物考古研究所藏。图版见《中国藏黑水城汉文文献》第十册，第 2080 页，编号 M1.1820 [F116：W103]。

（一）

一　呈□……

二　□……

三　照得……

四　诏赦节……

五　□□□……

六　在□……

（二）

一　各位下□……

二　具呈□……

三　右谨……

四　呈

责领状残件

元代写本，楷书，残件。高 22 厘米，宽 7 厘米。黑水城出土，内蒙古文物考古研究所藏。图版见《中国藏黑水城汉文文献》第十册，第 2157 页，编号 M1.1955 [84H.F124：W18/1844]。

一　责领人屠户行黄道道……

文书残件

元代写本，行草书，三残件。第一件高 3.9 厘米，宽 3.1 厘米；第二件高 5 厘米，宽 3.1 厘米；第三件高 9 厘米，宽 8.9 厘米。黑水城出土，内蒙古文物考古研究所藏。图版见《中国藏黑水城汉文文献》第十册，第 2209 页，编号 M1.2057［84H.F224：W42/2464］。

（一）

一　……□□……

（二）

一　……□文……

（三）

一　……右朋……

二　……告发到官……

三　……招伏，如蒙断罪……

文书残件

元代写本，行书，二残件。第一件高 8.9 厘米，宽 6.7 厘米；第二件高 11.5 厘米，宽 7 厘米，字迹不清。黑水城出土，内蒙古文物考古研究所藏。图版见《中国藏黑水城汉文文献》第十册，第 2216 页，编号 M1.2069［84H.F224：W25/2447］。

（一）

一　拿到官……

二　撒答明白招词……

文书残件

元代写本，行书，残件。高 15.8 厘米，宽 7.7 厘米。黑水城出土，内蒙古文物考古研究所藏。图版见《中国藏黑水城汉文文献》第十册，第

2218 页，编号 M1.2072［84H. 大院内 a6：W42/2831］。

一　……人脱欢

二　……岁，无疾孕，系本路□……

文书残件

元代写本，行书，残件。高 12.7 厘米，宽 7.6 厘米。黑水城出土，内蒙古文物考古研究所藏。图版见《中国藏黑水城汉文文献》第十册，第 2229 页，编号 M1.2088［84H. 大院内 a6：W80/2869］。

一　取责领□天……

文书残件

元代写本，行草书，三残件。第一件高 13.3 厘米，宽 7.6 厘米；第二件高 8 厘米，宽 9.5 厘米；第三件高 6.3 厘米，宽 9.4 厘米。黑水城出土，内蒙古文物考古研究所藏。图版见《中国藏黑水城汉文文献》第十册，第 2251 页，编号 M1.2131［84H. F192：W14/2234］。

（一）

一　弟□□……

二　事产无

三　……□□□

四　马一匹　牛一□……

五　……□状供根脚元系

（二）

一　……男，不兰奚□……

二　……□古□□……

（三）

一　……廿岁

文书残件

元代写本,行草书,二残件。第一件高 21.8 厘米,宽 3.8 厘米;第二件高 2.2 厘米,宽 10.3 厘米。黑水城出土,内蒙古文物考古研究所藏。图版见《中国藏黑水城汉文文献》第十册,第 2252 页,编号 M1.2132〔84H. F224:W35/2457〕。

(一)

一　□委……

二　总府官台旨仰移关肃州……

(二)

一　……得罪犯随状招……

二　……招伏是实伏……

三　……六月　取状人□兀帖……

取状残件等

元代写本,行草书,二残件。第一件高 17.6 厘米,宽 7 厘米;第二件高 12.1 厘米,宽 8.8 厘米。黑水城出土,内蒙古文物考古研究所藏。图版见《中国藏黑水城汉文文献》第十册,第 2300 页,编号 M1.2206〔84H. F135:W24/1975〕。

(一)

一　　年十月十二日　□百……

(二)

一　……取状人麦祖朵立只答　状

文书残件

元代写本,二残件。第一件高 13.5 厘米,宽 5.4 厘米;第二件高 7.1 厘米,宽 4.3 厘米,为阿拉伯文残页。黑水城出土,内蒙古文物考古研究所藏。图版见《中国藏黑水城汉文文献》第十册，第 2326 页，编号 M1.2235［84HF204 背］。

（一）

一　取责领状人字来

二　今当

至正六年承管人状

元代写本，行书，残件。高 24 厘米，宽 13.5 厘米。黑水城出土，俄罗斯科学院东方文献研究所藏。图版见《俄藏黑水城文献》第四册，第 194 页，编号 TK192。

一　……德请□□覆遇牒

二　……□赴府呈下，不致违限，如

三　……罪不词，承管是实，伏取

四　台旨

五　至正六年六月　取承管人　陈……状

大德八年呈甘肃等处行中书省状

元代写本，上部分为楷书，下部分为行书，残件。高 42 厘米，宽 13 厘米。黑水城出土，俄罗斯科学院东方文献研究所藏。图版见《俄藏黑水城文献》第五册，第 2 页，编号 TK302。

（上部分）

一　……甘肃等处行中书省伏乞

二　……照详定夺施行，所告执结是实，伏取

三　……钧旨

四　……　大德八年三月　　日　告　状　人　亦……

（下部分）

一　　□□　　示　　赴省

二　牒为

三　至大三年四月□□□，甘肃行省拟充亦集乃……

四　□不系□□□□□……

五　至今……□□八十□月未□只授□□不……

六　钧旨

七　历□二百一十三月……

刑房状告案

元代写本，行书，残件。高 21.7 厘米，宽 11 厘米。黑水城出土，俄罗斯科学院东方文献研究所藏。图版见《俄藏黑水城文献》第六册，第 310 页，编号 ИНВ. No. 4991。

一　刑房

二　呈据王僧吉状告征西元帅府下千户……

三　……百户张成……

至元四年刑房吏龙世英为娥赤屋等被捉事呈文

元代写本，行草书，残件。高 23.7 厘米，宽 20.7 厘米。黑水城出土，英国国家图书馆藏。图版见《斯坦因第三次中亚考古所获汉文文献》（非佛经部分）第一册，第 212 页，编号 OR. 8212/736 K. K. 0150（a）。

一　刑房

二　呈承奉

三　甘肃等处行中书省劄①付该为娥赤屋

四　等被捉事。奉此，合行具呈者。

五　右谨具　至元四年二月廿四日　呩讥

六　呈

七　至元四年正月　日吏龙世英呈

---

①　"劄"，原文书中作"剳"，为"劄"的俗写。

附录 黑水城出土元代律令与词讼文书录文

至元三年罪犯文状

元代写本，行草书，残件。高 19.8 厘米，宽 4.8 厘米。黑水城出土，英国国家图书馆藏。图版见《斯坦因第三次中亚考古所获汉文文献》（非佛经部分）第一册，第 213 页，编号 OR.8212/739 K.K.0150（n）。

一　……其余一切轻重罪犯不合至伤……
二　……□令
三　……至元三年四月廿五日……

至正廿六年残状

元代写本，行草书，残件。高 18.2 厘米，宽 10.2 厘米。黑水城出土，英国国家图书馆藏。图版见《斯坦因第三次中亚考古所获汉文文献》（非佛经部分）第一册，第 222 页，编号 OR.8212/749 正背 K.K.I.0232（c）。

（正面）

一　至正廿六年　取承管人　梁撒南伯　状
二　连状人　高四月狗

（背面）

一　小麦

文书残件

元代写本，行书，残件。高 10.8 厘米，宽 8.7 厘米。黑水城出土，英国国家图书馆藏。图版见《斯坦因第三次中亚考古所获汉文文献》（非佛经部分）第一册，第 223—224 页，编号 OR.8212/751 K.K.I.0232（f）。

（正面）

一　……的赛因帖木儿等……
二　……□□本路着实羁①……

---

① "羁"，原文书中作"羈"，为"羁"的俗写。

三　……等赴官取问者……

（背面）
一　……凭……
二　……脱脱罕……
三　……脱花帖木……

至正三十年责领状残件

元代写本，行书，残件。高 21.6 厘米，宽 3.4 厘米。黑水城出土，英国国家图书馆藏。图版见《斯坦因第三次中亚考古所获汉文文献》（非佛经部分）第一册，第 233 页，编号 OR. 8212/764 K. K. 0118（nn）。
一　至正三十年四月　取责领人□……

责领状残件

元代写本，行草书，残件。高 17.1 厘米，宽 6.6 厘米。黑水城出土，英国国家图书馆藏。图版见《斯坦因第三次中亚考古所获汉文文献》（非佛经部分）第一册，第 250 页，编号 OR. 8212/772 K. K. I. 0232（p）。
一　……甘□□□……
二　……四日蒙
三　……总府责领到□□□……

责领状残件

元代写本，行书，残件。高 16.6 厘米，宽 13 厘米。黑水城出土，英国国家图书馆藏。图版见《斯坦因第三次中亚考古所获汉文文献》（非佛经部分）第一册，第 252 页，编号 OR. 8212/775 K. K. 0118（a）。
一　取责领状人梁□真布□
二　今当
三　府委官责领到马兀木南子……

四　　祖发鲁于放官羊户撒立蛮……

五　　麦壹拾……五硕……

六　　领……

文书残件

元代写本，行书，残件。高9厘米，宽6.9厘米。黑水城出土，英国国家图书馆藏。图版见《斯坦因第三次中亚考古所获汉文文献》（非佛经部分）第一册，第253页，编号OR. 8212/775 K. K. 0118（s）。

一　　……在逃前往……

二　　……罪……

巧元告状残件

元代写本，行书，残件。高6.9厘米，宽6.3厘米。黑水城出土，英国国家图书馆藏。图版见《斯坦因第三次中亚考古所获汉文文献》（非佛经部分）第一册，第253页，编号OR. 8212/775 K. K. 0118（z）。

一　　……巧元告状检……

二　　……贮，不致违……

三　　……伏取

至正廿四年承管残状

元代写本，行草书，残件。高16.2厘米，宽6厘米。黑水城出土，英国国家图书馆藏。图版见《斯坦因第三次中亚考古所获汉文文献》（非佛经部分）第一册，第260页，编号OR. 8212/787 K. K. I. 0232（z）。

一　　……违当罪不词，承管是

二　　实，伏取

三　　台旨

四　　至正廿四年十二月　承管人　□习（押）状

责领状残件

元代写本，行书，残件。高 10 厘米，宽 4.2 厘米。黑水城出土，英国国家图书馆藏。图版见《斯坦因第三次中亚考古所获汉文文献》（非佛经部分）第二册，第 67 页，编号 OR. 8212/1153 K. K. 0118（a7）。

一　　……责领到马……

二　　……责领……

诉状残件

元代写本，行书，残件。高 8.7 厘米，宽 5.6 厘米。黑水城出土，英国国家图书馆藏。图版见《斯坦因第三次中亚考古所获汉文文献》（非佛经部分）第二册，第 85 页，编号 OR. 8212/1169 K. K. 0150. z（i）。

一　　告状人

文书残件

元代写本，行书，残件。高 8.2 厘米，宽 5.7 厘米。黑水城出土，英国国家图书馆藏。图版见《斯坦因第三次中亚考古所获汉文文献》（非佛经部分）第二册，第 121 页，编号 OR. 8212/1251 K. K. II. 0249. j（A）。

一　　至……

二　　今讼□……